U0549625

ESE:

in Twenty Lives

大和神威

武士、王妃、巫女、企業家、
文化人、航海家……
二十位教科書級日本歷史人物，
如何粹鍊出當世大和之魂

作者 克里斯多夫‧哈定 Christopher Harding
譯者 江威儀、高嘉俊、蔡筱慈

謹以滿載的愛意將此書獻給凱特

目次

目次

序章

「這是風和日麗的一天，宛如英國的六月天，但更炎熱一些。雖然最能象徵日本春天榮景的野櫻與相伴綻放的花木已然凋謝，大地依舊覆上一層年輕而清新的翠綠。起伏的樹林山丘，別緻的小山谷，碧藍的波浪上點綴著無數漁船的白帆。溪流縱橫，村莊錯落，一座座木造房屋與寺廟，屋頂曲線奇特。這片土地給人一種熟悉、宜居且秀美的感覺，展現出勤勉民族的國度。目之所及，看不到一丁點的雜草。」

——伊莎貝拉．伯德（Isabella Bird），《日本奧地紀行》（*Unbeaten Tracks in Japan*，西元一八八〇年）

「女侍將肉從這條鮮魚身上不斷片下，儘管牠還活著，卻已被剖割得七零八落。這種帶有野蠻殘酷的精緻，與日本人親切溫厚的天性形成了強烈對比。這悲慘的生物仍睜著閃亮的眼睛，看著我們吞食它的身體……」

——克里斯托弗．德萊賽（Christopher Dresser），《日本：其建築、藝術和藝術製造》（*Japan: Its Architecture, Art, and Art Manufactures*，西元一八八二年）

誰是日本人？維多利亞時代的旅人們開啟並形塑了西方對日本的現代情結。在他們的眼中，日本人似乎是個兩極的民族——高傲的武士和低賤的農民同住在宛若伊甸園的景緻之中；旅館老闆善良溫暖，而他的員工卻虐殺活魚。端莊嫻靜的藝伎穿著一層又一層的華麗和服，而混浴澡堂裡的男女卻赤身裸體，毫不害臊地大聲談笑。

接下來的一個世紀裡，因為維多利亞時代建立的這種印象幾乎沒有改變，西方世界依舊對日本深深著迷卻又感到困惑。由於地理、文化與語言上的遙遠隔閡，「日本人」往往被視為一個整體，人們普遍認為他們在某種程度上必然擁有一致的思想與價值觀——如果這些要素真的能夠精確地區別出來。正因如此，二十世紀中葉的世代努力調和兩個相互矛盾的事實：一方面，日本在亞太地區的侵略昭然若揭，另一方面，它的文化卻以寧靜內省為核心，體現在寺廟、神社、庭園與湖泊之中——這些文化遺產珍貴至極，以至於京都在一九四五年免於遭受原子彈轟炸。戰後，媒體塑造出的日本形象以對比和矛盾作為基調：穿著和服的女人搭乘著充滿未來感的子彈列車；千篇一律的灰色西裝上班族男子徘徊在五光十色、喧囂熱鬧的街區，沉醉於快樂、幻想與縱情狂歡。

只有到了二十世紀晚期，日本憑藉漫畫、動畫、電影與流行文化、美食、文學與電動遊戲崛起，成為文化超級大國之後，人們才開始對日本產生更細緻的認識：不同的地區與街區、各式階級與職業、彼此競爭的意識形態，以及對未來的對立願景。「日本人是誰？」這個問題不僅是外來者提出的疑問，也逐漸成為日本人自身思索的課題。事實上，這正是近兩千年有記載

的歷史中反覆出現的挑戰與難題。該如何讓這座北方是冰封荒原、南方是亞熱帶雨林，縱長綿延三千公里的群島成為一個整體，並稱之為「日本」？該如何讓生活方式截然不同、語言各異、忠誠對象與信仰皆不同的人們凝聚起來，把這片土地視為自己的家？這個問題曾讓日本歷史上一些最具影響力的人物絞盡腦汁：天皇與將軍、巫女與戰國大名、詩人與革命家、科學家、藝術家與探險家。

由於這個國家的人口逐漸老化並慢慢減少，這個任務也對現今的日本領袖構成了挑戰，日漸稀缺的勞動力艱難地支撐著日益增長的高齡人口——無論是在財務還是身體上。顯而易見，這個問題有三種解法：更多新生兒、更多機器人，或更多移民。第三種選擇挑戰了日本長久以來對「日本人」的認識，即認為他們是一個高度同質化的群體，無論在社會規範還是精神上，都是一個整體。這樣的「俱樂部」如何歡迎新成員？

當日本大眾及政治家們焦慮地思考「日本人是誰？」這個問題，並將目光投向未來時，本書則試圖回望過去，尋求這個問題的答案。了解一個國家的歷史，最好的方式之一就是探索它如何質疑自己。尤其是像日本這樣的地方，言辭往往被認為是空洞的——在這裡，「光說不練」的人是無法贏得尊重的——而最受重視的則是那些典範人生：這些人的想法和理想不僅僅是空談，而是實際付諸實踐，並經過驗證。

《大和神威》深入探討了二十位這樣的生命：他們或是推動了日本自我探索的進程，並在國家建設和轉型中發揮了作用；或是在某種深刻的方式上，反映了周圍不斷變化的世界。這些人

的成就大多已經成為日本民族精神的一部分，並在故事、戲劇、歌曲、電影和文學中反覆被傳頌。這二十個人與他們的時代，共同為我們提供了一個親密的視角，讓我們得以窺見這段廣闊且引人入勝的歷史。

第一部將以一切之初揭開序幕，講述日本史上第一個有名有姓的巫女王卑彌呼（約西元一七〇年至二四八年），以及她那歷經數百萬年孕育的世界。我們會遇見聖德太子（西元五七三年至六二一年），他因為將中國與朝鮮文化引入日本而備受讚揚，其中包括書寫、詩詞、儒家文化，並造就了樸實莊嚴的佛教藝術與建築傑作。他奠定的宮廷生活儀制在今天的日本依然實行不輟。桓武天皇（西元七三七年至八〇六年）是日本最強大而有創意的君主之一。紫式部（約西元九三七年至一〇一四年）是日本第一位小說家，可能也是全世界第一位。她的作品《源氏物語》描繪了她知之甚詳的平安京（現京都）宮廷生活。

在第二部，我們將從院政日本的瓦解，經歷長年的內戰與區域對抗，直到國家再次實現統一。備受讚譽的政治操作高手北條政子（西元一一五七年至一二二五年）成功地控制了新興的強大武士階級，確保了她丈夫作為日本首位幕府將軍的影響力在他早逝後依然延續。親鸞聖人（西元一一七三年至一二六二年）則讓日本佛教的焦點從山中隱居修行的宗教菁英，轉向一種簡樸、實際的大眾信仰，並強調純潔的內心。兩個截然不同的人物推動了日本的統一：劇作家兼演員世阿彌元清（西元一三六三年至一四四三年）透過他的能劇，使其成為表現日本自我形象的核心，並追求極致的精緻與嚴謹；織田信長（西元一五三四年至一五八二年）結合了謀略、

新引進的火槍，以及拋頭顱、灑熱血的史詩般征伐意志，開始將日本的國家社群重新凝聚在一起。

在第三部中，我們進入了近代日本的世界。支倉常長（西元一五七一年至一六二二年）所進行的全球航行揭示了這樣一個國家：最初其領袖決心擁抱世界，特別是來自海上的歐洲國家，但不久後便決定採取更為嚴格的邊境管制。這種邊界管制的變化，反而促使了德川幕府全盛時期流行娛樂文化的興盛，並由文壇巨星井原西鶴（西元一六四二年至一六九三年）以既讚美又諷刺的筆觸描繪出來。坂本龍馬（西元一八三五年至一八六七年），一位劍術大師與戰略家，屬於那個激進的革命世代，幫助日本在危險且競爭激烈的現代世界中找到了立足之地。楠本稻（西元一八二七年至一九〇三年）則在這個劇變的時代中生活和工作。

第四部探討了現代日本的崛起與其在一九四五年衰敗的過程。澀澤榮一（西元一八四〇年至一九三一年）被譽為日本資本主義之父，透過資金的投入和指導，促成日本人生活方式的劇變；而女權主義教育家津田梅子（西元一八六四年至一九二九年）在日本與美國之間的多元而混亂的成長經歷，使她成為對這些變革成果極具敏銳洞察力的觀察者。開創性化學家池田菊苗（西元一八六四年至一九三六年）將鮮味（MSG）帶入國內外，成功挑動了現代味覺，並在此過程中促進了日本在科學與商業領域的新興國際主義。最後，透過詩人及社會運動者與謝野晶子（西元一八七八年至一九四二年）的一生，我們發現世界主義是如何輕易動搖的。對日本而言，這促使其重新思考自己在世界，特別是在亞洲的位置，而這一思考最終帶來了毀滅性的後果。

0
600 英里
0
1000 公里

N
日本群島與亞洲大陸

1 卑彌呼——巫女王

約西元一七〇年至二四八年

乃共立一女子為王，名曰卑彌呼……自為王以來，少有見者，以婢千人自侍，唯有男子一人給飲食，傳辭出入，居處宮室樓觀，城柵嚴設，常有人持兵守衛。

——《三國志．魏書．倭人傳》

成書於三世紀後期的中國編年史《三國志．魏書》，告訴我們第一個日本史上已知且有名有姓的人物，一個神祕的女王，從約西元一九〇年到二四八年她逝世前，都偏居在堡壘中治理天下。

當時還不存在「日本」這樣的地方，也沒有所謂的「日本人」，相反地，日本群島上的島嶼滿是獨立的聚落，有些種稻的酋邦，龐大到中國人稱之為「國家」；其中最強大的國家就是卑彌呼女王的領地——邪馬台。身為約三十個酋邦的霸主，邪馬台在每個酋邦都安插了官員，這些官員的工作就是監視人民並且讓他們如〈魏書〉中所言「隨時處在敬畏與恐懼中」。

究竟要敬畏與恐懼何人何物，〈魏書〉並沒有明說，但是是有線索的。中國人稱卑彌呼的

子民為「倭人」，表意文字「倭」包含了「矮人般的」以及「順從」之意。前者反映出中國觀察使對待所有外國人會有的基本蔑視，並非針對日本群島的人民；然而後者在一定程度上與中國文字和考古記錄所揭示的倭人生活方式相吻合。他們生活的世界充滿了各種有形及無形的強大力量，在這個世界裡，只有認清自己的處境才能有好的發展。武器只代表其中一種力量，財富和社會地位則是另一種，第三種是一種富智慧的生命力，祂流淌於自然界中，並且有能力形塑人間事。

卑彌呼似乎能夠掌控前兩種力量，和最後一種之間則有巫術的連結。關於她的人生，泰半資料都隱晦不清，將來大概也不會有所改變，不過她的年代與一切的起源讓人隱約可以初步窺見未來會成為「日本人」的一群人。

*

卑彌呼的世界要花上一千五百萬年才能構築完成，事情起緣於歐亞大陸分裂，形成了由四座大島與上千座小島組成、長達三千多公里的群島，至少有兩條陸橋連接了這些島嶼，包含了從北方的西伯利亞連接過來的陸橋，以及自南方朝鮮半島而來的陸橋。隨著地球氣溫波動導致海平面時高時低，這些陸橋反覆隱沒又現蹤，這些由島嶼及大陸之間的水體結冰而成的陸橋，時而成為海洋，時而是廣闊的開口湖。

了這種動物擁有特別的地位。好幾個世紀以後都還是如此，一些群島早期的文學作品描述了將稻米種子種在鹿血中，隨後奇蹟似地一夜發芽的故事。

*

藉由某種結合世俗權力和超自然力量的手段，卑彌呼似乎在邪馬台的歷史上治理了一段長期和平的時期。約西元二四八年，當她離世後，據說她的子民再度迅速陷入戰事中。「更立男王，」〈魏書〉記載，「國中不服，更相誅殺。」一直到卑彌呼十三歲的姪女成為邪馬台的統治者後，秩序才得以恢復。人們或許認為她也有卑彌呼的天賦和力量，因此有能力把他們的世界從混亂中拯救出來。

卑彌呼死後跟生前一樣，都是令人敬畏的存在，人們建造了一座直徑一百四十五公尺的墓塚作為她的陵寢。目前沒有證據指出群島上有人類陪葬的習俗，因此〈魏書〉中記載倭女王的黃泉之路上有不下於一百名侍從陪葬，或許更像是中國人眼中女王偉大的程度，而並非史實。

這座陵寢尚未尋得，邪馬台的明確位址至今也仍然是個謎。照字面解讀三世紀的中國人到邪馬台的航行指引，你會發現自己停泊在太平洋的某個地方。若是在距離和細節上解讀得鬆散一些，就會出現兩個強而有力的候選地點——它們都位於陸地，也都影響了「日本」及「日本人」的起源。

第一個可能是把卑彌呼與其人民的過往聯繫在一起。如果按照某些人所言，她長眠在九州島上的話，在這裡上岸的亞洲大陸貨品及專業知識協助催生了彌生文化，而這個門戶附近就是邪馬台的所在地。第二個可能性則把卑彌呼連結到本州與未來。群島最大島的中部地區很快會出現一連串超凡的成就，像是藝術、建築、詩詞、宗教、律法與治國之道，這些都會是群島島民將來在亞洲甚至全世界聞名的原因。

2 聖德太子——建國之父

西元五七三年至六二二年

（母皇后）而不勞忽產之。生而能言。有聖智。及壯一聞十人訴。以勿失能辨。兼知未然……

——《日本書紀》

他是王子、戰爭領袖、政治家，也是預言家、學者、藝術贊助人。他是君子、人道主義者，還是一個順產的孩子。這名後世熟知為聖德太子的人物，時常被看作神話裡的角色，而少被視為歷史人物。多方面來說，這個看法也的確無誤。他的神奇事跡大部分是透過群島上最古老的文學作品流傳下來的，我們很難完全確定他真的存在過。

然而這名充滿「神聖德行」的太子之所以能夠吸引我們的注意，主要是因為所有關於他的故事在本質上都是真的。七世紀及八世紀時，本州中部發生了顯著的變化，而他的故事就在變化的核心，關於塑造群島上第一個受到承認的國家時，強權家族的聚合，以及遠近而來不同的神祇與思想。

以國父之名備受推崇的聖德太子並未真的創造了這個國家，反而比較像是被這個國家創造出來，成為這個國家用來包裝一切珍貴資產的象徵性人物。這個新興國家必須把這些珍貴資產歸功於中國及朝鮮的文明，因為他們的政治與詩詞，律法與宗教，食物、服飾與建築，而聖德太子被視為具有少見的判斷力及遠見的文化外交官。他是群島上首位偉大的整合總指揮，而他的人生將帶領我們從聚落、酋邦，進一步來到「日本」這個國家的灘頭。

*

聖德太子的起源來自於卑彌呼女王的離世。在西元二四八年她離世後的幾十年間，她所下葬的這類墓塚開始大量增加。這種古墳被建來埋葬統治者的木棺或是石棺，一同下葬的還有用來表示身分地位或是有來世用途的工具和財寶，例如劍、鞋子、鏡子和首飾。古墳隨著時間逐漸變得龐大，一座西元四〇〇年中期的古墳有將近五百公尺長，三百公尺寬，更比周遭景物高出三十五公尺。這座古墳名為百舌鳥古墳，從空中俯瞰，這座驚人的建物看起來就像是鑰匙孔，有一個圓圈在一個三角形頂端，位在蓊鬱的林木中，四周圍繞了三道寬壕溝。這裡有可能是仁德天皇的長眠之處。他是本州中南部大和盆地上的酋邦裡最偉大的統治者，這個酋邦在四世紀和五世紀的時候擴張並鞏固勢力，成為區域霸主。

名為埴輪的大型人偶用棕紅色陶土製作，沿著墓塚外的斜坡擺放，或許是一種靈魂的守

護，讓我們可以藉著這些人偶一窺王權如何增長至此。農人揮舞著鋤頭，女性頭上頂著水罐。無論這個新興的大和酋邦是卑彌呼邪馬台的延伸，還是在她的國家式微後興起的遠方國度，它都得仰賴掌控肥沃稻田所帶來的極端財富。馬匹為了征途上鞍，男性戴上頭盔、全副武裝上戰場，在在顯示了利用稻米收益購入的強大軍事力量。其他的埴輪則揭示了一個透過崇拜神靈及結盟而繁榮的政權，他們透過與戰略地位重要的小型酋邦聯姻來結盟。我們可以看到女性巫師穿戴祭典用的頭飾和鏡子，還有樂手和摔角手。

到了六世紀初，這些大和酋長開始自稱「大君」（偉大的君主），他們在自己的統治下賦予盟友收入可觀的世襲身分與頭銜，聯盟關係達到前所未有的緊密。這樣一來，財富和力量開始更須仰賴家族或是「氏族」，而不是領土了。剛開始時由大和為首的酋邦同盟，逐漸轉變為單一政體，統治了九州西南部到本州中部。

儘管時間不長，但在此之前，群島上從未有這麼大部分的面積處在單一統治者管理下。但是必須要在大和中心地帶四處移動，讓王室生活脆弱且衝突不斷，這些大君通常並沒有那麼偉大，還是會擔心影響力強的敵對氏族集結起來包圍他們，操弄陰謀、謀殺、暴力起義。那麼他們要如何繼續統治下去？如何統治這麼大規模的領土？怎麼樣在群島人民間甚至在群島外，獲得並維持政權的正當性？

事實證明，這些問題需要漫長又血腥的兩個世紀才能找到解方，最終在西元七〇〇年初期以兩個偉大創舉作結。第一個創舉是在西元七一〇年，在一個稱為奈良的地方建立首都。第二

個創舉則是在官方主持下，完成兩部史書的編纂。分別是在西元七一二年完成的《古事記》，以及西元七二〇年完成的《日本書紀》。這兩部群島現存最古老的著作，都沒有直截了當地提供大和酋邦崛起的紀年，但即使沒包含紀年，卻涵蓋了更多。這兩部著作結合了神話、歷史和崇高的理想，讓群島上的人民了解為他們奠基的英雄和英雌，那些早期的人物典範，同時最重要的，也努力回答深奧亙古的問題——「如何定義我們？」

卑彌呼的年代已經奠下基礎，一些與她交流的神祕、非人力量逐漸有了名字、功用以及偏好的景物形體，通常會是大石頭或是樹木，據信這些力量會季節性棲身在這些物體上，也可能或多或少永久的居住在上面。氏族的族長會把自己與這些地方神靈，又稱「神」連結在一起，並負起儀式責任，以確保雨水充足、莊稼豐收。有些人甚至會「認領」特定的神作為祖先，大和氏就選擇了太陽女神「天照大神」作為祖先。他們在本州中南部東海岸的伊勢祭拜她，這個地方面向太陽升起之處。

大和氏接著邁出更重要的一步。他們將來自日本列島各地豐富的神話故事收集起來，並編織成一個統一的敘事。實際上，他們創造了家族史，從開天闢地那一刻開始記錄，經過包括天照大神的多代神靈，一直到他們自己的年代。這段歷史變成《古事記》和《日本書紀》的材料；前者充滿了詩詞、歌曲和奇聞軼事，而後者嘗試更清晰地按時間序記事，類似記錄了卑彌呼女王的中國編年史。

大君開始把自己塑造成「神聖的統治者」——天皇，在英文中通常翻譯成「帝王」

（emperor）。《日本書紀》把這個新的自我任命寫進遙遠的過去，描述了神的時代從西元前七世紀的神武天皇開始，讓位給日本天皇一脈。從西元二〇一年到二六九年，據說一位神功皇后在她的丈夫第十四代天皇仲哀天皇去世後，開始治理國家。編纂《日本書紀》的人將神功皇后和〈魏書〉的倭女王寫成同一人，避免使用卑彌呼的名字，以規避潛在的複雜問題。到了西元五〇〇多年至六〇〇多年，編年史中開始出現有歷史證據佐證的統治者。

與大和氏結盟的氏族也被寫進這個神話與歷史的華麗混合體裡，他們在人間的地位反映了他們所認領的氏族代表神在眾神階級中的地位，天照大神則在階級頂端。這樣的策略總是會有風險，盟友可能會覺得被低估或是受到威脅，不管是人是神。針對這樣的風險，《古事記》和《日本書紀》都把大和氏的規則視作宇宙的必然性，兩部書也都暗示在這個新興的國家凝聚起來的路上發生了許多困難。就是在這樣危急的時刻我們首次與聖德太子相遇，看他施展外交魔力。

根據《日本書紀》，這個危難發生於西元五五二年，當時一名來自朝鮮的百濟使節來到大和朝廷，帶著一尊宏偉的金銅佛像以及大量經文。

這時，據說歷史上的佛陀——悉達多．喬達摩——在瓦拉納西（Varanasi）附近的鹿野苑闡述「四聖諦」已過去千年。四聖諦說的就是人類的存在本身就是大量的痛苦和挫折，一切都是我們的慾望和對事物的依戀所造成，我們可以終結這種狀況，方法就是透過八正道。幾世紀以來與印度及中國思想的接觸，讓這些見解得以幻化成一套極豐富又多樣的宇宙學、祭典以及

藝術形式。不過除了少部分實踐在某些地方，佛教在群島上仍屬未知，而且從一開始就充滿爭議性。《日本書紀》記載了西元五五二年時，朝廷中的強權家族對於是否要歡迎這支新宗教意見分歧。物部氏畏懼日本神明的怒火，但是持相反意見的蘇我氏成功反駁了他，他認為應該試著採用佛教，他們的氏族成員會在這座新的雕像前進行祭典，看看會發生什麼事情。

結果一場災難性的傳染病發生了，讓蘇我氏的敵對陣營得以宣稱這個外來者冒犯了日本神明。這座雕像立即被丟進河道，新建的佛塔也被燒成灰燼。西元五八四年，他們第二次嘗試採行佛教，卻再次遇上天災。這次一尊佛像、一座佛塔和一座寺廟都被燒毀，三名比丘尼也被剝光衣服鞭打。

但這其中卻有政治操弄。物部氏是祭拜日本神明的祭典專家，他們在朝廷的影響力來自於此，蘇我氏則似乎是某些朝鮮移民的後裔，這些移民為大和帶來從冶金學和醫藥以至於灌溉及管理的寶貴專業知識。蘇我氏或許在佛教之中看見了朝鮮半島上先進的文化元素，認為可以像其他的專業知識一樣引進。對物部氏而言，那是一個移民的神，由一支移入的氏族資助，兩者都可能是衝著他們的職位而來。

《日本書紀》記載的版本中，西元五八七年蘇我氏和物部氏之間的敵意高漲，陷入流血衝突，就在此時聖德太子出現了，簡直就是騎著快馬來救援。據說他出生於西元五七三年，父母都是大和市及蘇我氏的血脈；分別是用明天皇（在位時間西元五八五年至五八七年）及其王妃穴穗部間人皇女。《日本書紀》稱聖德太子為「廄戶皇子」，這個小名與他的母親在馬廄門附

近毫不費力地產下他的故事有關。根據描述，青少年時期的聖德太子就騎馬上戰場，在一場短暫卻劃時代的衝突中為蘇我氏奮戰。當敵人的箭雨齊發，而蘇我氏的戰線被迫後推第三次時，年少的太子向前挺進，「難道我們會被擊敗嗎？」他大吼，「我們立誓吧！」語畢，他砍下一棵樹，削出四尊佛教神明的小雕像，也就是四大天王，並把它們放在他的髮髻上，接著祈求道：

今若使我勝敵，必當奉為護世四王起立寺塔……

戰爭的情勢就突然轉變了，蘇我氏贏得了勝利。太子承諾的佛寺蓋了起來，他也從此成為大和政權佛教啟蒙時代的明燈。

聖德太子的傳說與真實的歷史人物有多大的吻合，他是否真的做到了所有或部分傳說中的功績，這個謎團大概永遠無解了。不過蘇我氏在西元五八七年以後，的確開始取得優勢，到了西元五九三年，他們已經可以把自己支持的候選人推上王位。《日本書紀》稱她為「推古天皇」，雖然天皇這個頭銜在那個時間點還不常用。根據《日本書紀》記載，聖德太子是她的外甥，並在西元五九四年被任命為攝政，「仍錄攝政。以萬機悉委焉」。

聖德太子在西元五八七年戰場上的誓言證明，引進新的佛教神明不會讓大和失去神的保護，反而加強了護衛。不只像卑彌呼這樣的統治者一樣向超自然力量或是神明祈求保護和領地的繁榮，大和統治者為了同樣的目的擴張了自己的角色，納入佛教神明崇拜。在實行上，大部

分的工作交由比丘和比丘尼負責，他們在全國各地四處興建的佛寺裡誦經。僅僅是在聖德太子的生前，就有超過四十間佛寺受託興建，最有名的就是法隆寺。這座佛寺據說是在聖德太子親自主持下於西元六〇七年竣工，後來被燒毀，並在西元六〇〇年後期或七〇〇年初期重建。隨後法隆寺變成崇拜聖德太子的祭祀中心，到了現代則被譽為全世界最古老的木造建築。

在未來的許多年裡，佛教最主要的作用仍然是提供宇宙觀秩序的保障，要好一段時間以後，它才會逐漸演變成大眾信仰。儘管如此，新型的寺廟建築群在人們的想像力裡留下了難以磨滅的影響。日本神明的神社系統組織尚未發展完成，佛寺是群島上第一種專門進行崇拜儀式的永久性建築。典型的佛寺建築群包含多個沉重的木造建築，每一種頂端都有層層疊疊的瓦片，並有圍牆包圍。其中一種建築會是多層佛塔，裡面存放了神聖的古物，高度足以俯視附近的景觀。

這些建築群以及色彩繽紛、令人驚嘆的內裝，都參考了朝鮮及中國的設計。許多佛寺其實是由朝鮮人建造而成的，許多朝鮮佛教僧侶也身兼木匠、雕刻師、屋瓦師傅、塑像師以及壁畫師。建築師、建築本體以及裡面進行的儀式，包含僧袍、焚香和吟唱，一切融合在一起給人留下了深刻的印象，並打下永恆的文化根基。

這一切能實現，聖德太子功不可沒，他把與大陸短暫、臨時的接觸提升成更有系統性的連結，並在西元六〇〇年左右與重新一統中國的隋朝建立關係。除了祭祀與實用的專業知識外，太子也深入、謹慎地利用中國與朝鮮在佛教、古典中國哲學、歷史、律法與行政管理上的學術

研究。根據《日本書紀》以及圍繞著聖德太子的記憶產生的偶像崇拜，他是大和政權中少數幾個看到佛教除了儀式功能之外，還能理解其哲學深度的領袖之一。他應天皇要求開了佛教講習，一場演講顯然持續了三天，他也撰寫了經文義疏，後來被外交使團一起帶去中國。

在學習了一切以後，最為人稱道的成果就是群島的第一部憲法，這次的功勞也在西元六〇四年被歸給聖德太子，儘管它實際上應該是後世的傑作。這部憲法由十七條律法組成，比起法律文件，更像是一個理想國度應該遵循的一系列原則。這些原則包含了和諧與誠信，接納不同的看法並且承認可取之處；必須努力避免爭鬥和貪食，奉承、貪婪、諂媚和憤怒也要極力避免；政府官員被告誡要重視勤奮、公德心、「舉止得體」並進行公開辯論；最重要的是，憲法鼓勵人們篤敬三寶以及服從皇室命令。

這些法條並非只是空談。大和的力量來自於家族、血脈延續以及神聖後裔的說法。聖德太子提出了一個革命性的建議，他認為領導人和特權從此以後應該要根據功績和德行來授與。他為宮廷官員制定了一套中國式的「冠位階級」制度，類似於當時朝鮮的國家使用的制度；共有十二個階級，每一個階級都用儒家思想的原則命名，分別是德、仁、禮、信、義、智，每一個官位的絲帽都有不同的設計以方便區別。

任何人想要高升到新的階級，除了須具備聖德太子訂立的人格特質以外，還需要熟悉中文，這是東亞佛教的共同語言，對大陸的政治和外交來說也至關重要。從聖德太子的時代以後，大和朝廷菁英的中文識字率就快速提升，讓《日本書紀》（以中文文言文書寫）和《古事

聖德太子與二王子像

記》（以較具實驗性的語言書寫，綜合了中文與早期嘗試翻譯成中文的日文口語）的編纂得以實現。

再度與中國接觸也帶來了其他的影響。朝臣開始穿著中國服飾，女性身著束腰長衫，下身是凸顯飄逸的打褶裙擺，男性則穿著寬鬆的立領長衫，長度更長，下身搭配一件綁了腰帶的長褲。來自中國的穿衣規則就跟官帽一樣，意味著某些顏色只有某種社會地位的人才能夠

穿著。在西元七〇〇年初期，新的「服裝規定」要求所有的袍子都必須要按照中國人的習慣交領右衽，有些人認為這是和服的起源。

群島從此時開始展開對中式詩詞的長期熱愛。外交設宴的亮點之一就是捕捉瞬間或是感受的短詩寫作，這也變成宮廷裡文化素養競爭的來源。在《古事記》與《日本書紀》完成的數十年以後，第一本詩集出現了。《萬葉集》收錄了四千多首創作於西元六〇〇年中期至七〇〇年中期的詩詞，主題包含了宮廷生活與階層較低的生活。群島當然有自己早已存在的詩詞傳統，不過如同祭典和政治，在時尚與文學追求的世界裡，這個時代的重要主旨就是國外與國內的融合。

對音樂與舞蹈來說也是一樣的，地方傳統音樂包含神樂、民謠、飲酒歌，還有最後以世俗狂歡作結的歌唱比賽。伴奏由笛子、鼓、鐘和波浪鼓不同的組合提供。這些國內的傳統增加了一些來自亞洲大陸的新樂器、歌曲和舞蹈，最早發生在西元四〇〇年間，但是在聖德太子的年代加速發展。在太子的一生中，從百濟傳來最重要的新事物就是伎樂。伎樂是在佛寺教授、在宮廷和其他場所表演的舞蹈劇，表演時要配戴獅子和馬等鮮豔動物面具，搭配著名歷史人物，並有模仿野人和國王的滑稽橋段。之後又有另一種舞蹈形式叫做舞樂，更注重敘事並由箏來伴奏，這種樂器是橫擺在地上以撥弦方式演奏的弦樂器。

聖德太子據說對音樂也有微薄貢獻，在這過程中，他成為了中國認證的德行兼備之人。西元六一三年的某一天，他走在路上時注意到一名躺在路上即將餓死的男子。他停下腳步給男子

食物與飲水，並脫下自己的袍子讓男人蔽體，他祝福他平安，並為他寫了一首輓歌：

嗚呼！
路傍倒臥、飢餓求食。
汝豈無父母？
汝豈無君？赫赫如竹。
嗚呼！
路傍倒臥、飢餓求食。

男子不久後便死去，聖德太子替他建墳下葬。由於太子懷疑他並非常人，因此派遣一名侍從回到墳塚去確認，卻發現墳墓內是空的，只剩下聖德太子的袍子。後世的作家把這則故事和耶穌及佛教高僧達摩祖師連結起來，兩者都留下空空如也的墳墓，並在死後現身在人們面前；有些人甚至更進一步猜想聖德太子的眾多才能是否擴展到能夠讓人起死回生。

彷彿是要駁斥聖德太子對於大陸文化過於卑躬屈膝的印象，他的傳說延伸出備受讚揚的最後一幕。此時的中國人仍然將他們對岸的鄰居視為附庸民族，一如既往使用「倭人」這樣具有貶意的文字來稱呼他們，考量到大和國迄今的成就，這樣的做法顯然不再可行。所以在西元六

〇八年左右，聖德太子為推古天皇草擬了一封遞交給中國皇帝的國書，開頭是這樣寫的：「日出處天子致書日沒處天子。」其他文獻則認為，聖德太子創造了後來大和君主用來自稱的詞語——「天皇」，並且試著在這個時候向中國人展示這個稱號。

大和國當時還未正式採用「日本」（Nihon，日出之處）當作國名，這個詞經過亞洲和歐洲各種語言的傳遞，最終成了世界認識的「日本」（Japan）。而且有鑑於亞洲大陸的地理優勢，日出之國可以僅僅解釋成地理位置的觀察。但是這段話中已經有極其重要的含義了，除了表示新興的國注定會勝過老舊的國家，更重要的是他大膽認定兩方統治者是對等關係。中國皇帝似乎意識到了這一點。據說他對其中一位臣子抱怨「蠻夷書有無禮者，勿復以聞」。

*

建立於西元二〇〇年中期，壯觀的墓塚讓人聯想到欣欣向榮的酋邦，這就是廣義的「大和時代」，它在西元七一〇年的時候讓位給「奈良時代」，以同一年建立宏偉帝都的地點命名。群島上第一座宏偉的首都運用中式棋盤狀設計，其中的建築有著石頭地基與瓦片屋頂，成為全國六百萬人口中十萬人的家。《日本書紀》在十年後的七二〇年成書，書中確認聖德太子是為這個城市奠定文化與政治基礎的人。

奈良按照太子所設想的，以中國啟發的刑法及行政法規為依據，成為這類中央集權且專業

管理的官治城市的焦點。政府分做兩個部分，太政官設有太政大臣、左大臣及右大臣（分別負責不同的特定部會）以及四名資深顧問。神祇官負責管理祭典及日本神明的神社，比丘與比丘尼所在的佛寺也同時出現了平行系統，這些僧侶本質上就如同官員，需要被訓練、管理，並負責誦經以確保國家國運昌隆。

這個國家包含了南方三分之二的本州及大部分的九州，領土被分割成六十個行政區，再分成郡和里。村民以實物繳稅，綜合了稻米與蔬菜、原物料、勞役及兵役，這一切都幫忙提供資金並鞏固奈良的宮廷文化。這個城市在太子推動下，穩固扎根於中國輸入的文化中。作為一種提倡美德的方式，政府鼓勵全國各地的人們要照看鄰居，實際上則是一種廉價又有效的監視方式。

不是一切都照聖德太子所願發展，他所希望的任人唯賢顯然不存在，氏族間的對立仍然高漲。西元六〇〇年中期，蘇我氏遭到推翻，之後還發生了更多暴力事件。當心懷大志的年輕人到奈良的大學寮學習儒家經典時，他們學習到郡和里大多由有影響力的地方家族掌控，而國的統治權則交給氏族的主要盟友，也就是國內剛萌芽的貴族階級。家境貧寒的能人志士可能可以成為佛教僧侶，努力在寺廟階級中爬升，但是除此之外，出身總是會勝過努力奮鬥。

極度重視家族出身對帝國組織造成的影響，將會綿延將來的好幾個世紀。大和的統治者藉由將自己重新塑造成天皇，達成了非凡的成就，他們在六世紀和七世紀建立了皇族命脈，到了二十一世紀依然強勁。不過「他們只是菁英家族裡的其中一支」的氛圍仍然在國內流竄，當他

們的世俗機運有所動搖，其他的家族就會快速奪權。

但是現在天皇享有相當大的權力，比以往更奮力地宣傳他們的神聖血統。帝國詔書並不是個人的信件，而是由太政官擬稿並頒布。但從天武天皇統治開始（西元六七三年至六八六年），詔書就用以下文字開頭：「恭聽現神天皇詔旨」。天皇也以自己的戰力為傲。氏族長成功轉變為帝國軍事指揮官，每個國必須養兵至少千人，國家的道路都得到改善，以讓軍隊能夠快速方便地通過。

《日本書紀》成書於漢化的中央集權帝國黃金時代之始，書中對聖德太子逝世的態度，表明了這個國家的興起必須歸功於他所象徵的外交及文化融合功績：

春，二月初五（西元六二一年）

半夜，廄戶豐聰耳皇子命薨於斑鳩宮。是時諸王諸臣及天下百姓悉長老如失愛兒而臨酢之味在口不嘗。少幼者如亡慈父母。以哭泣之聲滿於行路。乃耕夫止耜。舂女不杵。皆曰。日月失輝。天地既崩。自今以後誰恃或。

3 桓武天皇——開疆拓土的重要推手

西元七三七年至八〇六年

……而曾不進入，一旦罷兵，將軍等策，其理安在。的知，將軍等畏憚兇賊，逗留所為也。巧飾浮詞，規避罪過，不忠之甚，莫先於斯。

——《續日本紀》

這是桓武天皇對七八九年一場知名的軍事失利所做的批評。這場挫敗就發生在國土的邊境之一，位於本州東北部。根據宮廷編年史家稱，皇軍的人數超五萬人，其中一些支隊被派往衣川對岸，攻打一位名叫阿弖流為的「蠻族」酋長。士兵鬥志高昂地上戰場，成功燒毀了十四座村莊約八百間的民房，但接下來的局勢卻開始逐漸瓦解。

皇軍的組織仿效中國軍事的陣法，主要靠步行作戰。他們使用木盾抵禦攻擊，並結合了弓箭、長矛，以及在移動裝置上建造的投射器來對付敵人。另一方面，阿弖流為的部眾是由技術精湛的弓騎兵組成，能夠在驅馳而走之前齊射大量的箭矢。桓武天皇的手下遭到了強烈反擊，只能倉皇失措地渡河撤退。近三百名皇軍在戰鬥中陣亡或負傷，更有一千人淹死在河中。另有

一千二百五十人最後半裸逃離戰場，他們只能放棄武器並掙脫身上的鎧甲，才得以在水中倖存。

這場敗仗對天皇來說無疑是奇恥大辱。生於七三七年的桓武，於七八一年即位，依循傳統的繼承順位，成為日本第五十代天皇，而此皇族血脈可追溯至神話中的神武天皇。日本天皇往往有多位正式配偶，這是與重要部族保持聯盟的有效方式，但由哪位皇妃的孩子繼承天皇之位，也是無盡鬥爭的根源。桓武的異母弟弟本是最初被立為太子的繼承人，也許是因為桓武的母親有一部分韓國的血脈而不受重視；直到後來，繼承情勢才轉而對他有利。

事實證明，桓武日後成為了一名優秀的國君。身為國家學院（奈良時代的未來官員培訓中心）前任院長的他，參考了《日本書紀》中偉大的聖德太子，將集權帝國政體的權術操控得十分出色。當這套體系不符合他的需求，桓武就會想出一個變通辦法。由於太政官（或稱國家王政院）有可能被像藤原氏這種菁英氏族作為威脅皇權的手段，因此只要院內一有空缺，桓武就會任命自己氏族的成員，否則便讓該職位繼續空缺。

這種對氏族的制衡策略，有助桓武成為這座群島史上最強大的天皇之一，足以和歐亞大陸的查理曼大帝（Charlemagne）並駕齊驅。他集強大天皇的領袖特質於一身，從六〇〇年代末期到八〇〇年代中期都深受其影響，是當時在官方被稱為「日本」所屬國土的邊境開拓關鍵。桓武擴大並鞏固了他的國家疆域，不僅推動了宗教與藝術的想像力，還集結了他的財富與軍力，打造這國家最偉大的城市建築。

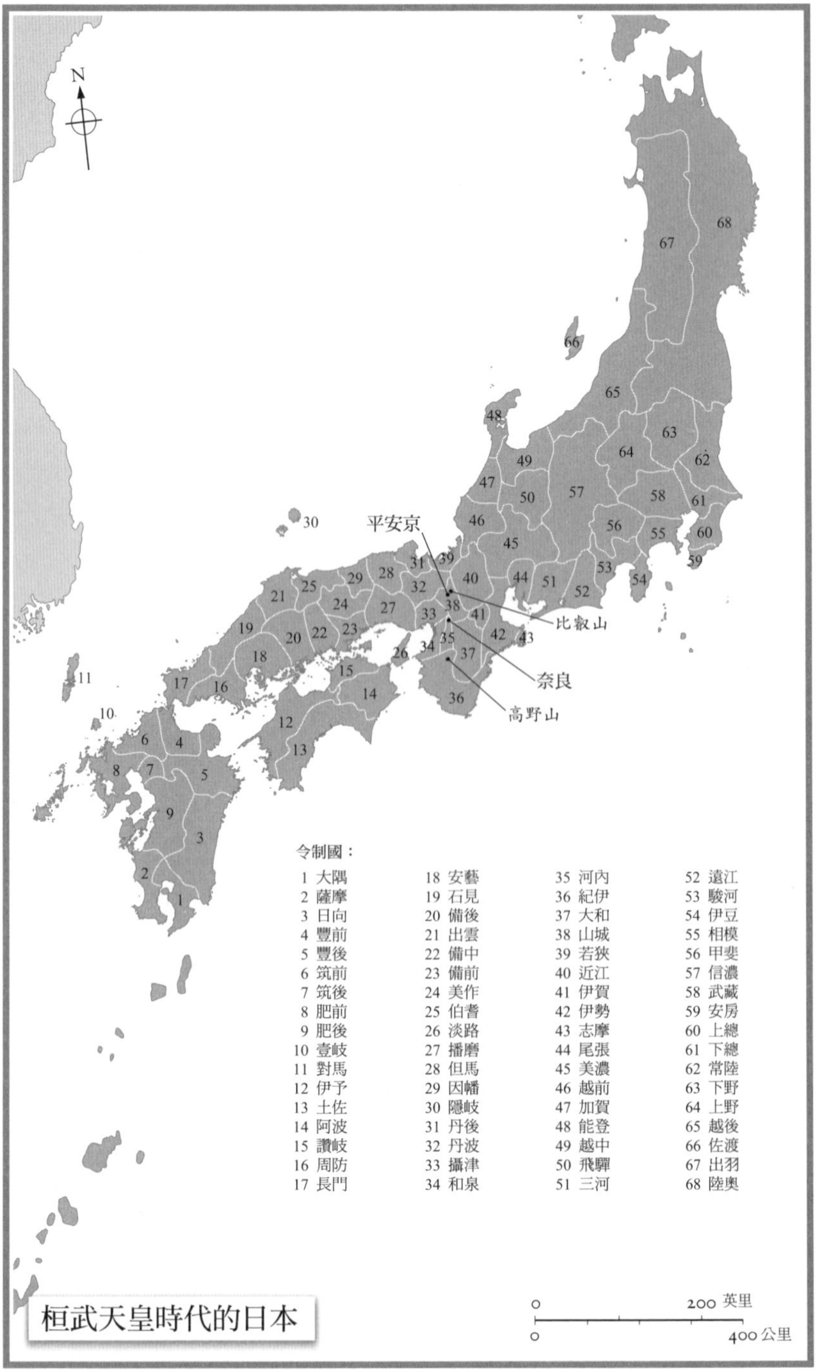
桓武天皇時代的日本
平安京
比叡山
奈良
高野山
N
0 200 英里
0 400 公里
令制國：
1 大隅
2 薩摩
3 日向
4 豐前
5 豐後
6 筑前
7 筑後
8 肥前
9 肥後
10 壹岐
11 對馬
12 伊予
13 土佐
14 阿波
15 讚岐
16 周防
17 長門
18 安藝
19 石見
20 備後
21 出雲
22 備中
23 備前
24 美作
25 伯耆
26 淡路
27 播磨
28 但馬
29 因幡
30 隱岐
31 丹後
32 丹波
33 攝津
34 和泉
35 河內
36 紀伊
37 大和
38 山城
39 若狹
40 近江
41 伊賀
42 伊勢
43 志摩
44 尾張
45 美濃
46 越前
47 加賀
48 能登
49 越中
50 飛驒
51 三河
52 遠江
53 駿河
54 伊豆
55 相模
56 甲斐
57 信濃
58 武藏
59 安房
60 上總
61 下總
62 常陸
63 下野
64 上野
65 越後
66 佐渡
67 出羽
68 陸奧

*

除了桓武前所未有的政治和軍事權威之外，史官們記載他非常厭惡「文辭華美」。他不能夠被欺騙，更不能接受荒誕的藉口或華而不實的抗辯。桓武的軍事指揮官在歷經衣川之辱後，深刻體會到這一點：

> 官軍之損，亡及三千。以此言之，何足慶快。奏狀稱：『天兵所加，前無強敵，海浦窟宅，非復人烟，山谷巢穴，唯見鬼火。』此之浮詞，良為過實。凡獻凱表者，平賊立功，然後可奏。今不究其奧地，稱其種落，馳驛稱慶，不亦愧乎。

要是桓武的將軍們對領袖直言不諱的個性以及實事求是的分能更嚴謹看待的話，也許會在戰略討論中嘗試不同的策略——藉此承認失敗並歸咎於士兵缺乏訓練。他們的軍隊畢竟只是一支徵召部隊。四年的軍旅生涯，一年在首都服役，另外三年則在任一邊境地帶，這是身為天皇子民都必須為榮譽付出的代價。其餘時間，子民們會在國家分配的稻田耕種，必要時為公共工程付出勞力（每年最多六十天）、繳納稅款，並且安分守己。

這種待遇並不代表之後的人生會一帆風順，人口壓力相當沉重，饑荒與疾病的爆發可能一觸即發，而徵兵制往往會加劇經濟困境。西元七八九年之後，宮廷只肯用國庫補貼少量躺在衣

川河底的軍事裝備。徵召入伍的士兵不只要自己提供糧食、衣物，還要依照正式的裝備清單為自己著裝，包括一張弓、弓弦、箭矢、箭筒、兩把劍、綁腿及靴子，光滿足這些條件就足以讓一戶人家破產了。

當情況愈來愈艱困，一些農民選擇逃往本州東北部，試圖逃出天皇的管轄範圍。其他人則跟隨殖民地開拓者的腳步：這些開拓者於七〇〇年代被國家派遣過去，為邊疆開拓任務的一部分，期間建立了新的堡壘，裡面包含駐防部隊、糧倉和行政中心，並要求農民在周圍開墾土地。

這兩類遷徙人口最後都和當地的居民產生了衝突，他們是狩獵採集者和農耕者的混合部族，被當時日本政權歸類為「蠻族」，此對待邊境者的方式也是借鏡中國的另一種文化。《日本書紀》裡記載著一段話：

> 其東夷之中，蝦夷是尤強焉，男女交居，父子無別。冬則宿穴，夏則住樔。衣毛飲血，昆弟相疑，登山如飛禽，行草如走獸。
>
> 承恩則忘見怨必報，是以箭藏頭髻，刀佩衣中。或聚黨類，而犯邊界。或伺農桑，以略人民。擊則隱草，追則入山，故往古以來，未染王化。

所有和「蝦夷」有關的騷亂都從七七四年開始，當時緩慢而穩定的舊殖民化政策以及明智的結盟手段，都因「擊敗蠻族」的皇命而告終。這道命令所產生的衝突則由桓武天皇接手，痛

苦漫長的過程，加上難以負荷的花費，成為他統治初期的禍根。

他先於八〇一年至八〇二年取得了一場小勝利，當時一位名叫坂上田村麻呂的武官新上任軍事指揮官，設法對阿弖流為施加一定的壓力，說服他和另一位聲望高的蝦夷領袖協議投降。但被俘虜的蝦夷囚犯通常分散在日本各地，充當貴族的奴隸或生活在被隔離的社區中，最終這兩位備受關注的犯人還是人頭落地了。桓武和他的軍師此時已經受夠了北方的紛亂。

幾年後，桓武澈底結束了抗夷的征戰，儘管不甘心，還是允許了本州東北部的部分地區維持在他的管轄之外。正如他其中一名軍師所說，這場征戰已成為兩大「帝國痛苦根源」之一，另一個則是在他們周圍崛起的新首都。

桓武於七八一年一即位便決定要將皇居遷移至新的地點。過去的天皇出於各種原因四處遷移，有些天皇認為新的時代應該在新的地方開始，新宮殿的宏偉度要超越前代遺址：這不僅是自尊的問題，更是宣揚自己身為帝國「神聖中心」的角色。有些天皇則在面對飢荒或傳染病時，將有價值的木材結構拆下後至其他地方重建，選擇遷居別處來逃避物質與精神上的困境。第三個匆忙遷居的理由，則是躲避不定期發生的武裝起義。

最後，桓武不得不兩度遷都，七八四年是他第一次遷都，從奈良搬到一處叫長岡的地區。但很快就為政治暗殺、自殺、飢荒、洪水和疾病所困，逼得桓武必須另找一處更吉利的地點。七九三年的一次微服「狩獵」，他騎著馬和御用占卜師討論後，便決定了第二個地點。

他們在奈良以北五十公里處找到了理想的地點，地形符合所有條件。北面、西面和東面都

有山，提供極佳的防禦屏障。同時滿足了中國四象限的風水要求：北有山、西有大道、東有河流、南有大片水域。雄厚的比叡山抵禦著東北方的厄運，據說邪靈會從那裡入侵。除此之外，這裡土壤肥沃、稻田可自然灌溉、山上有大量木材、可通過河流進入內海的絕佳通道（將本州島、四國島和九州島分開），以及無需太多準備工作便可進行建設的平坦中央地區。

唯一美中不足的地方就是氣候，這裡位於盆地之中，難以忍受的溼熱與嚴寒在冬夏兩季不斷交替，對居民來說將會是一大考驗。七九四年，桓武在這裡撐過了第一個冬季。他在建造中的宮殿範圍內，頒布了一紙重大詔書，確立皇都的新位置以及正式決定的名稱，平安京：「和平與安定之都」。大多數日本人日後稱之為「首都」——也就是日本的「京都」。

一座注定要成為日本千年天皇之都的城市，最初的規模並沒有現代京都這麼大。矩形網格的規模從北到南有五公里半，從東到西有近五公里。兩條軸線上都有寬闊的大道，其中穿插著狹窄的小巷。大部分的建築高度被限制為一層樓高，飽受氣候之苦的居民至少可以享受優美的景色——鬱鬱蔥蔥的山巒，其季節性的色彩變化成為畫家們最喜歡的主題，並且很快就在桓武的新首都大放異彩。

這裡是名副其實的桓武首都，平安京的北端座落著「大內裏」（現為京都御所），占了城市總面積將近百分之七，這裡的建築以及太子府邸，在桓武統治時期占了中央政府支出的五分之三。各地勞工在這裡盡他們身為帝國子民的勞動義務，忙著建造約兩百座的建築、塔樓和廊道——包括十四個獨立城門，其中最重要的就是「朱雀門」。

這裡既是天皇的住所，也是他辦公的地方。宮殿建築群北端是住宅區，南邊則是政府辦公室與會議區，包括國家大議會的三座建築。附近還有一大片綠地，即「神泉苑」，供皇室宴會、娛樂以及偶爾打獵、釣魚之用。

朱雀大路從宮殿一路往南，貫穿整座城市。也許這就是世界上最寬闊的大道，寬約九十公尺，終點為著名的羅城門（兩層樓高，紅白相間，綠色屋頂），因美麗的柳樹而被眾人歌頌：

淺綠濃縹有
放眼染遍
光耀低搖
新京朱雀垂柳

市中心有兩處市場，主要的生意是以物易物，交易的物品包括大米、水果、毛筆、藥材和盔甲。這裡也為來訪的外國使節打造精美的住宿環境，期盼促成有利的交易，貴族居民則定居於寬敞的別墅，裡面有精心維護的花園、城市水道匯入的池塘——大量的水道讓平安京擁有上百座橋梁。城市發展初期的人口估計約十萬，大多數人的生活簡樸，不時為國家與貴族階級服務：從記帳、看守囚犯，到釀清酒、編織絲綢，救助中暑的人或他們寵物。

平安京並沒有真正意義上的圍牆，因為桓武認為沒有值得他擔憂的敵人。他更擔心的是

來自上天的懲罰和邪靈的侵擾，為了尋求保佑，他經常前往位在東北方的上賀茂神社及下鴨神社祭拜獻供。這種祭拜供品的儀式，不久就演變成一年一度的夜間祭典，神職人員會在黑暗中呼喚神明，請祂們住進用沙子和松木特製的神輿中。從那裡，神明被轉移到較小的榊樹上，然後被帶往神社的主殿。完成後會將神社點亮，並舉行公開慶典，帶給神明娛樂。

這些慶典活動的規模逐年擴大，賀茂祭更成為平安京社交活動的重要節日。皇室敕使和特別挑選的齋王（皇女）會前往這兩座神社，前者獻上舞蹈、馬匹等供品，後者則在該處參拜——如同皇室成員在天照大神的伊勢神宮參拜一樣，賀茂神社也已經提升到等同伊勢神宮的位階。敕使和齋王一路上都會有華冠麗服的隨從同行。資深公卿或騎馬或坐牛車隆隆前行，牛車上裝飾著二葉葵，途中有樂師和舞者伴行。全城的居民都出來觀看這壯觀的場面，隨著身分的不同，觀賞的位置也有所區分。貴族們會派人在前方為他們的馬車保留絕佳的停車位，身分卑微的人則會爬上屋頂和高大的樹枝眺望。

敬重神明的桓武，對佛教是否能為城市和國家帶來福祉，抱持著質疑的心態。他成為天皇後選擇離開奈良的原因之一，就是因當地勢力龐大且專橫的佛教機構：從不需要皇室和氏族資助的富裕佛寺，到為數眾多的僧侶，以至於桓武的父親力圖掃除所有在首都非法居留的人，並將他們遣返至原來的居地。如果敵對的氏族是對皇權存在的第一大威脅，那麼佛教就是第二大威脅了，因此桓武下定決心有所行動。

桓武天王像

繼聖德太子後，佛教最大的支持者之一就是聖武天皇（在位期間西元七二四年至七四九年）。七三五年至七三七年期間，一場毀滅性的天花爆發，模糊了虔誠信仰和實用主義的界限，促使他透過佛寺和淨苑打造全國性、每行政區各一處的庇護網。有一座令人敬畏的東大寺位於奈良，就是專門建

造作為庇護網中心的佛寺，裡面供奉著毗盧遮那佛，是一尊高達十六公尺的鍍金銅像。據說鑄造時花了三百三十八噸重的銅和十六噸重的黃金，幾乎讓整個國家陷入破產危機。七五二年的佛像獻禮，其開光儀式可說是當時的盛事之一，參加的公卿達七千多人，僧侶則有一萬多人。

佛教除了曾維護國家安全以及早期提供偉大的美學成就，也讓出生在平庸家庭的人才有機會接受教育並投入公共服務。這樣的社會環境孕育出了許多智慧超群且富有同情心的人物，其中有一位名叫行基（西元六六八年至七四九年）的僧人不僅是皇室顧問，更因開示和實際援助貧困農民而聞名，其中以灌溉工程尤為重要。

儘管日本對僧侶娶妻、借款和持有私人財產等行為有諸多法律限制，他們卻將這一系列禁令視若無睹。佛寺借錢給農民，拖欠帳款時便奪取他們的土地。甚至傳聞有間佛寺私下經營典當生意，收取高達百分之一百八十的利息。不過最令人擔憂的還是操弄政治的僧侶，他們透過說服力極強的開示、身披袈裟並結合深植人心的思想與儀式、敵對氏族的支持，以及民眾對社會發展的不滿，都將可能引發一場完美的反皇權風暴。雖然這種情況尚未發生，但在七六〇年代，曾有一位名叫道鏡的僧侶，機智地說服了聖武天皇的女兒和繼承人，讓他在朝中的影響力逐漸壯大。他與皇后密切往來的傳聞甚囂塵上，並開始覬覦皇位，最後因皇室的強烈反對，加上皇后逝世便以失敗告終。

桓武針對這樣的干政行為祭出了多種控制手段，他禁止僧侶建造「私人佛寺」，因為這種行為與其說是奉獻，不如說是為了避稅，只要這些機構聲稱是為國家的利益舉行祭典，就無需

繳稅給國庫。他還禁止現有的佛寺在未經許可的情況下接受捐款，同時將佛寺財產交由地方行政單位審計（甚至有可能徵收），並且將佛寺的最高貸款利率降至較合理的百分之十。桓武也限制僧侶生育後代，因為他們聲稱這些孩子能創造奇蹟，並且能在「山中下降頭傷害敵人」。這段期間，他不斷提高出家為僧的標準，並將重點放在性格與學識，後者還必須經過嚴格的測驗。

不過桓武最關鍵的一手，就是反抗了由六大宗派組成的奈良佛教機構——為當時一大權威。過程中還受到一位名叫最澄僧人的協助。最澄生於七六七年，於七八五年在東大寺受戒，看透了當代佛教的腐敗，轉而在比叡山過起較艱苦的生活——這在當時是相當罕見的修行方式。七九四年，桓武將首都遷至該地區時，聽聞了最澄在比叡山的修行生活及對天台宗的研究。進而意識到天台宗將可能取代爭執不休的奈良教派，於是允許最澄前往中國進修。

最澄於八〇四年到訪中國，第二年返回日本，期間研究了許多佛教各宗不同的教義。短短幾年內，他在比叡山創立了「天台」宗派，其名稱除了取自「天台山」外，還蘊含了更深層的涵義。此宗派融合了三大元素，包括禪宗、一套名為「菩薩戒」的戒律系統，以及密宗。天台宗試圖將佛教各宗派和經文整合成一個層次分明的體系，其野心不容小覷，當中以《妙法蓮華經》為最高層級。天台宗的最終結構十分完善，橫跨了儀式、沉思、信仰及道德，讓最澄認為日本不再需要其他宗派。

最澄將他的教義稱為「眾生皆有佛性」，其基本思想與佛教的摩訶衍那教派相當符合。摩

訶衍那（「大乘佛教」）於西元二〇〇年左右在印度誕生，並在之後的幾世紀與中國的哲學、宗教傳統相融合，擴大了佛教的範疇，從主要是僧侶的專利，演變成濟世的「舟筏」。隨著佛陀具有三種不同形式或「三身」的理論被提出，擴展了奉獻的可能性：一種是囊括一切的宇宙形式，近似於絕對性存在的概念；另一種是天體的形式，以各種神的樣貌呈現，存在於構成宇宙的領域；還有一種是在普通時空中以更有限的形式顯現——最著名的就是釋迦牟尼的肉身。「菩薩」的形象也十分受到重視：眾生在通往成佛的道路上，出於慈悲將有情眾生從痛苦中解救出來。

對最澄來說，「眾生皆有佛性」係指傳統對僧侶和非僧侶之間以及男性和女性之間的區別並不重要。重要的是，宇宙形式的佛陀存在於每個人的內心深處，即為他們的「佛性」。因此，開悟並不是透過僧侶的誓言、複雜的儀式、無止境的苦行和生生世世的努力來求得。我們本身就有佛性，這是萬物的真相，只需要在沉思和日常生活中，透過深化信仰方可領悟——前提是這個人真心想要悟道。正如最澄本人告誡他的追隨者：「道心之中有衣食矣。衣食之中無道心矣。」

從某方面來看，最澄在這裡發展出具有東亞特色的佛教。印度人根深蒂固的輪迴轉世觀念，讓跨越多世的道德修行似乎成為了一種理所當然的觀點。相較之下，在中國和日本，輪迴只是死後許多可能的結果之一，佛教更注重當下；注重人、甚至無生命體擁有的佛性可能；注重宗教修行以及看待世界的藝術眼光。

不過，天台宗最初的政治觀點十分獨特與明確，最澄將聖德太子視為偉大的政治家和他「精神上的祖父」。在太子想出「日本」這個國家名而備受讚譽的同時，最澄則是提出另一個強而有力的名稱：「大日本國」。根據他的說法，宇宙對這個偉大國家的保護，並使其免於混亂，是日本佛教最重要的責任之一。

如果說最澄是桓武的理想佛教徒，集博學、道德高尚、愛國情操於一身，那麼另一個能和他並駕齊驅的，就是同樣於八〇四年出使中國的第二位佛教僧人。他的名字叫空海，和最澄一樣回到日本後便創立了全新的佛教宗派。天台宗的哲學和儀式相當廣泛，而空海的新宗派——真言宗（「真實而無虛假之語言」），則以高野山為主要根據地，更著重於密宗。僧侶們學習手印（儀式的手勢，主要用手）、曼荼羅（神聖領域的視覺表現）、密咒（神聖短語），以及精神集中力。

最澄和空海成為日本有史以來最具影響力的兩名佛教人物，但是他們的崛起可能對女性不利。在以前的日本佛教體系中，女性可以成為尼姑，並且在其中發揮重要作用，然而最澄和空海建立的新佛教派別一開始是禁止女性進入比叡山和高野山的，因為他們擔心女性的存在會影響儀式效果。不過，這兩人的崛起也帶來了積極的一面，因為他們都是日本佛教的革新者，不再像過去那樣完全依賴外國的佛教知識。

與此同時，日本的本土神明依舊備受關注。八幡神透過神諭，要求將祂從九州遷移到奈良，以便向東大寺的大佛致敬。現在，天台宗和真言宗這兩個新興佛教派別也分別尋求比叡山

和高野山的神明幫助，以便在新地方立足。在接下來的一千年裡，佛教和神道將在哲學和儀式上持續相互交織，以致於到最後，很少有日本人將它們視為兩個可分離的傳統。

*

桓武天皇沒有看到他開拓性舉措的全部成果，這些成果對日本平安時代的貢獻相當巨大，從建立新首都開始到一一八五年結束。最澄於八〇五年從中國回來時，桓武就已經病入膏肓，即使進行了密宗的病癒儀式，仍然回天乏術，隔年病逝。但在他死後的數十年裡，由於他對最澄和空海的支持，佛教的界限逐漸被重新畫定得更澈底：從一個混雜著六大宗派的城市體系，到一個牢牢扎根於大乘佛教的山岳傳統化，不同宗派保留了各自的佛寺、精神、利益，甚至是軍隊。

更廣泛地說，桓武為日本開啟了一個非凡的文化自信時代。他離開時，國家正值古典時代的風口浪尖，與中國的聯繫逐漸消失。然而，在時尚、藝術、建築、音樂、詩歌和散文等方面都展現出獨特的日本風尚。天台宗與真言宗在這方面發揮了重要的影響力，眾生皆有佛性的概念，使相對簡樸的奈良學派轉變為廣泛而熱情的美學崇拜，並作為接近絕對存在的另一種途徑。空海不僅以佛教徒的先驅聞名，還是一名詩人、畫家與書法家。在未來的數世紀，一些偉大的日本藝術家也將是佛教僧侶。

桓武的新首都平安京成為這些著名文化成就的代名詞。這座城市也是集權帝國的政治與行政中心，包括九州和四國的部分島嶼，以及本州的南部、中部地區。桓武統治期間，人口數約六百到七百萬。歸功於他的政治成就和三個能幹的兒子，他們的統治一直持續到八三三年，桓武的遺風得以在各地區發揚光大，直到敵人入侵。

敵人終究還是來了，氏族的勢力雖被削弱，但還沒有澈底根除。不久之後，皇位的繼承人將不再把桓武時代視為實用的典範，而是將其視為一段輝煌而無法挽回的過去。

4 紫式部——宮廷記錄者

約西元九七三年至一〇一四年

秋意漸濃，土御門殿愈發呈現出一種難以言喻的美。湖邊的樹梢和溪流岸邊的草叢，都已披上了各自的秋色，在傍晚的餘暉中更加絢麗奪目。

——《紫式部日記》

這一年是一〇〇八年，有一位名叫紫式部的貴族女作家兼宮廷女官，正準備迎接即將到來的漫漫長夜。她從土御門宅邸東翼的房內，可以聽到真言宗的僧人們開始誦經守夜。「在逐漸變涼的夜風中，」她記錄，「悠揚的誦經聲與潺潺的流水聲交織，令人難以分辨。」黎明將至，誦經的聲調產生了變化：

五壇之法開始了。僧人們的聲音此起彼落，遠近皆聞，莊嚴肅穆，令人敬畏。誦經結束後，觀音院僧正帶領二十名伴僧從東廂前往主殿進行加持。他們踏上渡殿時的沉重腳步聲在廊中迴盪，顯得格外奇異陌生。

自從約兩百年前桓武天皇駕崩後，密宗佛經誦持之風在平安京貴族階層興起，作為祈求平安健康，抵禦人們相信會導致各種疾病和災禍的邪靈。本地神明的崇拜則與公家機構的事務有密切關聯。賀茂神社保佑平安京，就像比叡山和高野山的神明保佑天台宗和真言宗的佛寺一樣。太陽神和皇室的祖先——天照大神，被供奉在伊勢神宮，而每個主要的氏族都有自己的神明和神宮。相較之下，佛教的祈願通常是個人的行為：當個人或家庭處於危難和痛苦時才有所請求，非常適合這樣的時刻。紫式部所服侍的彰子中宮即將分娩——而這項最重要的工作目前看來似乎不太順利。

這不僅對彰子本人，更對整個平安時代的日本，都是重要的時刻，尤其是土御門的家主：藤原道長。藤原道長是當時最具權威的政治家，他是彰子的父親，將彰子從一條天皇的妃嬪之中扶持上位，成為尊貴的中宮。如果能順利產下一名男嬰，成為皇位的繼承人，道長的權力也將達到頂峰。

要是這一切發生在更早的時代，我們將只能透過官方史書裡的寥寥數語得知。例如孩子是否生下，中宮是否存活。而現在，我們可以跟隨當時年僅十九歲，備感掙扎又焦慮的彰子，來到四周因儀式而被純白簾幕圍繞的御帳台（后座）內。我們可以發現她周遭的僧侶人數愈來愈多，樣貌也愈趨多元。「所有稱得上是驅魔師的人都從附近的山寺被召集下來，在她疼痛加劇時念誦嘈雜的咒語。你可以想像宇宙中的每一尊神佛都下凡回應……。」還有陰陽師及巫女，

紛紛在屏風後各顯神通。公卿們則在御帳台簾幕外爭先恐後地卡位，裡頭灑著米粒以驅除邪靈，侍從們象徵性地為彰子剪下一綹頭髮，匆忙地讓她念誦佛經，以防她無法順產。

我們有幸了解平安時代豐富又戲劇化的一面，都要歸功於紫式部的經歷，以及反映當時貴族生活的文字描述，包括日記、雜記、詩歌與小說故事——全都透過書法家複寫後的手稿，其中一些佳作還使書法家們聲名大噪。曾經彰子的處境相當尷尬，必須和她的堂姐兼敵人——藤原定子，共享后位。因為定子曾誇耀她的隨從清少納言是一名作家，以《枕草子》（約於一〇〇〇年撰寫）淘氣又犀利的文風受到高度讚揚，導致藤原道長下定決心要讓女兒的親信增添一絲文學氣息。他求助於紫式部——當時她已有一篇散文在宮內廣為流傳，文筆引人入勝又造詣斐然。當時的彰子中宮正臥床承受著莫大的痛苦和悲傷，此舉對她來說，可能不算什麼安慰。但在那些同樣為彰子命運所苦惱的人之中，有一位正是被譽為世上第一部小說與日本文學巔峰之作《源氏物語》作者的紫式部。

《源氏物語》如琥珀般封藏了平安京貴族的全盛時期生活：一個和平繁榮的世界，規模小且與世隔絕，有露天詩歌聚會、歡樂的八卦、精心維護的貴族風尚，當然還有浪漫的氛圍。中國高雅的文化被重新塑造成獨特的日式精緻風格，以極致精美的樣貌打動後世。或許是意識到了時光終將飛逝，歷經短暫輝煌的他們，才得以在紫式部的筆下化為永恆的存在，儘管韶光易逝。總有一天，激烈的土地爭奪將會改變許多貴族的生活，即便是來自偏遠鄉的新興勢力將逐漸崛起，也足以影響他們，只是時候未到而已。

*

紫式部的真實姓名不詳，她生於約九七三年，當時人們認為記錄或在公共場合使用貴族婦女的名字，是相當不禮貌的行為。因此，會以姓氏、地點或者父兄擔任的職位來指稱她們。「紫式部」的名稱可能來自式部大丞，即「式部省的高級祕書」，紫式部的父親藤原為時便曾擔任此職位。「紫」的來源可能是《源氏物語》中的人物：一位年輕漂亮的女孩，源氏最後娶了她。據說是宮廷裡的人隨意把這個名字當成作者的綽號，用來暗示角色和創作者之間的某種相似性，從此便流傳下來。

另一個解釋版本則更迂迴，與這個詞本身的涵義有關：「紫色」。紫色指的是紫藤的顏色，而紫藤的日文是ふじ。紫式部的直系親屬可能沒有什麼社會地位，她的父親沒有飛黃騰達，她的母親在紫式部年輕時就過世，但父母兩人都是來自日本史上最重要家族的分支——藤原（紫藤原）。

桓武的三個兒子和一個孫子先後繼承了他的皇位，在統治期間仍延續了他的權威。但在八五〇年，藤原氏成功讓他們家族女性在後宮成為主要勢力。之後文德天皇即位，他的母親和主要的后妃都是來自藤原家。從那時開始，藤原家族——尤其其北家（這個氏族龐大且競爭激烈），順利地統治了這個皇朝約兩個世紀。他們影響了每一位皇室繼承人的選擇，好確保其中

仍有藤原家的血脈。他們指導天皇施政，任命藤原氏的重臣為攝政，天皇成年後，攝政則該稱「關白」。天皇們甚至會被勸說在三十歲左右退位，避免隨著年紀增長而愈來愈難掌控，藤原家也控制了平安京和其他省的核心幕僚任命，為他們帶來進一步的影響力及財富。

隨著皇權的衰弱和歷史編纂的中止（以《日本書紀》為開端的六國史，其最後一部於九〇一年完成），平安京的權力從北部桓武天皇心愛的北邊宮殿群，轉移到貴族的宅邸，大多集中在都心東北部。宮殿群則於九〇〇年代中期被燒毀，無數珍貴的書籍和藝術品也隨之化為灰燼。這些房屋通常採用一種名為「寢殿造」的建築風格：矩形的木造建築，一層樓高，由有屋簷的渡橋連接。為了因應平安京最廣為人知的溼熱夏季，居民們紛紛採取了各種措施，包括用樹皮鋪成屋頂，提供陰涼處的騎樓，以及使用木柱而不是實心牆作為結構支撐，讓建築物內部能鋪上移動式的屏風。多數建築都利用支柱抬高一英尺左右，以便涼爽的空氣在下方流動，而內部地板則採用涼爽的裸木，傢俱也相當簡便，包括障子、屏風和保護隱私的簾幕；坐墊和草蓆；櫃子和桌子。冬天時則擺放一個火盆，以抵禦所有這些建築設計的散熱特性。

每棟宅邸最重要的區域之一就是位於主建築南端的花園。這些花園的設計目的是呼應平安京四周的景觀，通常有一座人工池塘，由岩石和小島組成，還種植了松樹作為點綴。花園中種植了季節性花朵，包括櫻花、梅花和菊花，其間貫穿了一條或更多條小溪，慢悠悠地流動著——有時會化為取酒渠道，一小杯清酒便從倒酒侍者手中搖搖晃晃地漂到飲者面前。草地可能還會灑上一點白沙，在月光下閃閃發光。整個園區外圍都建造了一道有城門的石牆。

紫式部在相對簡樸的環境中長大，她沒有正式接受教育，卻耳濡目染。她的弟弟藤原惟規在家中大部分時間都在為將來的學業和職業做準備。他有時會在父親陪同下，學習中國的歷史和文學經典，以及重要的佛教經典與《日本書紀》等日文作品。當時最常見的讀書方式就是大聲朗讀——如此一來，他好奇的姊姊就可以旁聽了。

紫式部的父親似乎意識到女兒比兒子更聰慧。據紫式部後來的回憶，某天父親曾對她說：「可惜汝非男兒。實乃吾之不幸！」雖然大多數男性因職務關係都用漢字來閱讀與寫作，但當時真正的文學先驅卻是貴族婦女。她們的作品更富想像力，以一種稱為平假名的文字書寫。

在此之前，日本的語言一直是將漢字以兩種方式書寫。借用一個漢字的涵義，以相對應的日文單字來閱讀。另一種則是借用漢字的發音，作為日文單字的讀音。平假名則不同了，這是一套直接表音的系統，由漢字草書簡化組成：一個字表一個音。早期，包括紫式部在內的女性作家，很常使用平假名，因此被稱為「女手」——女文字。

透過偷聽和自學閱讀的紫式部，看遍了大量的日本文學典籍，其中最早可追溯至約三個世紀前的七〇〇年代：《古事記》、《日本書紀》，以及第一部詩集《萬葉集》和較近的《古今和歌集》（約九〇五年出版）。詩歌，尤其是被稱為和歌的風格：三十一個音節以五－七－五－七－七的模式分布在五行中，除了宮廷和外交用途外，還是一種能將對美感、精緻感與稍縱即逝的細微覺察代代相傳的方法。許多日本詩歌的主題圍繞著大自然，例如四季的變化、壯麗的景色、動植物的描摹，也包含了人類情感與關係的變化。引經據典和格律受到高度重視。能夠

充分了解並創作出好的詩歌，不僅彰顯一個人聰明、飽讀詩書，也意味著正派、敏銳且值得尊敬——或許還適合作為婚姻伴侶。許多貴族的求愛方式都是透過交換短詩來試探對方的心意。

此外，在塑造紫式部成長歷程和寫作的過程中，還有兩種新的文學體裁在九〇〇年代出現。第一種是「歌物語」：以一系列的詩歌穿插少量的散文，講述貴族生活的短篇小說。最著名的詩集之一就是《伊勢物語》，其靈感來自公卿和浪漫冒險家在原業平（西元八二五年至八八〇年）的生活與詩歌，並在九八〇年左右完成最終編排。第二種是日記文學，有些類似遊記，有些則側重上流社會的生活。後者中又以《蜻蛉日記》（約九七四年）最具代表，由一位貴族婦女撰寫，後人只稱她是「藤原道綱母」。開頭便以一段充滿詩意的追求與婉拒過程而別具特色。作者收到一名地位高貴的追求者的紙條，上面寫著一行短詩：「傷心如我，只聞鶯鳥般的聲音卻不見其人，唯願與佳人訴衷腸。」作者認為紙條所用的紙張「不講究」，而且他的字跡「驚人的拙劣」，便隨即回覆：「勿讓鳥兒把歌聲浪費在沒有回音的荒野。」

紫式部較晚才展開她的戀愛史，九九八年或九九九年間，她已二十多歲，嫁給了一位名叫宣孝的男子。他也是藤原家族的人，是相當成功的宮廷官員，曾擔任過幾個地區首長。據說他還是一位優秀的舞者，曾於九八八年被選為賀茂祭的表演者。但缺點是年紀和紫式部的父親差不多，已有過幾段婚姻，而且還喜歡在外面找小妾。

這在當時並不算是什麼糟糕的行為。男性通常會娶好幾個「妻子」，這在當時是很複雜的概念，第一個妻子具有一定的地位：她與丈夫年齡相近，丈夫通常會住在她的家裡，他們的孩

子多半在社交和職務上都有很好的表現。女性相較之下只能有一個丈夫，即便婚姻以離婚或喪夫告終，也很少會有第二個丈夫。她們主要的保障是繼承娘家的財產，例如土御門宅邸原本屬於藤原道長的妻子，而不是他自己。婚後直到死後下葬都可以保留自己家族的名字。

紫式部和宣孝的婚姻只持續了短短幾年，她於九九九年生下了一個女兒，藤原賢子。但一〇〇一年，信孝就因一場傳染病去世了，紫式部當時為宣孝和她自己感到悲痛萬分，擔心往後的生活會變得非常單調和孤單，直到後來回憶起「那段沮喪與迷惘」：

> 日日無所事事，怔怔地沉緬於愁思。無論是看見花色還是聞得鳥聲，還是觀望四季變化的天空、月光、霜雪，雖然知道是又一個季節到來了，心裡想的全是自己的餘生會有怎樣的結局。前景未卜，總難釋懷。

紫式部的擔憂是有原因的，當時地位較高的婦女，大部分時間都待在家裡，從事書法、閱讀、彈琴和照顧孩子，很少出現在宮廷、貴族宅邸或城市的市場等活動中心，只有朝聖和探親才有可能出門。這個時代有個故事，可能是基於事實，故事描述一名和紫式部同階層的女子在平安京的街頭迷了路，找不到回家的方向。

但對紫式部而言，她的故事正要就此展開。一〇〇一到一〇〇五年間，或可能更早之前，她坐在硯台前開始寫下《源氏物語》的第一行，借鑑了許多日本文學文化，從中國和日本的詩

北條政子的家族聲稱自己是平氏的後裔，但他們如果和平氏最有權勢的血脈有關係的話，也只是關係極淡的遠親。這支最有權勢的平氏家族稱霸了日本中部及西南部，享有和中國之間利潤豐厚的貿易，而且西元一一五〇年代，在平清盛的領導下，平氏被傳喚進宮協助解決王位繼承的爭端。平氏家族最終和最有權勢的源氏家族處於敵對位置，兩個武士家族在首都的街道上相互攻擊、濺血，直到平清盛上位後才停止。透過犒賞盟友並將女兒們嫁入皇室和藤原家，平清盛從西元一一六〇年代晚期到一一七〇年間主宰了朝廷，標誌了武士用軍事服務換取統治權的時刻。

然而平清盛卻做錯了一件事：他處決了敵方大將源義朝及其兩個年長的兒子，卻讓他兩個年幼的兒子活下來。其中一個兒子義經當時還在襁褓中，被送去給僧侶照料。而另一個兒子賴朝則被流放到伊豆國，由平氏的盟友監護，而賴朝報答這位監護人的方式是讓他的女兒懷孕。這位監護人被迫殺掉自己的孫子以免平氏找上門，賴朝則被趕緊移送給另一個盟友監護，也就是北條時政。

*

一一七〇年代中期，北條時政離家去平安京履行守衛義務時，政子與賴朝開始了一段戀情。時政發現時非常憤怒，他急忙替政子另外安排了一樁親事。不過她當時已經二十歲了，因

為成熟獨立與對賴朝的愛，加上對父親近期再婚的對象跟自己年齡相仿感到氣憤，政子決定反抗。她和賴朝私奔到山裡的佛寺，躲在那裡直到時政態度軟化，並同意在人生中最大的賭局中下注——允許一個源氏家族的人納入北條家。

很快地，這看起來就像是得認賠的賭注。朝廷裡的某些人總是覺得平清盛儘管戰功彪炳，但畢竟出身鄉下，他的父親跳舞還行，但是寫的詩就難以入眼，完全不屬於貴族圈。清盛已經忘了自己的出身，在宮內明顯不受歡迎。西元一一八〇年，一場陰謀展開，號召源氏武士起義討伐平氏，撥亂反正。隨著日本的內戰一觸即發，時政選擇投靠女婿賴朝。此時賴朝正從日本東部各地召集新舊盟友，

而他採用了最大膽也最具開創性的方式進行。傳統上，土地所有權和官職只能由朝廷授予，但是賴朝用自己的權力發送這些土地與職位。他在某種程度上宣布獨立，把武士、地主與他個人緊密聯繫起來，並將侍所（幕府前身）設置在位於本州中部東海岸叫做鎌倉的小村莊。

與此同時，政子被迫帶著他們的女兒大姬，在親近源氏的山中佛寺尋求庇護，讓寺裡的僧兵提供保護。當時機到來，她可以平安地與丈夫團聚時，她發現自己已經不是令制國小地主之女，她成為了貴族，是有權有勢的新興領導人之妻；儘管戰爭才剛開始，也沒有跡象顯示會如何發展。人們開始稱呼政子為「御台所」（將軍正室），而且根據這時期由北條家族編纂的史書《吾妻鏡》所記載，她的寢宮在夜間會由最精良的源氏弓箭手看守。當她的第二個孩子賴家於西元一一八一年出生後，他被賴朝的支持者當作太子一般對待，匆忙為他在鎌倉建蓋住宅，在他

幼年時期為他舉辦儀式，送他刀劍馬匹當作禮物，並請來了幾個高階級的乳母家族來照料他。

然而並不是一直家庭和樂。賴家出生後不久，政子從繼母牧之方那裡聽聞在她懷孕的時候，賴朝會在策畫戰爭及規畫新的行政系統的繁忙中抽空去見他的舊情人龜之前，他甚至在鎌倉為她安排了住所。若是其他人在政子的位置上，可能會歸結出這是身為新任貴族的妻子為了地位應該要付出的代價。但是政子不同，她讓繼母的哥哥宗親帶了一小群武士到龜之前的住所，放火燒了那棟房子。龜之前勉強逃過一劫。

這樣的行為並非沒有前例。那個年代的貴族日記中經常記載「打後妻」的做法。這種貴族女性報復丈夫的新歡的做法可以委託他人，也可以自己執行，可能包含對人身、財產或是家人的攻擊。後世讀者對這一類故事非常感興趣，甚至出現了帶有神祕色彩的版本，例如被拋棄的妻子變成惡鬼進行復仇。

不過，政子可能在她與賴朝的婚姻早期就立下了明確的標誌，表明她在這段婚姻關係中的權威。她對賴朝的影響力顯著，再加上賴朝非常需要政子父親的支持，使得他沒有對政子的所作所為加以懲戒。相反地，《吾妻鏡》記載他邀請縱火的宗親出遊，並且借機要求解釋，宗親跪倒在地道歉，賴朝便砍下他的髮髻，讓他承受最大的恥辱。賴朝不情願地承認「你執行了御台所的命令，值得讚許」，但他表示宗親至少應該先知會他。宗親含淚逃離現場。

政子的婚姻沒有在她報復賴朝的情人後結束，但是很快再次面臨嚴峻考驗。平清盛從戰爭的開端就承受嚴重的失敗，最後失去一切並在西元一一八一年過世，這讓賴朝的前景看來一片

光明。然而這是一場複雜的衝突。後世所知的源平合戰，名字分別取自「源氏」與「平氏」中第一個字的漢字讀音，但它其實不只是一場兩個家族間的戰爭。那些聲稱與平氏或源氏有關的勢力並非一直都站在同一陣營，他們進行了一系列的鬥爭和起義，直到後來才被統稱為「戰爭」。在西元一一八四年時，讓賴朝最擔憂的是他該不該信任自己的堂兄木曾義仲。義仲也在平安京起兵對抗平氏。

木曾義仲成功地將平氏勢力驅逐出平安京，並且控制年輕的天皇——清盛的孫子。不久後，義仲露出奪取政權的野心。源賴朝為了平定局勢，於一一八四年派遣其弟源義經率軍討伐義仲，最終擊敗義仲軍隊，並迫使朝廷承認賴朝平定亂世的努力。這一切都讓政子和五歲的女兒大姬生活很不好過。義仲更早以前就將自己十一歲的兒子義高送到賴朝家以表示善意，政子和大姬都很喜歡這個男孩，而且兩人似乎都認為大姬與義高有朝一日會結為連理。但現在義仲成為了叛徒，也因此敗亡，政子和大姬很害怕賴朝會不讓義高活下來。所以母親和女兒分頭說服義高裝扮成政子的一名女侍，好把他偷偷帶到安全的地方，義高的侍從則留在原地假扮成主子，好幫他們爭取脫逃的時間。

但是這個計謀被揭穿了，五天後義高被抓到並行刑。政子再次對丈夫勃然大怒，指責他殘忍殺害女兒所愛的人，害得女兒陷入重病之中。而政子又一次證明自己具有影響力。義高不可能死而復生了，但是賴朝感到非常內疚，以至於他處決了謀殺義高的人。

＊

源平合戰終於在西元一一八五年來到尾聲，當時義經追上平氏餘黨，並且在本州南方海岸的壇之浦發起大型海戰消滅了他們。敵對的兩方艦隊先用遠程射箭交戰，再用刀劍近距離對戰，直到源氏的弓箭手射殺了平氏的划槳手舵手，讓他們的船在海上漂流。部分的平氏軍隊在戰爭中倒戈，而另一些人則在了解到一切已無力回天後選擇自我了結。

這般勝利和其他的功績讓源義經成為日本新興文學體裁中的早期明星，這類型的文學就是軍記物語。《平家物語》是其中一部早期的偉大作品，根據雲遊四海的說書人所說的故事撰寫而成，最初在約西元一二四〇年間編纂成單一文本。這本作品的焦點主要放在平家，但也提供了關於內戰整體令人著迷甚至有些過分傳奇化的描述。著名且半杜撰的女武士巴御前，首次在文學的舞台登場：書中的她是叛徒義仲的義妹，也是最後留下來保衛他的七名武士家臣之一，對抗義經於一一八四年發起的討伐之戰，也就是後世所稱的粟津之戰。義仲命令巴御前離開自救，不久後他就遭到殺害。義仲最後也最忠心的家臣了解到現在已經全盤皆輸，他向來攻擊的人挑釁道：「瞧好了，東國的諸位！這就是日本最勇敢的男人自盡的方式！」隨後就把他的劍尖放進嘴裡，頭朝下從馬背上跳下來。

《平家物語》之後講到壇之浦之戰，重點放在平清盛的遺孀。身為年幼安德天皇的祖母與佛教尼姑，面對這場戰爭的悲慘結局，她應對的方式讓她備受讚揚：

二位尼把天皇抱在懷裡，走到船邊。天皇這一年該是八歲了，但是看起來比他的年齡更成熟一些。他的臉龐光彩照人，豐厚的黑髮垂過腰際。「妳要帶我去哪裡呢，外祖母？」他表情疑惑地問道。

她忍住眼淚，把臉轉向年幼的君主。

「你還不明白嗎？惡業纏身，你的好運已到達盡頭。轉向東邊向伊勢神宮（即供奉天照大神所在）道別，再轉向西邊念誦阿彌陀佛的聖號，如此祂和諸聖眾就能來把你接引到淨土。這個國度是哀傷之地，我帶你去極樂世界吧。」

天皇眼裡泛著淚水，雙手合十，朝向東方雙膝跪地，向伊勢神宮道別，接著他轉向西方並且誦唸阿彌陀佛的聖號。二位尼將他一把抱起，安慰地說：「大浪之下亦有帝都」，然後雙雙躍進無垠的深處。

*

隨著戰事在西元一一八五年結束，賴朝和政子開始掌控全局。日本的平安時代業已終結，而鎌倉時代才剛開始。賴朝任命武士擔任地頭以管理全國各地的土地資產，並把原先需要朝廷授予的行政及司法權力集中到鎌倉，由自己攬權。接著他把守護派到各個令制國，用以維持和平。西元一一九二年，朝廷授予賴朝征夷大將軍的頭銜，正式確立了他在日本全國維護法律與

秩序的重要角色。在桓武天皇的年代，將軍的頭銜曾經用來稱呼受命保衛日本北方疆界並抵禦蝦夷侵擾的軍隊領袖。如今被授予這個頭銜的人是一個更有權力的人——日本第一個幕府的領袖。

朝廷或許預期這樣的新情勢不會持續太久，而的確，西元一一八五年之後的幾年對賴朝和政子來說也並非風平浪靜。第一個開始爭權的就是賴朝自己的弟弟，義經。這名打贏壇之浦之戰及其他無數戰役的英雄試圖把自己的軍事英名轉化成平安京的統治權。西元一一八九年，那些夢想隨著他的首級被運到鎌倉而結束了，他的頭顱甚至被浸泡在甜酒裡保存好讓賴朝的人馬得以確認其身分。接著，這對夫妻將女兒許配給天皇的希望，也因為朝廷的背叛和大姬於一一九七年的死亡而破滅。

兩年後，賴朝就過世了。賴朝從來就不算是個英勇的武士，一次在主持開橋典禮後，他在回程摔下馬，人生就這麼不光彩地結束了。在幾個世紀以後，由於政子的妒婦名聲太盛，以至於有傳說暗指是她謀害親夫。其他關於賴朝之死的故事，則把原因歸結為義經或是溺死的年幼天皇死後的恐怖報復；或許只要能夠避開幕府的建立者不會騎馬的尷尬，什麼原因都可以。

政子就像平清盛的妻子以及其他貴族配偶一樣，在她的丈夫死後皈依佛門。對她來說這是表明意志的做法，這表示了她要放棄再婚，選擇以亡夫之名行使權力。日本才剛迎來第一個發展成熟的將軍，現在人們已經開始談論「尼將軍」，她在這個危急時刻介入，提醒大家賴朝所代表的價值以及他人生中的成就，讓大家明白在他死後對他的虧欠。

平政子畫像，出自《全像本朝古今列女傳》

尼將軍的政治才能幾乎立刻被喚醒。賴朝十七歲的兒子賴家在他六歲時的一場儀式上就已經被預定為繼位者，當時他被奉上盔甲、弓及劍，並在馬背上讓人牽著繞行庭園。然而當繼位的時機到了，他卻似乎滿心想著談戀愛而不是治理國家。他把一名家臣安達景盛派離鎌倉去解決一些盜賊，並聲稱這些盜賊一直在製造麻煩。當景盛遍尋不著任何盜賊而回到鎌倉後，他才發現賴家設計了他。賴家把他支開後綁架了他的一個小妾，並把她帶到宮殿裡。

即使在情況最好的時候，

政子和賴家也不怎麼親近。他從小寄養在乳母家中，與母親疏遠。當他十一歲在富士山腳射中他的第一頭鹿時，這個堪稱年輕武士人生中的重要時刻，他的母親也幾乎沒什麼注意。根據《吾妻鏡》的描述，政子時而寵溺賴家，時而因為他無興趣也無能力成為將軍而感到絕望。不過即便賴家極少聽取任何人的意見，她還是設法讓他聽話了，賴家先發制人，威脅要攻擊景盛的房舍，政子就去待在那間房子裡以保護住在裡面的人。她寫信警告兒子，如果他打算殺那間房子裡的人，那麼「就把第一支箭瞄準我」。

賴家被迫屈服，並奉還景盛的小妾。但是賴家很快把娛樂的來源改成飲酒和蹴鞠比賽。政子阻止他比某一場比賽，因為在一名重要的家臣過世後，賴家太快上場比賽而顯得不得體。但有時候她會看他玩球，或許也讓她意識到體育外交的潛力。政子和賴朝為大姬做媒失利後，有好幾年與朝廷關係不佳，蹴鞠跟朝廷的關聯證明了它是與首都維繫關係的有效手段。隱退的後鳥羽上皇甚至為賴家推薦了老師。

但是對政子而言，最難以忍受的莫過於她兒子往舊日的一支乳母家族靠攏，該家族以比企能員為首，賴家就是在他的照料下長大成人。賴家娶了比企家的女兒若狹局，並生下了兒子一幡。西元一二〇三年賴家病重之時，他和比企能員密謀扳倒政子的家族北條氏，好讓一幡能夠在他之後繼位將軍，而不需要和賴家的弟弟實朝奪權。

《吾妻鏡》明顯傾向北條氏在鎌倉掌政，而非其陰險的敵人。書中記載，政子無意間透過紙門聽到賴家和能員在策畫陰謀，她敲響警鐘，隨之而來的是比企氏與北條氏之間的一系列衝

突。比企能員、若狹局和一幡命喪黃泉，而賴家遭到流放，實朝繼位為將軍。

兩年後的另一場陰謀導致政子和她的弟弟義時必須要流放自己的父親。政子和義時聯手，實際治理了鎌倉長達十年，直到實朝在西元一二一九年遭到暗殺，源式將軍嫡系血脈宣告終結。政子和義時發現他們被迫要立一個賴朝的遠房親戚（當時還是個嬰兒）為第四代鎌倉幕府將軍，而此時後鳥羽上皇看到了收復日本皇權的機會。

到了此時，後鳥羽天皇已經花了一段時間默默招募新兵到他的私人護衛隊，他們大部分來自日本中部和西部，也是鎌倉幕府缺少親密盟友的地方。他這段期間持續招兵買馬，並效法賴朝過去的方針，提供資助作為回報，直到一二二一年擁有一隻軍隊。後鳥羽上皇宣稱義時是叛亂分子，並頒發詔書要求全國的將士討伐他。義時警告鎌倉幕府的高階家臣小心應對，他們大部分人也同意，不管天皇是否退位，動武對抗他都不是好事。但在《吾妻鏡》中一篇著名的演說中，政子提醒眾家臣要記得他們已故的將軍、他們對他的義務以及他們的基本利益：

自賴朝打敗朝敵、建立鎌倉幕府，汝等有今日之官位和俸祿，全賴將軍之恩惠。其恩比山高、比海深，相信汝等必定渴望報答其恩情。上皇聽信奸人饞言，須布不義之旨令。重譽之人會為了保衛三代將軍實朝的大業而戰。若有人想投靠朝廷、追隨上皇，就痛快地說出來吧！

聽到這番話，眾家臣「淚流滿面……決心以用性命償還對賴朝的虧欠」。他們快馬前進平

安京，沿路招兵買馬——據《吾妻鏡》引用一名心懷畏懼的皇室盟友之口所說——「其人數多到如雲似霧，只有神蹟可以拯救我等於這場災難。」

這樣的神蹟並沒有發生，而在這場後來被稱作「承久之亂」的激烈作戰中，後鳥羽上皇的軍隊很快就敗下陣來。軍隊的餘黨在自己的令制國內被追捕，「時常有頭顱落地」、「刀刃得反覆擦拭」，而且「耕地裡不剩一株幼苗」。

隨著幕府軍隊在首都安頓下來，後鳥羽上皇、他的兩個兒子和其他盟友都被流放到偏遠地區，分別踏上漫長的旅程。新任的天皇和上皇被選出，成為鐮倉幕府的魁儡，而舊的帝國秩序在未來的多個世紀裡仍然有其作用。全國上下共約三千塊土地資產，都從朝廷和其同黨的手中被沒收，並且重新分發給戰功彪炳的東國將士。政子在夢中得到這場光榮勝利的神諭，她向伊勢神宮獻上新的土地，用以表示她和幕府只想要當「不義」的敵人，而不願當朝廷和其神聖先祖的敵人。

與此同時，後鳥羽上皇終於來到在寒冷的日本海中，位於隱岐國的孤獨流放地，但他不會是最後一個心懷收復皇權這個艱難夢想的君主。根據《吾妻鏡》的記載，他在那裡飽嘗他應有的懲罰：

> 雲海茫茫，辨不清南北。也無大雁和青鳥捎來消息。波濤洶湧，使人迷失了東西方向。無法感知光陰的流逝，只感受到離宮之悲、流放之恨，徒增心中煩惱。

*

當弟弟義時在西元一二二四年過世時，尼將軍面臨了最後的試煉。他的死因在那個時代可能算是相當罕見，他是自然死亡的。但是也有謠言指出這是又一次有人試圖從北條氏手中奪權，義時其實是被他繼室的家族毒害的。據說政子迅速且和平地化解了一次潛在的政變企圖，親自勸說潛在的叛變者。隨著義時的兒子泰時安全地繼任掌權，北條家族的主導地位得以確保。泰時後來持續建立鎌倉幕府堅實治理的名聲，包含創設一個新式且更多人參與的議會作為主要的治理機關，並頒布律法取代以往的皇室特權，並且在許多土地訴訟方面強化幕府的公正執法，這也成為了這個時期的特色。

政子在西元一二二五年過世，享壽六十八歲，她已比那個年代許多最有權勢的男人們都長壽，包含她的丈夫、父親、弟弟，以及兩個兒子。她成功擊退了一位上皇和他的軍隊，證明自己是日本新興的武家政權中最強悍的角色之一，平安京也這麼認可她，授予她位階從二位，這是對在俗女尼少有的認可。她克服了一切困難，幫助確立了在鎌倉由北條氏攝政的新政府形式，而這種政體持續了一個世紀，並為下個五百年的武家統治提供了典範。這段歷史將對日本人在各種範疇裡的自我形象——不論是在文學、戲劇、電影、還是在藝術與時尚、政治與科技，甚至是精神生活與武士修煉方面，造成深刻且難以磨滅的影響。

6 親鸞——賦權於人

西元一一七三年至一二六二年

十三世紀初，當北條政子為了讓新的鎌倉幕府持續運行而奮戰時，俯瞰平安京的山上有一個和尚正在經歷生存危機的煎熬。親鸞於西元一一七三年出生在山下的城市裡。他出生富裕的日野氏家族，可能和藤原氏有遠親關係，九歲時他離開了家人，加入天台宗。他接下來的二十年都在比叡山生活與工作，沉浸於寺裡的修行和儀式，努力適應出家的要求。

到了西元一二〇一年，親鸞清楚地意識到自己無法適應僧侶生活。嚴苛的修行並不適合他。後來有些人猜測他無法遵守禁欲戒律，也對比叡山上的生活受到政治及世俗世界的玷汙感到糾結。天台宗建立者最澄於西元八二二年過世後，天台宗一直處於動盪之中，以至於有人說他們是「比叡山的缺糧僧侶」。如今，天台宗從延曆寺這個龐大的總本山主導了日本的佛教世界，是日本最接近國教的宗教。其僧侶位階與朝廷官階一致，占據高位的也幾乎是同一階層的人。在日本的私有土地莊園制度中，天台宗是重要角色，以比叡山和日本各地寺院為基地的僧兵曾在源平戰爭中活躍。

政治與私人的因素綜合起來，導致親鸞對他的生涯充滿失望，前景看起來極度黯淡。他沉痛意識到自己的不足，也很確定自己沒辦法再繼續當一名僧侶。然而，他相信如果放棄僧侶的身分，一定會讓他失去離苦得樂的資格。結果似乎難以避免，地獄會等著他。

*

說經師最好長得相貌堂堂，因為他能讓聽者聚精會神地注視著他，感受經文內容的精華和尊貴。若非如此，恐怕聽者會分心，進而忘記方才聽到的內容。容貌不佳的說經師會讓人覺得聽經不夠虔誠。

平安時代鼎盛期的文學作品，有時暗示了這個社會對人生、死亡、救贖等痛苦的反思無動於衷。清少納言的經典社會評論作品《枕草子》敘述了一個貴族菁英階層，他們對這類社會問題抱著知情卻諷刺的漠然態度，過著相當滿足的生活。他們似乎認為宗教事務和其他政府事務一樣，都可以簡化成人際關係，以及隨之而來的小缺點和奇妙過失：

我必須說，從我本身罪孽深重的立場來看，有些人到處炫耀自己的宗教虔誠、在講經會上搶占座位，似乎完全沒有必要……（有些人）邊聊天邊點頭，還談起趣事，笑的時候展開扇

紫式部像，土佐光起繪

歌到《伊勢物語》。為了使人物關係更加錯綜複雜，她大量參考了宮女撰寫的私密日記。

最終，《源氏物語》集結了比上述更豐富多元的內容，脫離了詩歌小說的有限性和天馬行空，成為一部兼具深層心理研究價值的歷史鉅作，在各方面都備受讚譽。故事跨越了四分之三個世紀，接近紫式部的時代，講述主角光源氏的生活，從他早年當太子時的榮華富貴和浪漫情懷，到晚年較混雜又帶有佛教出世思想的生活。我們隨著光源氏走完了一生，接著跨越更多章節，參與了其他角色的生命，儘管有人認為這些章節並非紫式部本人撰寫

而備受爭議。這部作品普遍被認定是在一〇〇五年到一〇一三年間完成。

也許是紫式部將《源氏物語》的前幾個章節傳給幾個朋友閱讀後，宮廷內開始廣泛複寫和流傳，為她提供進入上流社會的入場券——或至少在進入後一帆風順。藤原道長也對這部作品給予高度評價，還提供高級的毛筆、墨水和紙張給參與抄寫的抄書吏。無論當時的情況是什麼，紫式部在一〇〇五年或一〇〇六年被召入到彰子中宮身邊，成為一名女房，而她在宮中的歷險才正要展開。

*

一〇〇八年秋天，彰子中宮的考驗降臨，尤其自己的情敵藤原定子在幾年前就是因難產而死，肯定讓她更加難以承受。身邊想減輕她擔憂的男人們都無所適從，其中甚至還有人想越過簾幕偷看正在分娩的中宮，被侍女們阻擋。「好像早預見道長的子孫們會如此失態」，紫式部在日記中如此評論，並補充說她很遺憾在這些人身上看到這樣的行為。但現在不是為表面功夫和禮儀煩惱的時候：

> 在這種情況下我們只能忍辱負重，眼睛因哭泣而腫脹……我們的眼神想必充滿悲傷，米粒像雪一樣落在我們頭上，衣服也都皺得不像樣。

就在大家最絕望的時候，中宮帶著焦慮的急迫感誦畢佛經，孩子這才平安落地——是一名男嬰。大家隨即又手忙腳亂了一陣，僧侶則開始唸禱新的經文並進行跪拜儀式，「被擊敗的惡靈發出了痛苦的哀嚎……。」當邪靈退散，一名僧侶癱坐在地上，一位同伴不得不唸新的咒語來幫助他。終於，這群僧侶各個恢復了狀態，並開始為未來的後一條天皇慶祝誕辰。

接下來是一連串漫長的正式慶祝和贈禮，首先是為新生兒進行許多儀式性沐浴。他被自豪的道長祖父抱著，這時有一位衣著華麗的侍女，拿著一把儀式專用的劍走上前：

> 她的拖裙裝飾著秋草、蝴蝶，以及用閃亮銀線繪製的鳥兒。由於不同種類的絲綢有不一樣的使用規定，我們不能隨心所欲打扮。

紫式部的日記中充滿了這樣的描述：這個時代非常重視一個人的品味和服裝選擇。對於出身名門的女性來說，白粉的皮膚、胭脂紅的臉頰、紅唇、畫眉和黑牙，只是一般的標準。想要脫穎而出，就必須注意到髮型和服裝的搭配，還要考慮年齡、場合和嚴格的服飾規定，例如身分地位限制可使用的布料和顏色。女性的正式服裝極其繁複，因此提供了無窮的搭配可能。在簡單的單衣和長　外穿上一套長袍，並根據不同性質的場合，最多可能會穿到五層。長袍外還會依次穿上罩衣、拖裙，最後是外套。這些服裝大多是由不同類型的絲綢製成，包括錦緞和織

錦、精心紮染、打版和縫製來達到預期的效果。

宮中男性工作時也會注重外觀，但壓力相對較小。聖德太子所期望的賢能政治未能實現，曾經以桓武天皇為首的國家學院如今已形同廢墟，男性職場的穿著、談吐和舉止，變得比以往更加重要。某些針對舉止的規定可追溯到著名的《十七條憲法》，是由聖德太子所制定。其他規定則在後期才出現，與法規和日本文學典籍中的宗教內容密切相關。此外，當時的社會也十分看重男性的外貌、姿態和說話的智慧，再加上乏味的權力鬥爭，種種因素都會影響男性家族的後代地位。

如果這些文學作品是反映當時的社會狀況，那麼平安京的菁英男性還是有很多樂趣的。當出身較低的人（包含紫式部的父親）出外為國奔波時，公卿們喜歡騎著馬到平安京附近的鄉村遠足、划船賞花、寫詩並用獵鷹狩獵。他們喜歡音樂、射箭，以及雙陸棋和蹴鞠等遊戲，蹴鞠是一種球類遊戲，八人組成一隊，在戶外踢著用鹿皮做的球（紫式部則覺得這種遊戲有失優雅）。他們還喜歡看壯漢摔角、喝酒並在射箭競技上押注賭博，這種惡習也同樣遭到紫式部的反對。公卿們會修飾自己的整體儀容，從臉上擦粉到精心準備的各種香水。被自然或文化之美感動時，會盡情地流淚，並盡可能地讓自己妙語如珠。當然，他們還會追求女子。

紫式部似乎就遇到了道長本人的追求，而她也在日記中將這位負責的家族領袖形容成酒醉的好色之徒。一〇一〇年的一個慶祝場合中，道長得知女兒產下兩位皇位繼承人後，開始接近紫式部和中宮，描述繼承人的內容甚至占據了紫式部大部分的日記版面。中宮持有《源氏物語》

一部分的內容，道長便開始評論這部作品，而後在一張用來盛梅子的紙上，寫了一首短詩給紫式部：

她以酸味聞名
想來無人青睞
不嘗之也無妨

紫式部回應說她「很震驚」，但道長絲毫沒有放棄的意思。那天晚上，紫式部聽見了敲門聲，她待在原地，靜靜地等待敲門的人離開。隔天早上，她又收到了新的短詩：

整夜佇立的人何其哀傷
敲打著你的杉木門
叩！叩！叩！有如秧雞的哭叫。

紫式部不為所動地回覆：

回應秧雞叩聲的人更哀傷，

因為站在那兒敲門的並非無辜的鳥。

*

紫式部的日記在拒絕道長追求後不久就停滯了，外界對她之後的遭遇知之甚少。自十四世紀以來，不斷有人說她和道長確實是戀人關係——並聲稱她是靠這層關係進入宮中，而不是因為《源氏物語》的章節流傳。這些傳言也並非空穴來風，儘管道長的舉止有時較庸俗，但紫式部似乎仍對他頗有好感。她曾看過道長在花園裡摘花，認為他這樣的行為很「出眾」。

至於紫式部晚年的際遇，有人認為直到一〇二〇年代之前，她都在宮廷侍奉，停止寫日記是因為她的女兒不再需要任何建議——日記可能是作為宮廷服務的教學手冊寫給她女兒的。這時賢子已經十二歲了，即將開始她的女房生活。也有人說，紫式部可能早在一〇一四年就去世了。

可以確定的是，儘管她在宮廷期間有繁忙的儀式和慶典活動，包括新年、賀茂祭、盂蘭盆會、月見節以及五節舞（慶祝稻米收成），紫式部有時仍覺得宮中生活十分枯燥和孤寂。「人們日夜來來往往，幾乎沒什麼神祕感」她寫道，因此即使是「普通的交談」也開始變得耐人尋味。另一方面，紫式部的個性似乎也不適合宮廷生活，她在那個時代算是比較拘謹的人，可能會對很多人事物感到不自在。不過她在批判方面可說是小有成就，尤其是對詩歌和人物。她曾

評論清少納言的個性「相當自負」，還認為她的作品「有很多不足之處」。日記中的孤寂感，可能就是來自過多發自內心的批評。

紫式部對自己的要求也十分嚴苛，不僅沒有「任何值得關注的成就」，還比喻自己是一位疏於練習日本箏的糟糕樂手。她覺得自己和其他女房的關係既疏遠又緊密，時常聽見她們在對她說三道四；同時和宮中婦人的個性有著天壤之別，覺得她們心胸狹窄、「自視甚高」，一心想將所有人的缺點都列成清單。紫式部很清楚她們閒話的內容，說她「自命不凡、笨拙、難以親近、易怒、太喜歡自己的故事、傲慢、多疑、不屑一顧、脾氣暴躁且態度輕蔑」。她擅長用漢字創作文學作品，這種不適合女性的文字，無疑給她帶來了不少麻煩。當大家發現她讀過《日本書紀》時，就稱她為「日本紀之御局」。在中宮的要求下，紫式部開始和她一起閱讀中國的典籍，兩人不得不對此事保密，以避免受到批評。「啊，」紫式部在日記中嘆息道，「這個世界到處充滿了囉嗦乏味的事！」

那個時代在美學和道德方面，高度重視對無常和失去等概念的領會，沒有人知道紫式部的憂愁和自責是發自內心，還是為了藝術，或許她自己也無法回答這個問題。但在日記的結尾，我們發現這位超凡的歷史記錄者對日本史上最特別的時代和她本人做出的綜合評價，如果沒有這些歷歷在目的細節，我們也無法橫越千年一睹當時的樣貌：

> 人之性情，各有所殊。或自信坦蕩，率性而為；或生性悲觀，玩世不恭；或耽於往事，修

持苦行，誦經念珠，終日不絕，令人生厭。是以，雖尋常之事，亦覺顧慮重重，唯恐僕婢窺伺。吾於宮廷之中，雖欲暢所欲言，然終究難為他人理解，徒以虛假面孔示人。

第二部

從分裂到統一

一一八五年至一五八二年

地也沒有什麼影響力，所以當政子的母親因難產過世後，照顧家庭的責任落在青少年時期的政子肩上，而這可能就是她的命運了——不被記錄的艱困人生，卻在別處寫下歷史。只有一點例外，在政子三歲的時候，一名長她十歲、名喚賴朝的男孩搬到了這個地區。賴朝在平安京長大，搬到這個半島不是為了振奮人心的風景或是清新的海風，而是因為遭到流放。那段時間暴力衝突方興未艾，國家飽受摧殘，他就是其中的受害者。

隨著朝廷政權衰落、莊園制度發展，地主發覺保衛他們的財富有時候必須用上武力。由於桓武天皇的徵兵軍隊很少光榮贏得戰爭，所以他的繼位者們紛紛轉而使用經驗豐富的武士形成的小型兵團，有些武士還向東北的蝦夷學到了騎射等專業技術。武士工作成為家傳職業，崛起於西元九〇〇多年至一〇〇〇多年間，平氏和源氏這兩支偉大的家族尤其與之相關。

從九世紀開始，皇室開始縮編，並賦予多餘的皇室成員自己的姓氏（大多數是「平」或是「源」），這就是這兩支武士家族的起源，而隨著與日俱增的軍事服務需求，這兩支家族的權力也隨之擴張。地主與國司向他們尋求防禦協助，而朝廷對鄉村的態度其實不像這個時代的貴族文學所暗示的那麼輕率，他們聘請這些武士來平息叛亂。許多平安京的貴族害怕仇家，也擔心僧兵軍團會再度揮兵指向首都，他們發現如果有殺人無數的男子站在門前守夜，更能夠一夜好眠。為了獲得錢財、土地或是名聲響亮的官位，這些男子願意「服侍」或是「看顧」，人們開始稱他們為「侍」，也就是之後的「武士」，他們之中較成功的人集結了一群追隨者：他們早期是渴望得到報酬而加入私人軍隊服役，後代卻願意像父祖輩一樣為同個主子上戰場。

北條政子的家族聲稱自己是平氏的後裔，但他們如果和平氏最有權勢的血脈有關係的話，也只是關係極淡的遠親。這支最有權勢的平氏家族稱霸了日本中部及西南部，享有和中國之間利潤豐厚的貿易，而且西元一一五〇年代，在平清盛的領導下，平氏被傳喚進宮協助解決王位繼承的爭端。平氏家族最終和最有權勢的源氏家族處於敵對位置，兩個武士家族在首都的街道上相互攻擊、濺血，直到平清盛上位後才停止。透過犒賞盟友並將女兒們嫁入皇室和藤原家，平清盛從西元一一六〇年代晚期到一一七〇年間主宰了朝廷，標誌了武士用軍事服務換取統治權的時刻。

然而平清盛卻做錯了一件事：他處決了敵方大將源義朝及其兩個年長的兒子，卻讓他兩個年幼的兒子活下來。其中一個兒子義經當時還在襁褓中，被送去給僧侶照料。而另一個兒子賴朝則被流放到伊豆國，由平氏的盟友監護，而賴朝報答這位監護人的方式是讓他的女兒懷孕。這位監護人被迫殺掉自己的孫子以免平氏找上門，賴朝則被趕緊移送給另一個盟友監護，也就是北條時政。

*

一一七〇 年代中期，北條時政離家去平安京履行守衛義務時，政子與賴朝開始了一段戀情。時政發現時非常憤怒，他急忙替政子另外安排了一樁親事。不過她當時已經二十歲了，因

政治與私人的因素綜合起來，導致親鸞對他的生涯充滿失望，前景看起來極度黯淡。他沉痛意識到自己的不足，也很確定自己沒辦法再繼續當一名僧侶。然而，他相信如果放棄僧侶的身分，一定會讓他失去離苦得樂的資格。結果似乎難以避免，地獄會等著他。

*

說經師最好長得相貌堂堂，因為他能讓聽者聚精會神地注視著他，感受經文內容的精華和尊貴。若非如此，恐怕聽者會分心，進而忘記方才聽到的內容。容貌不佳的說經師會讓人覺得聽經不夠虔誠。

平安時代鼎盛期的文學作品，有時暗示了這個社會對人生、死亡、救贖等痛苦的反思無動於衷。清少納言的經典社會評論作品《枕草子》敘述了一個貴族菁英階層，他們對這類社會問題抱著知情卻諷刺的漠然態度，過著相當滿足的生活。他們似乎認為宗教事務和其他政府事務一樣，都可以簡化成人際關係，以及隨之而來的小缺點和奇妙過失：

我必須說，從我本身罪孽深重的立場來看，有些人到處炫耀自己的宗教虔誠、在講經會上搶占座位，似乎完全沒有必要……（有些人）邊聊天邊點頭，還談起趣事，笑的時候展開扇

子揣在嘴邊，說話時刻意擺弄手上裝飾華麗的念珠，伸長脖子東張西望，批評馬車，討論其他法師怎會如此行事，或是討論曾經參與的《妙法蓮華經》法會等諸如此類的情況……

儘管平安時代的人們展現高度的自信，但其日常生活卻充滿了對世界的恐懼和不安。他們相信世界充滿了鬼怪、邪靈、具有邪惡法力的狐狸，以及各種限制人們出行時間和地點的禁忌。在一切表象之下，人們意識到世間萬物皆無常。雖然人們有時會以詩意的姿態沉思櫻花的短暫綻放或鏡中映照出歲月流逝的哀傷，然而總有一些時刻，人們會真切感受到無常的深淵在招手。

這種對生命無常的深刻理解所觸發的成果中，最引人注目的就是法成寺了。這座佛寺於西元一〇一九年建立於鴨川畔，由藤原氏偉大的族長藤原道長創建。

法成寺占地超過五公頃，中央有庭園和湖水，可以說是了不起的建築成就。一名當代人回憶道，地面的沙子就像「水晶般閃爍」，湖面漂浮著人造蓮花，每一朵上面都有一尊佛像，「它的影像倒映在水面上」。茂盛的樹木披掛著寶網，寶船在樹下滑行。湖水中間的島嶼裝飾著人造孔雀與鸚鵡。

儘管法成寺如此華麗，它並非只是國家的實際統治者為了宣揚其地位和權力而發想出來的虛榮計畫，這是一個垂死之人的傑作。法成寺是根據佛教經文中生動的描述所設計，旨在成為道長希望往生的「淨土」在人間的再現。

對這個理想產生強大影響的是一名叫做源信的天台僧侶。他在西元九八五年出版出了《往生要集》，其中回顧了佛教傳統上將佛陀涅槃後的時間分為三個時期。在第一個時期，佛教思想和實踐蓬勃發展。後來它們開始失去活力。第三個也是最後一個時期，跨越一萬年，稱為末法時代，即「法滅時代」。源信聲稱世界即將進入這個宇宙時間的最後階段，其中離苦得樂所需的傳統佛教修行，例如打坐、儀式、誦經，對人們來說都變得難以執行。

這不代表人類失去了所有希望，而是人類需要來自大乘佛教眾神中的主要人物之一阿彌陀佛的幫助。據說阿彌陀佛曾經發願，任何人只要虔誠地呼喚祂的稱號，就能在死後轉生到他的淨土——極樂世界，人們在那裡可以努力達到最終的解脫，擺脫生死輪迴。為了宣揚阿彌陀佛的傳統，源信建議尋求阿彌陀佛幫助的人們念誦「南無阿彌陀佛」或是「我們皈依阿彌陀佛」，並想像阿彌陀佛來「接引」，他乘著雲朵在眾菩薩的陪伴下從天而降，將臨終的信眾帶到他的淨土。

道長比他預期的還要長壽，但當他於一〇二七年離世時，史官回憶說他死於那個時代理想的死亡方式。他躺在法成寺的阿彌陀堂，周邊環繞著接引圖和九尊巨大的阿彌陀佛像，每一尊都有三公尺高，由鍍金的木材製成。道長頭朝北方，面朝西，正對著阿彌陀佛的淨土，反覆唸誦佛號；與此同時，他抓著連結著他與九尊大佛的絲線，如此一來阿彌陀佛才能從他的身體中抽出他的靈魂，帶他前往極樂世界。

接下來的兩個世紀裡，政局動盪加劇，日本部分地區陷入混亂和武裝衝突，阿彌陀堂也因

此成為愈來愈常見的建築景觀特色。其設計是模仿貴族宅邸的寢殿造風格，加上平安時代佛教藝術中大量使用黃金、銀、絲綢和珍珠母等奢華昂貴的材料，似乎反映了人們預期阿彌陀佛的慈悲主要對象是生病的貴族。特別富有或是焦慮的貴族甚至可以付錢要求僧人扮成菩薩，戴著黃金面具和寶冠，以「接引」他們進入淨土。

著重於人類無能為力的阿彌陀佛教義，最終在十一世紀與十二世紀吸引了更多信徒。日本權貴在他們身體衰敗時求助於阿彌陀佛，社會地位較低的人在世界拋棄他們時或認為自己失敗時，也會求助於阿彌陀佛。那些日常活動難以與佛教戒律共存的人們，例如需要打仗、捕魚的人，或是那些為了生計難以過著聖潔生活的人，在遊僧傳布阿彌陀佛和其淨土的可怕警告與美好承諾時，也變得容易接受。十二世紀時，開始流傳一些短篇傳記，講述那些做過最可怕事情的人，其中包括一個生育了一個女兒而後「把她變成妻子」的僧侶，卻因阿彌陀佛的慈悲而得救的故事。

念佛成為這一切的核心，在其簡單和平等中卻相當有開創性。你不需要蓋佛寺、委託工匠製作昂貴的藝術品，也不需要研習經文或是付錢讓僧侶模仿菩薩聚集在你臨終的床邊。念佛不需要錢，不需要學習，甚至不需要太多時間，農夫們會在田裡工作的時候念誦，還有人會在路上邊唱誦邊跳舞。日本的佛教在發展的路上正走向一個全新的、重要的階段，從保護國家到看顧菁英，再到前所未有的觸及並形塑日本平民的內心世界。

日本岐阜縣櫻龍山善立寺的親鸞聖人像

*

評論家認為這些念佛教義太過簡單。認為救贖與身分地位、財富、時間、努力、智慧或是個人價值並無關係，這個想法不只不可行，對擁有或是珍視這些事情的人來說，也跟他們心底的直覺背道而馳。這也能解釋為什麼親鸞會在比叡山度過二十年，在那裡學習了阿彌陀佛的法門，卻無法從中看出活得救贖的方法。反而到了西元一二〇一年，失敗使他陷入悲戚與絕望。親鸞深信他身為天台僧侶的日子即將要結束，於是他在平安京的六角

堂進行百日閉關。據說他在那裡的第九十五天清晨，接收到示現的訊息，而傳達者正是聖德太子：他不僅是國家的奠基者、最澄的精神始祖，現在更是指示親鸞方向的信使。

親鸞做了聖德太子叫他做的事。他離開六角堂並前往一個叫做吉水的地方。在那裡他找到了一名叫做法然的男子，他也曾是一名天台宗僧侶，在二十五年以前離開比叡山，並在之後累積了一票不拘一格且熱衷的信徒，包括漁夫、前武士、盜賊和妓女。他的訊息很簡單。他說：「這世界上除了念佛以外，什麼都不重要。」袈裟和早晚課無法達成任何成就，文盲、性欲無度以及各種流氓行為也不會造成任何傷害，只要虔誠地誦唸阿彌陀佛的名號，就能夠得到拯救。

多虧有如此毫無修飾的訊息與法然的親身實踐，此時親鸞對阿彌陀佛教義頓時豁然開朗。他發現自己充滿了慈悲的力量，這股力量來自四面八方，甚至超越了自己的修行，為他達成了無法自行完成的一切。事實證明，這是他人生重要的轉捩點。他成為法然的弟子，在接下來的六年跟他一起合作，宣揚後來被稱為「專修念佛」的教義。

並不是所有人都對他們有好感。日本的既有宗教勢力不能接受自己被取代，對法然及親鸞持反對態度，與此同時，法律與秩序方面的擔憂也出現了。有些法然的信徒把阿彌陀佛對下一世的慈悲大愛解讀成在這一世造惡無礙的許可證。西元一二〇七年時，佛教團體對朝廷的遊說終於造成宣揚專修念佛的僧侶遭禁。法然和他的信徒，包含了親鸞，都被拔除僧籍，並且被流放到國內多個不同的地方。親鸞此生再也無法見到法然了。

板上畫有一棵松樹。除了一把扇子外，幾乎沒有其他道具，其設計與戲劇的主題有著象徵性的關聯。觀眾的注意力集中在主角及熟練的「物真似」技巧，意即「模仿技」，並且不是模仿外表，而是透過捕捉和表達世阿彌所說的「本質」——將散文和詩歌、舞蹈和歌曲以緩慢而廣泛的方式融合，也被比喻成生活的雕塑。

主角會戴著精心製作的面具，這是一種十分受人尊敬的道具，用柏木、樟樹或泡桐等木頭雕刻而成。演員穿著白色足袋襪在地板上滑行，面具的固定表情因燈光和他的動作而充滿了生命力；有時呈現幾乎靜止的狀態，有時則會來一段突如其來的跳躍、轉身和踏步。第二名演員，也就是《井筒》中的僧侶，扮沒戴面具的配角，即「見證者」。舞台一側坐著一個約八人的合唱團，吟唱時有小竹笛搭配不同大小的鼓當伴奏，包括用右手敲擊的小鼓，以及擺在鼓架上、需用兩根大鼓棒敲擊的太鼓。鼓手們在重要時刻會大聲喊叫，營造氣氛。

對觀眾而言，欣賞能劇需要相當的素養。大多數能劇的故事和文本都來自日本經典文學。《井筒》就是根據十世紀的《伊勢物語》改編，靈感取自在原業平的生活。能劇作家會像詩人前輩一樣融合新舊元素，並利用自然界的，並利用自然界的節奏和意象來暗示人類情感的微妙變化，例如微風穿過草地，映照在井中靜止水面的月出；透過這些手法，像世阿彌這樣的劇作家可以引發強大又多樣化的共鳴與迴響。

雖然能劇最終成為高雅文化的縮影，即美麗、奢華、要求甚高，但世阿彌和他父親觀阿彌這樣的劇作家和表演者，在當時仍被許多上流社會人士視為「交わらぬ人」，即不相往來的

人。這種說法意味深長。從前，在紫式部的《源氏物語》時代，日本是一個階級相對分明的社會。貴族有他們的別墅，佛教徒有他們的山間寺院，商人有他們的市集，武士盤踞地方，而舞者、歌者和演員等表演者的地盤則四處奔波：他們在神社、寺廟和村莊間遊走並以表演維生。但從一一〇〇年代以來，武士勢力的崛起改變了這種社會規則。到了世阿彌的時代，「階級混合」已成為當時的趨勢，尤其是在京都（平安京），武士文化與貴族文化逐漸融合，將鑑賞和娛樂帶往全新的方向。

世阿彌正好生長在這個變革的年代，從小就在首都的文化圈耳濡目染，借鑑了當地許多備受重視的藝術品及精神來塑造能劇，並創作了一些出色的劇本。世阿彌也是最早用文字反映戲劇重要性的人物之一，不論對演員或各類觀眾。「能劇藝術的起源」他宣稱，「是為了撫慰人心，並打動各個社會階層的情感。這正是長壽、幸福和繁榮的基礎。」

在室町時代（西元一三三六年至一五七三年），這種對藝術、哲學和人類發展的密切關注，成為日本文化的一個著名特色，並一直保持到現在。在往後的幾個世紀，如果出現「如何定義日本人？」的問題時，許多國內外的人都會從這個時代的成就中尋找答案——詩歌和繪畫、茶道、園藝和戲劇。

*

世阿彌的世界觀在某種程度上奠基於一篇散文，而這篇散文的風格和他本人精緻含蓄的創作風格截然不同：

……況我祖宗受天明命、奄有區夏、遐方異域、畏威懷德者、不可悉數。……日本密邇高麗，開國以來，時通中國，至於朕躬，而無一乘之使以通和好。尚恐王國知之未審，故特遣使持書布告朕心，冀自今以往，通問結好，以相親睦。且聖人以四海為家，不相通好，豈一家之理哉？以至用兵，夫孰所好，王其圖之。（《元史．世祖本紀》）

一二六八年，也就是北條政子逝世約四十年、親鸞圓寂後六年，權力鬥爭以及爭奪有利可圖的土地權，已經開始削弱鎌倉幕府的對法律和秩序的掌控。這時，一封奇怪且令人反感的信件從國外寄來。寄件者是成吉思汗的孫子忽必烈，他繼承了一個統治方式相對鬆散的龐大帝國，版圖從波蘭一直延伸到朝鮮半島。忽必烈當時致力於征服中國南宋，並計畫建立一個新的王朝——元朝，定都於「大都」，也就是今天的北京。

由攝政者北條氏控制的幕府，將這封國書轉交給京都的皇室，皇室同意了幕府忽略這封國書的做法。之後接連幾次來自蒙古的試探，幕府不但沒有回應，還急忙在日本西岸加緊準備防禦，以應對可能的入侵。一二七四年十一月，入侵者出現了，一支由大約二萬名士兵組成的蒙古軍隊，在九州北部的博多灣登陸，並用全新的戰鬥模式教訓日本武士。日本武士依舊喜歡在

馬上進行一對一戰鬥，如同前一世紀的源平合戰：呼喚對手的名字，並邀請他們進行戰鬥。但在一支由蒙古和朝鮮戰士組成的侵略部隊中，幾乎沒有人會講日語，而且他們不論什麼情況都偏好集體進攻。他們會排成巨大的方陣，向天空射出大量的毒箭和火箭，而他們的投石機則投擲會爆炸的鐵球，其震耳欲聾和致盲的效果會讓武士和馬匹都迷失方向。

日本的護衛軍被迫撤退，但侵略部隊也有不少折損，最後只剩九百艘船撤退。忽必烈的手下本來只是想暫時撤退，但卻變成了歷史上最著名的敗仗之一。傳說有一場暴風雨出現，摧毀了蒙古艦隊，迫使剩下的船隊返航，約有三分之一的軍隊被海吞噬。

次年，新的蒙古使團的成員受邀前往鎌倉的海濱郊區旅行，之後被處決。一二八一年，新的入侵者隨之而來，這次的規模比第一次還龐大。據稱，這次也因天氣因素戰敗而歸，鬆一口氣的日本人開始討論這兩次的「神風」救援。但對北條氏來說不幸的是，眾神拒絕幫助他們解決國內的困境。數十年血腥的派系鬥爭，以及無論海上還是陸地上的盜賊都日益猖獗，最終促使後醍醐天皇再次試圖恢復日本天皇的統治權。而北條氏則是在一三三一年決意將他流放到隱岐群島，並在他逃跑的期間，派出一支由足利尊氏率領的軍隊追捕他。與源賴朝同為皇室後裔的足利尊氏，因為地位較低，以及對平氏分支的北條氏卻享有如此大的影響力而暗自不滿。他在一三三三年投靠後醍醐天皇，幫助摧毀了鎌倉的幕府。而後在一三三六年背叛了後醍醐，建立自己的幕府政權。這段短暫的三年統治期日後被稱為「建武新政」，是日本在接下來五百多年裡最後一次由天皇親政。

使海人的工藝變成悲慘的化身
生活走投無路，夢想化為泡影，
我們勉強苟活，
鹽水車駛向的前方沒有避風港：
我們大海之人，內心悲泣
永遠浸溼著衣袖！

退去的潮水留下乾涸的水窪，
而我，還會在這裡徘迴多久？
草地上的露水閃閃發光
不久將會消失在陽光下，
然而這石岸
是製鹽人耙海藻時留下拖曳殘葉的所在，
這些衣袖只能隨之枯萎……

兩位女子回到屋裡，發現僧侶正在等她們。當然，她們很快就被發現是那對古代姐妹的亡魂，立在那棵熟悉的松樹下。她們曾是流亡公卿幸平的情人，他以自然和季節為靈感幫她們取

名為松風（吹過松樹的風）和村雨（秋天的雨），返回首都後便去世了。故事的情節並不是重點，就和世阿彌的藝術一樣。相反地，他從首都的豐富生活，包括《源氏物語》和《伊勢物語》、巫術力量和佛教視野、古老的詩歌選集，以及武士觀眾融入這座貴族都市而生的新感受，編織成一塊錯綜複雜的結構，暗示因某人而失去了自我，而後又失去了某人，最後只剩下兩者殘留的碎片。

幸平雖把長袍留給了松風，卻無法帶給她快樂。她撿起長袍又扔了，卻又實在無法割捨，只懇求僧侶能讓她安息。最後她穿上了長袍，看見愛人在岸邊，儘管妹妹只看見那棵松樹。幸平遵守了他的承諾，松風強調：只要再多等一會兒，就能看見他回來。忽然間，村雨也見到他了……

無論姐妹兩人看到什麼，無論她們現在或曾經是誰——世阿彌希望演員和觀眾都能透過松風的最後一舞，隨著風雨的消長，想像並理解她們的感受：

海浪無聲落下
拍打著須磨岸，
一陣微風從山上吹下。
風掠過時，公雞鳴叫。
夢想已逝，渺無蹤影

夜幕揭開了黎明的序幕。
你聽見的是秋天的雨聲，
但今晨所見的是：
吹過松樹的風，獨自徘迴
吹過松樹的風，獨自徘迴。

8 織田信長——不成功，便成仁

西元一五三四年至一五八二年

一五七一年九月，比叡山下的寺院和城鎮已經杳無人煙，因為數千名居民，包括天台宗的僧侶和普通老百姓，一起踏上了山高路遠的登山之旅。他們拚命地尋求庇護，只為躲避潛伏在山下的一排軍營，其中約有三萬名士兵都全副武裝、身經百戰。

這些軍人收到了三百枚金幣和四百五十枚銀幣，被要求離開當地，還給居民寧靜的日子。但他們的首領可不是為了錢來到這裡，而是為了懲罰他們支持敵方陣營。

九月三十日上午，他的部隊開始登頂，迅速驅退了山上的武僧守衛，並開始冷血地殺害數以千計的民眾。有些人被砍死，有些人則在各種可能的藏身處蜷縮時，被鉤銃狙擊手擊斃。婦女和孩童向首領哀求一條生路，畢竟他們不可能是他的敵人。但他可不這麼認為，仍將他們都斬首了。

延曆寺和山區周圍的眾多分寺，總計三千座建築，均遭到洗劫和燒毀，葬身於火海之中。幾天後，比叡山就從一個橫跨七個世紀、集結財富、政治權勢、學問和藝術成就的地區，化為

一片荒蕪，鋪滿了灰燼，據說現在只有獾和狐狸在那出沒。

指揮這一切的人是一名三十多歲的男性，身材高瘦，有著「極其響亮的嗓音」。傳聞他為人公正、富有同情心，還是個戰略大師，但同時也傲慢、神祕，不喜歡聽取建議，對所有人都不屑一顧，無論貴賤。他不相信神、不相信靈魂不滅，更不相信死後的世界。因此也從不涉險，身邊總是有兩千名護衛。

他就是織田信長，一位花了四分之一世紀、在日本中部不斷進行軍事行動的軍閥，當時中部是全國經濟最發達，也是政治上最重要的地區。如果他出生在戰亂的年代，就不會被認為是一個異常殘酷的人，也不會在歷史上占有重要的地位。不過他有一句最喜歡的名言：「為了天下，為了信長」。除了這句，他還加上了一句禪師為他提出的座右銘：「天下布武」。

信長認為自己即是天下，儘管只是個腦中的想法，之後便運用戰略天賦和不斷擴張的軍隊，推動了歷史的洪流：將四分五裂的日本統一，只聽命於一位君主和一種法律。日本的權力分布長期被皇室和貴族階層、幕府及其附庸、佛教宗派，以及全國各地激進僧侶和忠實信徒所分割。此時有一人從中崛起，跳脫上述的人或機構，懷抱他對日本的願景和不妥協的做法，力求實現這個統一大業。

信長並不是獨自完成這項使命，還有兩個人曾與他共事，一起完成這項大業，而他則作為三位統一者中的第一位而被人們銘記。豐臣秀吉出生於農家，曾當過一段時間的軍人，一開始只是信長的家僕，最後共同實現了他的計畫。德川家康來自日本東部的軍閥家庭，是信長早期

的盟友，也是統一大業的最終受益者。家康承襲前輩的改革，制定了法律和制度，最終為日本帶來和平、繁榮和有效的治理體系。當美國蒸汽船於十九世紀五〇年代駛入日本海岸時，他的子嗣仍在掌權，為全新且充滿變數的時代揭開序幕。

信長、秀吉和家康這三位傳奇人物的活躍期，從十六世紀中葉到十七世紀，日後好幾世紀一直被日本文化界頌揚，被譽為國家成就的核心。許多小學生透過簡單的一句話來了解他們的成就：

信長搗米，
秀吉製糕，
家康品嚐。

而後面將提到第二種說法更能體現每個人的性格，年輕人也許比較難接受，但卻真實反映了信長作為日本歷史過渡性人物的地位。他出生在一個烽火連天的中世紀末，卻為一個和平與高成就的初期現代社會鋪路。俗話說「該如何對付一隻拒絕唱歌的杜鵑鳥？」聰明又有魅力的秀吉，會找到方法說服牠。精明又有智慧的家康，會在一旁觀察並等待牠找到自己的聲音。那麼信長呢？自然會讓這隻鳥與世長辭。

*

如果世阿彌同世人所猜想，從流放的佐渡島回到京都的家度過晚年時光，那麼一四四一年的夏天，他就已經在這座城市了。因為當時有消息流傳，有一齣非比尋常的能劇表演正在城牆內舉辦。七月十四日，世阿彌的死對頭義教被邀請到一位「守護」（令制國級別的武官）的住所，名字叫赤松滿祐。那天是幕府將軍的四十七歲壽辰，為了慶祝，赤松準備了一場宴會，還安排了能劇表演，由義教最喜歡的演員音阿彌主演。只不過赤松卻另有計畫，當晚真正的重頭戲是義教本人。活動慶祝到一半時，幕府將軍遭到襲擊後被斬首。

這是一件令人震驚、史無前例的罪行，之後幕府軍隊一路征伐赤松到他的家鄉播磨國，並逼迫他切腹自盡。相傳赤松首先向東邊的天照大神祈拜，再向西邊的阿彌陀佛祈願，然後「切開他的腹部，結束了六十一年的人生」。他的六十九名家臣也一同上路，「同樣以切腹的形式死去」。

正義雖得到了伸張，對足利將軍來說卻是不祥之兆。守護制度一開始是幕府用來控制各令制國的手段，然而，隨著時間推移，守護開始利用職權來鞏固自己的地位。原本在首都和鎌倉組建軍隊是為了執行守衛任務，卻將聚集在周圍的武裝士兵變成私人傭兵。徵稅、懲罰罪犯，重新分配高價土地，以用來建立為己效忠的地方基地。許多守護最初在沒有任何背景的情況下，被指派到令制國，最後卻成了他們的家族領地。

到了一四四一年，至少對赤松來說，幕府將軍插手守護家的繼承問題，已經演變成難以容忍的行為。而義教正因這樣的行為引來殺身之禍，血濺祝壽宴。幕府經歷了一連串的騷亂才終於報復成功——赤松在行刺後幾週後去世，而不是幾小時或幾天，還尋求了另一戶守護家山名氏的幫助，代價是讓他們繼承赤松家的領地。

足利幕府現在發現自己勢力逐漸壓不過強大的守護家族，其中山名氏與細川氏，甚至在一四六七年為爭奪幕府繼承權而大動干戈。一觸即發的應仁之亂，持續長達十一年之久，全國多數的守護都捲入其中，在京都周圍戰爭四起。超過一半的城市葬身於火海之中，包括約三萬棟的住宅，其中也有幕府在室町的住所。此後，主要由細川氏控制將軍，而幕府的勢力範圍也被限制在如同廢墟的首都圈內。

權力移轉到了鄉村地區。一四七七年戰爭結束後，守護們各自回到了他們的領地，有些開始掌權統治，有些則發現他們的副手在戰爭時乘隙而入，成功篡奪了他們的位子，逐漸地為自己開闢了領地，雖然比舊的令制國小，但更容易控制。這些新諸侯（大名）開始在偏鄉廢除古老的私人莊園制度，為自己和附庸奪取土地，並及時頒布專屬的法律條文。他們不服從首都的命令，也不對他們朝貢，除非是對幕府或天皇施以善意，如修繕宮殿或重建神社，從這兩個無能機構換來一些能提高聲譽的官方收藏。

幕府仍保有一些收入來源：對當地貿易課稅，以及透過任命朝廷或寺院要員來換取酬金。但往日的榮光已消失殆盡，義政幕府未能完工的東山退休別墅，即後來的慈照寺（銀閣寺），

就是風光不再的象徵。這項工程於一四八〇年代初開始，計畫用銀箔覆蓋整座寺廟，以呼應義滿華麗的金閣寺，並且讓建築在月光下璀璨生輝，但最終因工程延誤而放棄。不過慈照寺反而因枯萎的木質美學而廣為人知：建築本身就是一項成就，儘管這不是義政所追求的評價。

與此同時，數世紀以來都習慣定期領取令制國收入的公卿家，不得不冒險踏入這些地區（通常是第一次），為自己謀求出路。有些人發現他們的財產被仁慈地保留下來，並設法依此維生。有些人則試圖迎合當地武士，透過詩歌、蹴鞠和其他宮廷藝術等知識，追求以金錢換取文化的可恥生活。皇室的存亡來到了極其艱困的時期，有位天皇甚至被迫出售自己的書法作品以維持生計，而另一位天皇則因為缺乏喪葬費，過了好一陣子才被安葬。

日本進入了政局紛亂的時代，後世稱之為「戰國時代」。大名們在十五世紀末和十六世紀，透過協議、通婚、適時的背叛和激烈的戰爭，力圖維持和擴張他們的領地，以對抗當地的競爭對手。在這段分裂與整合的過程中，有一個名叫織田信秀的武士，試圖在日本中部的尾張國，提升織田家族的勢力與知名度。一五五一年，他突然因病去世，十七歲的兒子信長便繼承了父親的遺志。周遭的人都懷疑這位年輕人是否有本事勝任這項工作，因為他古怪的衣著和行徑：

身穿短袖襯衣，腰上掛著一袋燧石，頭髮梳成馬尾，用紅色和綠色的繩圈紮著，腰帶上掛著一把漆鞘長劍。滿載著栗子、柿子和甜瓜，嘴裡塞滿了年糕，在城鎮裡大搖大擺地遊蕩。

後有傳言稱，信長曾將那些為病父祈願未果的僧侶囚禁在寺院中，讓手持鉤銃的家臣們包圍射殺。據說在父親的喪禮時，他全副武裝、蓬頭垢面地出現，並向祭壇灑了一把香粉後衝了出去。

信長早年的那些綽號，如「大傻瓜」、「笨蛋」，則在踏上戰場後就再也沒聽過了。一五五〇年代末，他已經征服了家族的世仇，一手指揮統一了尾張國。一五六〇年，他在桶狹間之戰取得重要勝利，藉著大雨之勢對大名今川義元的龐大軍隊進行突襲，粉碎了他想從尾張國奪取京都的野心。據傳戰爭的前一晚，信長表演了世阿彌的能劇《敦盛》中的幾個舞步，同時唱了幾句對白：

人生五十年，如夢亦如幻。
一生僅此行，轉瞬即消散。

桶狹間之戰的勝利，促使他於一五六一年和松平家康（也就是未來的德川家康）結盟，當時他們的據點位在隔壁的三河國，緊鄰尾張國東部。兩人成為了互相信任的盟友：一五六七年，家康朝東邊攻打，而信長則朝北邊和西邊進攻，持續拓展他的征服計畫，並占領了尾張北部的美濃大國，這可是一項創舉。當時日本被劃分為大約一百二十塊的軍閥領地，其中只有

十五塊左右有令制國的大小。控制了兩個完整令制國的年輕信長，已經向世界宣告他的崛起之路。

擁有美濃不僅可以提升名譽：數以萬計的戰士此時都加入了信長的軍隊。許多步兵，或稱「足輕」（輕盈的腳），是為了掠奪而加入的農民，曾經被視為可有可無的存在，因此在戰爭中較不受保護。如今，他們成了軍隊不可或缺的角色，既是戰士又是裝備攜帶者，從基本物資到戰場上使用的鈴鐺、海螺號角和行軍鼓等，以至於許多人都穿上了漆製的優質鐵鱗甲，用皮革綑綁裝備，並佩帶有大名的徽章，或稱「家紋」。

武士把同樣的標誌繡在旗幟上，掛在木桿上，固定在他們的鎧甲後方。足輕戴的是圓錐形的帽子，武士則是戴著精緻的鐵製頭盔，享有絕佳的防護性與地位象徵。軍隊裡的戰士，不論地位高低，當指揮官揮舞著已澈底改造過的平安時代扇子時，就要遵守命令上陣殺敵。曾被貴族用於遮擋笑聲的炫耀象徵，如今一旦畫下扇子便成了進攻的訊號，指向的角度就是軍隊前進的方向。

如果不能在正確的時間把部隊送往正確的地點，這支龐大的軍隊便無用武之地。信長很快便因善於拓寬道路，並且有效利用船隊和浮橋而聲名遠播。他和當時的軍閥領袖還嘗試組織並訓練他們的士兵，打造由長矛兵（揮舞的武器有時超過五公尺長）、弓箭手以及最重要的鉤銃手組成的菁英部隊。從十六世紀中葉開始，日本就開始生產葡萄牙式的鉤銃，其熟練度遠遠超越了弓箭技巧。一旦騎兵被說服，允許低階的足輕進入戰場最前線（這個位置通常是留給菁

英），就可以證明鉤銃具有毀滅性的效果，特別是當軍隊排成行列時，可輪流發射。有凹痕的鎧甲會變成價值不斐的裝備，這些彈痕代表的不是鐵匠的保證，而是征戰沙場的證明。

儘管信長因訓練有素的足輕而遠近馳名，他仍依賴主要來自尾張國的騎兵護衛，作為其戰力核心。這些是他最優秀、最忠誠的士兵們，其中一項任務是保護信長本人，而獎勵據說是十足嗜血的娛樂活動，包括新年宴會時在盤子上展示三個敵方軍閥的頭顱。欣賞著這些被塗漆和鍍金的頭顱時，還會喝著清酒為信長獻唱慶祝的歌曲。

到了一五六八年秋天，信長準備展開連當時許多大名都夢寐以求的行動——進軍京都並占為己有。這時有位叫義昭的人，是被謀殺的義教曾孫，求信長幫助他爭取幕府的位子，信長便決定安排為自己的魁儡。前往首都時需途經多處，為了壓制反對聲浪，不是透過戰略聯姻（包括他的妹妹阿市），就是在當地部屬約五萬名士兵，強逼他們屈服。信長於一五六八年十月進入京都，次月，義昭被任命為幕府。

當時信長並沒有接受義昭的官方頭銜，令許多人相當吃驚，但這就是信長對「天下」的野望。「天下」是一個具有許多含意的古老詞彙，對信長來說，其中一個意思是以京都為中心的全國新政體，超越天皇和幕府，以信長為核心——「為了天下，為了信長」。

實現這個計畫的第一步就是確保幕府的安全：一五六九年一月，義昭的臨時住所遭到襲擊，信長在足利祖先居住過的室町區為他建造了一座城堡。大約兩萬五千名工人在信長的嚴格

指揮下開始動工，他自己揮著鋤頭和竹杖，象徵著投入的決心，觀察家評估需耗費四到五年的工程，卻在短短七十天內完工了。

幕府的城堡包括內部和外部的護城河、堅固的石牆，以及從附近寺院帶來的裝飾品，都成了信長地位的權力象徵。他命令武士、甚至大名來到京都，參與建造的過程以及相關的慶典，並規定他們何時才能回家。信長當時的名聲就是如此強勢，鮮少有人敢違抗他。甚至當他在腰間披上虎皮時，賓客也會爭先恐後地模仿這種奇特的裝扮，以免穿著更華麗的服裝出現在他面前時，會被視為一種汙辱。

信長的第二步是與義昭制定一套共同統治的制度，這項計畫明顯比第一階段難上許多。義昭聯繫了潛在盟友並授予土地，試圖建立自己的權力基礎。在信長看來，他搞錯了「天下」的意義。在一五六九年和一五七二年的三份官方文件中，信長不斷地踐踏新盟友的希望與夢想。明確表示天下事只許由他來處理，並在最後一封信中語帶威脅地指出，人們已經開始稱呼義昭為「邪惡的領主」——所有相關人士都知道，義教正是因為這個稱呼於一四四一年被刺殺。

義昭別無選擇，只能與蠻橫的盟友分道揚鑣，在一五七二至一五七三年間，對信長造成了威脅。信長征伐的戰績十分亮眼：他控制了尾張和美濃兩國，以及首都和周邊地區。然而，他的顯赫戰功也在中部和東部的令制國，激起了一批旗鼓相當的敵人。其中最令人生畏的包括近江國的淺井長政、越前國的朝倉義景，以及甲斐國的武田信玄。

第一個對信長採取行動的是武田，一五七三年一月，他的部隊擊敗信長盟友家康所指揮的

軍隊，三月進入了三河國，離信長的故鄉尾張國近在咫尺。義昭便在這時候逮到了機會，跳出來反抗信長。他加強了自己的城堡，動員了五千名的家臣，組成一支私人軍隊，同時希望信長的敵人能讓他自顧不暇並遠離首都。

但信長似乎相當走運，同年四月，武田病危——有人說是得了肺炎，也有人說是被狙擊手射傷，他的部隊開始撤回甲斐國，這也讓信長得以將注意力轉回京都和義昭身上。一開始他就命令京都的居民繳納高昂的軍事貢品，只要拒絕繳納，信長就燒毀城市北部的大部分地區，包括數以千計的住宅，並將附近九十多個村莊夷為平地。首都南部的居民，匆忙地不惜傾家蕩產，只求免於相同下場，義昭則被迫達成了和解。八月時，信長強行將他趕出城市，終結足利幕府的時代，並讓義昭過著受盡屈辱的生活，日後被稱為「乞丐幕府」。次月，淺井和朝倉也遭信長的軍隊殲滅了。這次是他倆的頭顱被塗漆和鍍金，據說是在新年慶典（一五七四年）中展示——而第三顆頭顱是淺井的父親。

在動盪的反信長聯盟中，如今只剩下一個主要敵人：一個具有傳奇影響力和潛在軍事威脅的佛教組織。並不是天台宗，因為比叡山的僧侶早在一五七〇年因支持信長的敵對陣營，一年後遭到了血洗。這個佛教組織剛開始只有一小群，在信長的吩咐下誦唸佛經，頌揚他們對阿彌陀佛無助的感激之情。現在他們擁有了財富和武器，在本州的南海岸還有一個戒備森嚴的總部，以及由數以萬計的志願士兵組成的地方組織。

*

信長發動的諸多戰爭，很快就讓日本農民無法忍受，所占的人口比例是迄今為止最高的。近幾個世紀以來，農村生產力的提高的確讓一些人變得富有，產量大到足以在市場上直接銷售。但更多人則穿著簡單的麻布衣，住在用泥土和木頭造的屋棚裡，種植稻米自己卻吃不起——只能靠小米或野草，還有捕魚或狩獵來維持生計。與大多數的日本人相比，他們這些年只能依賴兩種氣候維生：自然氣候和政治氣候。

自然環境雖然無法強求，但愈來愈多村莊試圖主張新的自治權，隔絕自己與支離破碎的國家。他們以社區的身分與外界當局進行協商，同時規範成員的生活，包括耕作與行為。有些社區甚至武裝起義，在村莊周圍建造防禦性護城河和堤岸。農村第二波自衛行動是集結村民、武士或兩者混合的「一揆」團體：這是一個臨時聯盟，追求一個特定的政治或經濟目標。他們透過書面抗議、罷工行動和暴力來促進自己的利益，信長稱他們為「國家的詛咒」。

日本諸多城鎮也給這位正在崛起的國家領導人帶來了頗具威脅的麻煩。這個國家的城鎮密度相當高，主要位在首都周圍和沿海地區，多數人可以在一天之內趕到鄰近的城鎮。這些城鎮的人口數從五千到三萬人不等，是令制國繁榮貿易的樞紐，主要透過水路運輸，需要時採陸路，私人馬車會和受保護的商隊共享道路。

整個系統在中國銅幣的流通下，達成全國各地都可接受的付款方式，貿易稅的成功，有助

大名們補充他們的軍備。日本許多繁忙和富裕的城鎮，都是圍繞著朝聖地發展起來，尤其是佛教寺院，有些城鎮甚至在寺院內發展起來，因此都在寺院的掌控之下——包括商業利潤。

淨土真宗的本願寺分院，仍然由親鸞的後代領導著，擁有這些龐大寺院城鎮的其中一座，並且從中獲得豐厚的利潤。這間寺院就是在一間小型的退休寺院周圍發展起來，位在京都西南部的內海，由蓮如上人於一四九六年建造。其名稱取自所在地的「長坂」地形：「大坂」或「大阪」。一五三二年政局動盪，京都的本願寺總部也難逃一劫，成為了動亂下的犧牲品。當地的宗派便將事務轉移到大阪，建造了石山本願寺，並打造五十多座堅固的前哨基地以確保安全。

這一切都變成了信長的惡夢，本願寺宗主坐擁都市財富與偏鄉支持，讓他實質上成為了一方的大名。多數大名透過地緣關係集中權力，瓦解地方勢力便可解決，但本願寺宗主卻能號召上萬名分布在各地的追隨者。這些追隨者包括商人、工匠和農民，被地方教區系統化管理，他們慷慨捐獻到本願寺的金庫，並期望宗主為他們提供世俗上和精神上的指引。他們有著強大的凝聚力，且皆對阿彌陀佛忠誠奉獻，因此被稱為「一揆」（團結一致），其聯盟則被稱為「一向一揆」。

宗主並沒有對這些人下達正式的軍事指揮，有些人會無視他的話，有些人則自相殘殺；總體來說，他們缺乏訓練或有經驗的強悍領導人。儘管存在這些問題，然而當足夠多的追隨者響應號召時，一支規模可觀的戰鬥部隊似乎憑空出現了。這支「臨時軍隊」由數千名成員組成，糧食、服裝和武器全靠自己，對他們來說，淨土重生的承諾，在一定程度上緩解了對死亡的恐

懼，使他們得以心無旁騖。據說有些追隨者會帶著佛經上戰場，一旦達成目標便就此絕跡，任何懲處或報復的企圖都只能落空。

到了一五七〇年，對信長意圖深感疑慮的顯如宗主，已與反信長勢力結盟，並在同年去信日本各地追隨者，內容直接宣稱信長為「佛法的敵人」，提出一起對付他的請求——並補充道「任何漠視的人將不再屬於宗派的一分子。」

這樣的衝突斷斷續續達十年之久，信長軍對一向一揆起義的懲治十分殘酷。一五七四年，該宗派位在伊勢國中部的長島要塞被信長軍圍攻，結束後估計有四萬人死於飢荒與火災。據說隔年在越前國也有近四萬人被處決，儘管在那個時代，多數戰爭都無法提供準確可靠的數字。信長此時為了與另一非宗教勢力（由信玄的兒子勝賴帶領復興的武田家族）決一死戰，注意力暫時不在本願寺上。不過一五七五年六月的長篠之戰，在家康的幫助下，信長用無情的鉤銃擊倒了騎兵後得勝，並自豪地宣稱全世界只剩下一個敵人：大阪的石山本願寺。現在他們沒有大名的盟友，地方同盟也支離破碎。

信長拓寬了道路，架設了橋梁，並收集物資和人力。一五七六年春天，他的軍隊開始計畫性地破壞本願寺周圍農作。不過兩次襲擊皆以失敗告終，信長的腿甚至中了一槍。但到了七月，本願寺的物資已所剩無幾。顯如向毛利輝元求助，他是本州西部的強大軍閥和內海地區的海盜，近似於海上大名。顯如希望對方可以透過水路提供物資，於是在海盜的援助下，摧毀了信長的小型船隊約八百艘軍艦。信長軍的圍剿攻勢暫時被擊破了，兩年後，信長歸來，這次部

隊挾帶著七艘由海上盟友建造的革新型船艦：三十公尺長、十公尺寬，裝載重型大砲，其木質框架覆蓋著金屬板，可能是世界上第一批鐵甲戰艦，大大超出了毛利軍的實力範圍。海軍遭擊敗後，本願寺再次深陷漫長的饑荒惡夢。

顯如繼續號召他的追隨者起義，希望能在日本中部的其他地區消耗信長的戰力，但此時信長已投入了六萬名士兵到戰場上。一五八〇年四月，顯如在一份正式的和平協議中簽了字，據說當時信長是用自己的血簽字的，其中包括終止經營石山本願寺。次月顯如撤離，他的兒子教如曾是反對投降的強硬派領袖，短暫抵抗了一陣後終於才在八月撤離。接著，正當信長準備親自巡視這場最艱困漫長的征途時，地平線上飄起煙霧與火焰，竟是教如的追隨者點燃了自己的堡壘，寧可燒毀它也不願看到信長踏入半步。

儘管如此，信長擊敗本願寺的成就仍然別具歷史意義。自佛教傳入日本後的一千年間，透過國家、貴族和民眾支持獲得的權力，包括佛教的軍事與政治勢力幾乎都被掃蕩殆盡。他也克制了自己的衝動，沒有對石山本願寺的居民採取災難性的血洗行動（就像比叡山事件一樣），也沒有對整個日本中部的本願寺教徒進行報復，成功避免了無止盡的起義。如今，他有了前所未有的自由，可以為「天下」展開他的計畫了。

*

織田信長像，狩野宗秀繪

在距離琵琶湖一百公尺的山上，矗立著一座高聳入雲的七層城堡主樓：基底以傾斜的石頭鞏固，整體外觀採用閃耀的白色，並在頂部飾上黃金。內部有榻榻米地板、漆面和金箔的柱子、黃金打造的牆面，上頭飾有中國君主和聖人、老虎和老鷹、惡魔和龍等繪畫。這裡也有花園、鳥舍、寺院及進行茶道和相撲比賽的空間。城堡內有一個房間最為氣派，專門用來接待天皇。

信長的座右銘「天下布武」，為他帶來巨大的成功，直到一五八〇中期。他不僅僅是一個摧毀者，還是一個創新的領袖。當石山本願寺被燒得漆黑一片，安土城卻在夏

日豔陽下閃閃發光，這棟城堡不僅是當時最高軍閥的新住所，也象徵著信長的「天下」拓展計畫，遠遠超越單純的武力統一。

其中另一個關鍵部分就是皇室。一五六〇年代，信長開始在戰場上取得佳績，正親町天皇自此就不停向他示好，尋求他的幫助，以收復失去的皇室領土，進行宮殿修復。信長答應了這兩個請求，於一五七〇年代開始對皇室大量上貢：從土地到金粉，從昂貴的木材到柿子，還在京都徵收兩次特別稅上繳。

作為回報，一旦排除幕府將軍，皇室就會任用信長為皇室高層，以及有聲望但實際上權力不大的官方職位，最終在一五五七年讓他擔任右大臣。貴族們在一五七五年為他舉行了一場劍術示範賽，並在隔年舉辦一場音樂表演，天皇和太子誠仁親王也有參加，以祈求信長成功對抗本願寺。當信長想要談和時，皇室成員也在那裡待命。在這個時代，想要停止戰爭同時保住面子，最好的方法就是向天皇求助，請求對方提出條件，然後利用皇室特使來平息這場爭鬥。

對皇室來說，以這種方式與信長協商，不僅有助於他們的財庫，還能保住他們的公眾形象。展現出他們並沒有在獨裁者面前屈服，而是為了國家利益而著想。信長也很清楚，正如藤原王朝以及後來的鎌倉和足利幕府一樣，在這個以歷史沿革和氏族為正統基礎的世界，皇室是一個適合化干戈為玉帛的機構。

一五八一年四月一日，這種互利關係來到了新巔峰，信長在京都宮殿附近舉行了一場盛大的閱兵儀式，為戰勝本願寺而慶祝。天皇一看估計有十三萬名士兵經過，包括步兵和騎兵。

雖然信長命令臣子們砸錢治裝，但沒有人敢穿得比他華麗：他坐在以深紅色天鵝絨裝飾的轎子中，穿戴「和太陽一樣明亮的服裝和首飾」。兩年前，信長收養了正親町天皇的兒子誠仁親王，期盼著成為下任天皇養父的時刻來臨。為了儘快如願，甚至向正親町天皇施壓，逼他退位。

「天下」計畫在京都如火如荼地展開，信長也將心力投入在日本城鎮和村莊的發展。他要求臣子們在當地建造房屋，安土城周圍便逐漸形成一個城鎮。願意在他控制下城鎮開店的商人和工匠，可享有免稅待遇。儘量廢除運輸通行費和舊行會的獨占權——特別是有益於戰爭的商品和行業：槍枝和彈藥、刀匠和石匠。更將犯罪和債務規定變得更嚴謹，以鼓勵商業活動。日後人們所稱的「城下町」，其中典範就是安土，這裡的經濟活動都聚集在大名家門口。

在日本農村地區，過時的莊園制度已經名存實亡，但尚未正式廢除。信長為了建立新秩序，率先採取小規模的措施。讓大名和他們的附庸無法再折磨農民，包括在戰爭中毀壞他們的土地或毫無節制地課稅等。他們將成為農民的合法統治者和被選定的擁護者——當然，同時也要徵收公平的稅收與合理的軍事貢品。信長在一五八〇年與農民簽訂的新契約，成為了首批被委任進行詳細土地調查的軍閥。他試圖調查每個村莊的居民、他們耕種的作物（以地主或佃農的身分），以及他們因稅金和勞力而欠下的債務。終有一天，秀吉和家康也會在信長所建立的基礎上，繼續發展下去。

*

當然，只控制本州中部對信長還不夠。一五八二年，他的下一目標是四國島和日本西部。前者被認為是小菜一碟，所以出征前信長就把島上的四個令制國分給了家臣。西日本的毛利勢力則較強大，也更有挑戰性，讓信長想親自討伐。畢竟他才四十八歲，如果征服了毛利的八個令制國，將成為整個本州西部的主人。他暫時忽略皇室授予的總理大臣、太政大臣，甚至幕府將軍的職稱，再次出征。

信長中途在京都停下，投宿一座稱為本能寺的寺院，它有巨大的城牆、護城河和瞭望塔，防禦性極高。此時，他的家臣明智光秀帶領一萬三千名士兵進入京都，並告知士兵們將由信長本人親自檢閱。一五八二年六月二十一日黎明，當這支部隊抵達本能寺時，明智光秀命令他們包圍寺院並開火。

起初，信長和他的手下以為是幾個當地人之間的衝突，當他們意識到實際情況時，信長大喊「叛變！」隨後拿起了他的弓。手下使出渾身解數對抗，但已無濟於事。隨著刺客逐漸逼近，信長換上了長矛，最後仍受了重傷。這位可能統一全日本的領袖，退到一個密室裡結束了自己的生命，而過去敵人所目睹的場景，正在他的周圍上演著：寺院變成了地獄，無處可逃。

第三部——浮世繪的世界

一五八二年至一八八五年

9 支倉常長——航海家

西元一五七一年至約一六二二年

西元一六一三年十二月，一名從日本北方來的武士家臣站在甲板上，他的船快速切過水面，船帆在風中翻飛。幾個世紀以來，各種類型的船隻載送乘客、軍隊、貿易商品在日本群島四處往返；但是伊達丸跟它們都不一樣。伊達丸重達五百噸，以早期船隻的標準來說十分巨大，需要上千名工人才能建造完成。其他船隻沿著日本海岸移動，尋找最佳的貨物集散地，但這艘船卻遠在太平洋中央。支倉常長的目的地不是大阪或長崎，而是屬於西班牙帝國的阿卡普科（Acapulco）。

支倉會從那裡開始走陸路經過新西班牙總督轄區（Viceroyalty of New Spain），在墨西哥市稍作停留，再從維拉克魯茲（Veracruz）出發，開始大西洋的航行。這是第一支官方派往歐洲的日本使節團。他們的任務是幫支倉的主公和當時世界上最強大的兩位領袖建立關係，即仙台藩的大名伊達政宗和西班牙國王菲利普三世（King Philip III）及教宗保祿五世（Pope Paul V）。

東亞和西歐一千年以來一直在彼此幻想出來的邊界徘徊，不管是神話、傳說、還是謠言，

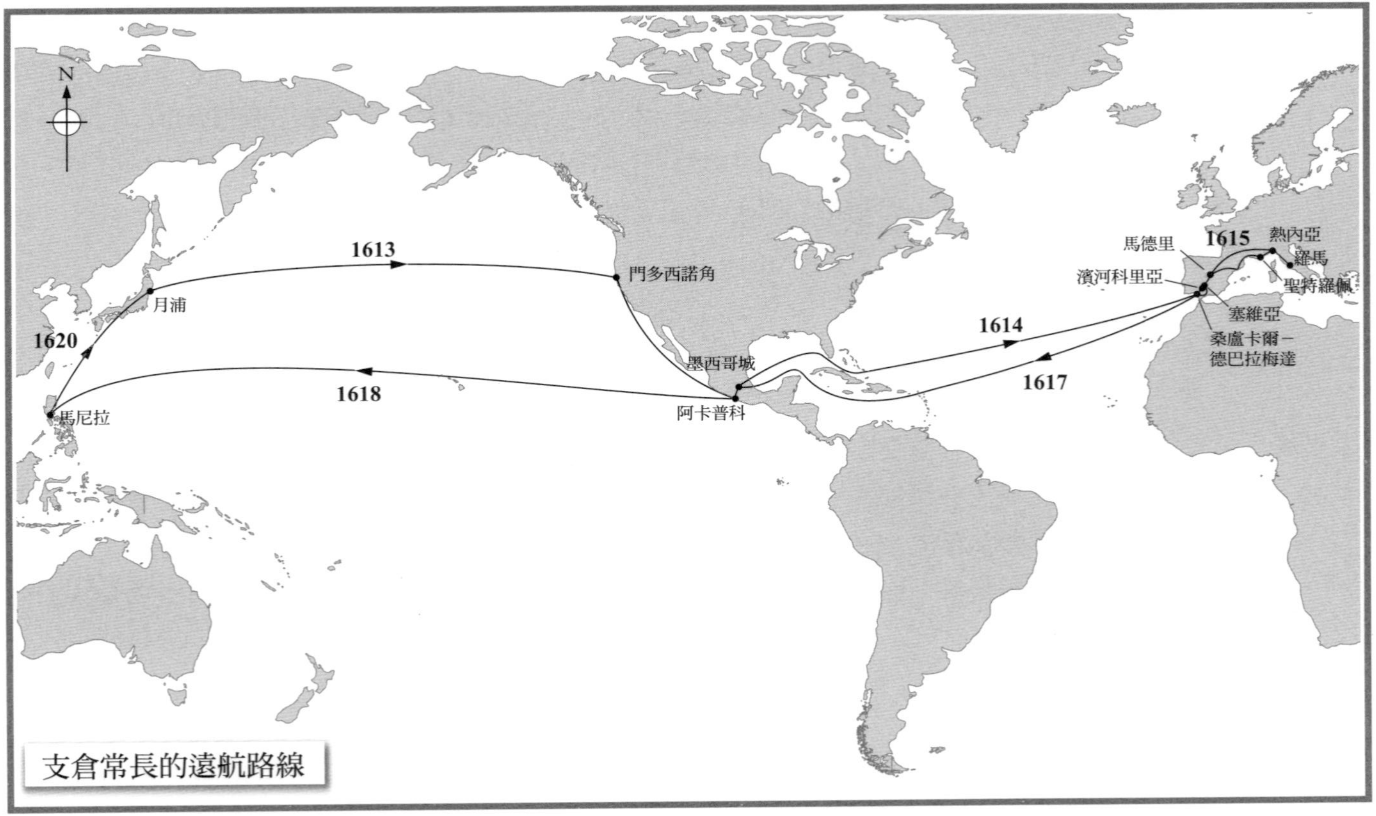
支倉常長的遠航路線
N
1613
1614
1615
1617
1618
1620
月浦
門多西諾角
墨西哥城
阿卡普科
馬尼拉
馬德里
熱內亞
羅馬
聖特羅佩
濱河科里亞
塞維亞
桑盧卡爾－德巴拉梅達

在近幾十年間，兩者終於對彼此有了較多的認識。第一批踏上日本土地的歐洲人在一五四三年因為意外而上岸。一小群葡萄牙人因為他們的中國式帆船遇上暴雨，被迫在九州本島南部的種子島登陸。葡萄牙式火槍也因此被稱為種子島，不久便提升了日本戰場的規模和死亡人數。織田信長是最早開始採用火槍、也最會有效利用火槍的人。歐洲的海事技術也進傳入了日本。伊達丸是在西班牙的幫助下，根據他們的大帆船設計打造而成，甚至還起了一個西班牙名字，施洗約翰（St John the Baptist）。

這個名字暗示了歐洲的第三波輸入，其影響有可能比槍砲、船隻更深遠，涉及到一個國家怎麼看待自己，如何組織國家事務以及與鄰國打交道。從織田信長過世後到伊達丸啟航的三十年間，日本領袖們面對基督教造成的兩難局面，必須交給支倉在長達七年漫長且艱苦的旅程中，利用外交去應對。麻煩已經在甲板下開始醞釀；甲板下約有一百四十名日本商人和武士，他們愀然不樂地和四十個歐洲人擠在一起，其中大部分是西班牙人。或許支倉把這樣緊繃的氣氛當成了徵兆，等待即將發生的狀況：和歐洲人打交道時，將面臨因過去的歷史和雙方利益衝突所引起的困難和挑戰。伊達丸船上的日本人想要從歐洲得到什麼呢？而歐洲人又想要從日本得到什麼？

*

織田信長死後，襲擊他的人並未立即遭到報復。明智光秀的軍隊勢如破竹地從京都往安土城挺進，掠奪信長宏偉的城堡。安土城很快地被燒成焦土，跟城堡的主人一樣澈底被消滅。豐臣秀吉的人馬正在西日本進行信長的計畫，討伐毛利氏，此時他們抓到明智的使者，得知了主公的噩耗，秀吉迅速展開行動，以繼承信長的位置。他說服毛利氏與信長休戰，卻避免提到信長已死。接著他讓人馬往京都推進，七月初的時候，在離京都不遠處消滅了光秀的軍隊。這個被信長稱作「禿鼠」的男人把叛徒光秀的首級帶回本能寺，獻祭給前任主公的靈魂。

正義得到伸張後，接著要開始結盟。秀吉和德川家康達成協議後，便開始封地給重要的盟友，並讓自己被京都的一位朝臣收養，以便他可以接受關白（府政大臣）的職位。接著秀吉從南方開始將他的霸權擴張至全國。許多九州的主要家族近幾世紀以來，不曾如本州發生過勞民傷財的戰爭，因此他們可以溯源到鎌倉時代的守護和地頭。島津氏現正站在權力的頂點，積極想要掌管整座島嶼。秀吉的應對方法，就是在一五八六年晚期派遣一支人數約二十五萬的大軍從本州來到九州，他們很快就把島津氏打得落花流水。

到了一五九〇年，秀吉最後的敵人剩下了日本東部的北條氏。在族長北條氏政拒絕投誠以後，秀吉對北條家的大本營小田原城發動了史上最不疾不徐的圍城戰。從五月開始，他邀請妾室、音樂家、舞者、商人還有茶道儀式專家來為自己和軍隊提供娛樂，與此同時讓敵人慢慢地挨餓。小田原城最終在八月投降，這時氏政被下令切腹自盡，家族龐大的資產也遭到沒收。

秀吉利用小田原圍城戰的機會，要求日本北方的大名向他效忠，支持他教訓北條氏。自從

的菲律賓。葡萄牙人則往另一頭探索，同時用交易與戰爭兩種方式，一路上建立起貿易外埠網路，包含了印度南方港口卡利卡特（Calicut，西元一五〇〇年）、莫三比克島（西元一五〇五年）、果亞（Goa，西元一五一〇年）、馬六甲（西元一五一一年）、荷姆茲（Hormuz，西元一五一四年）、可倫坡（Colombo，西元一五一八年）、孟買（西元一五三四年），最後還有中國南方的澳門（西元一五五七年）。

日本人在西元一五四三年因為一批葡萄牙人被迫在種子島登陸而第一次見識到歐洲人的世界觀。對於葡萄牙人來說，日本就是「遠東」，跟其帝國的其他屬地相較之下，日本的自然資源較少，但前景仍然看好。戰國時代的混亂及其衍生的海盜問題，導致中國和日本之間的貿易幾乎停滯不前。葡萄牙商人得以介入，把中國的生絲運到九州，其價格與中國當地相比攀升十倍之多，並把日本的銀和其他商品運到中國去。

因為葡萄牙人是從西南方航行到日本，所以日本人把葡萄牙人視為「南蠻」。他們先是透過貿易牽線，接著就是基督教傳教士。西元一五四九年第一批抵達日本的傳教士是三名西班牙耶穌會（Jesuits）士，他們坐著中國的海盜船抵達九州南端，方濟・沙勿略（Francis Xavier）是其中之一。佛教僧侶對他們十分感興趣。這些傳教士聲稱他們是從印度來的（模糊帶過原生國家和中途停靠點），為了方便交流，於是將他們的上帝稱為「大日」（Dainichi），這與真言宗佛教的核心概念「大日如來」相近。導致日本佛教徒誤以為天主教可能是一種新的佛法詮釋。傳教士很快就意識到自己的錯誤，改而使用「上帝」（Deus），並且把「大日」貶低成「惡魔的

產物」，和傳教士進行對話的僧侶們很是失望，於是毫不示弱地把他們的「Deus」戲稱為「dai uso」，意思是「漫天大謊」。

耶穌會士在大名之間就幸運多了，尤其是在九州；傳教士的傳教內容，以及他們對葡萄牙商人選擇港口和貿易夥伴的影響力，都讓九州的大名深感興趣。西元一五八六年，當秀吉抵達九州的時候，一種驚人的新現象正在席捲整座島嶼，基督教大名出現了，其中有些大名還因此迫使大量的臣子改信基督教。

豐臣秀吉很在意自己的形象，他甚至在頭皮上塗墨，好讓自己看起來彷彿有頭髮。秀吉是九州南蠻風尚的擁護者——葡式披風罩在甲冑外面，頭盔是根據異國帽型設計的，鬆垮的馬褲，念珠加上聖物匣和十字架，設計成可以掛在身上的樣子。秀吉對於貿易和隨之而來的財富也很熱衷，在思想上也不反對基督教。但檢視九州的情形以後，他記起多年前和織田信長奮力作戰的情景——商業和宗教、政治力量結合在一起，威脅到日本實現統一的世俗統治的計畫。

長崎就是最清楚、最慘烈的例子。這座位於九州西岸的小漁村因為其有自然屏障的港口而備受葡萄牙人喜愛。從西元一五七〇年初期開始，一艘「大船」每年都會從葡萄牙的澳門基地來到此地。耶穌會士協助促進交易，並且將從中得到的龐大利潤投入傳教工作，很快就建立了多間學校和一間印刷廠。隨後在西元一五八〇年五月，一件令人非常震驚的事情發生了，一位掌控了長崎的基督教大名把這塊地區給了耶穌會教士。他把對這片土地的控制權、行政權和貿易權全部交給傳教士。不到兩個星期前，信長才把佛教宗主顯如趕出大阪的石山本願寺，另一

個宗教領地又開始在日本成形了，它擁有影響力大的軍閥盟友和其快速發展的防禦工事。

秀吉聽聞在九州的其他地方有神社和佛寺受到改信基督教的人攻擊，其中一座佛寺被改成男子預備學校，其他的寺廟裡珍貴的文物則是被賣掉、扔進河裡，或是拿來當作柴火。有謠言傳說某些外國人，極有可能是葡萄牙人，涉及將日本人非法賣到中國或其他地方做奴隸。更過分的是，一名傳教士在秀吉要出兵九州之前找到他，表明願意代表他和島上的基督教大名斡旋，彷彿這些大名的忠誠是耶穌會帶來的禮物。

各種層面上的褻瀆，和世界秩序不斷轉變的證據，在在都讓秀吉決心要大幅度改變這個狀況。一切都從一五八七年七月開始，喝下大量的葡萄牙葡萄酒以後，秀吉在葡萄酒加成的盛怒下頒布命令，譴責基督教「萬惡的教義」，並且限耶穌會士二十天內滾出這個國家。隔年他從耶穌會士手中奪得長崎，直接掌控當地貿易。秀吉最終還是讓耶穌會士留下來，他們的商人同盟對於九州的經濟來說實在太重要了，但是歐洲對日本的影響受到約束，基督教也被特別留意。

秀吉接著向世界各地的外國勢力發出一連具煽動性的信件。西元一五九〇年，他致信朝鮮國王，宣稱自己受命於天，擁有統治該地區的獨特意志。他自稱「太陽之子」，因為他母親夢見太陽進入她的子宮時懷上了他。在這樣的基礎上，他希望朝鮮國王，身為他的附庸國及盟友，能夠協助他征服中國。接下來的一年，秀吉寫信給菲律賓，命令該地的南蠻（西班牙人）承認他的宗主權，否則他保證會進攻並摧毀他們在馬尼拉城牆內的聚居地。類似的訊息從九州群島寄送出去，到達日本的極南端、台灣，甚至果亞。

朝鮮國王是少數做出回應的人之一，他在西元一五九二年清楚表明他不會讓秀吉把他的半島當作進入中國的車道。秀吉隨即派出他的十六萬大軍進行軍事行動，其中包含了伊達和支倉。出征朝鮮是十六世紀以前不曾發生過的世界融合和接觸，使其成為一件標誌性事件。一支日本軍隊跨海來到朝鮮，搭乘由歐洲商人協助建造的船隻，由幾位名字帶有「Dom」（葡萄牙文「領主」之意）頭銜的大名率領，例如小西行長（Dom Agostinho Konishi）、大村喜前（Dom Sancho Ōmura）和有馬晴信（Dom Protasio Arima）。

秀吉的軍隊在基督教指揮官的帶領下於釜山登陸，他們穩步往北追趕朝鮮國王，把他逐出漢城（今首爾），接著逐出平壤。在短暫的幾個月間，幾乎整個朝鮮半島都在秀吉的手裡。隨後朝鮮海軍、游擊隊以及越過鴨綠江南下、姍姍來遲的中國軍隊，開始大幅逼退秀吉的軍隊。到了西元一五九三年初期，近三分之一的日本軍力已經被剷除，戰爭陷入僵局。秀吉這段期間一直都待在日本；與信長相反，他很少在前線領軍。他在日本一邊計畫著天皇遷居中國時的慶典儀式細節，一邊開始進行為期數年的屈辱停戰談判。

秀吉和西班牙及菲律賓的關係也沒有太大改善。西班牙人希望能夠平息秀吉的好戰，因此轉而建立友善的貿易關係。但是在西元一五九六年，一艘在馬尼拉與阿卡普科之間的航線上服役的西班牙大帆船聖費利佩號（San Felipe），在日本的海岸失事了。當秀吉不情願歸還貨物時，船長插手這件事，還傻傻地談論到西班牙的帝國計畫中日本的位置，他炫耀著一張最新的世界地圖，說明著西班牙勢力與日本勢力之間的關係，他宣稱在日本的傳教士是在替西班牙監

視日本，而日本的基督教化是偉大的殖民計畫中的一環，當時的日本已經有約三十萬名信徒。

秀吉起初氣急敗壞，下令京都的每一個基督徒都必須受死。但京都知事說服了他，將受死的基督徒縮限到二十六個人，共計有六名方濟各會士（四名西班牙人，一名葡萄牙人，一名墨西哥人），三名日本耶穌會士，還有十七名日本方濟各第三級教士。他們的耳朵都被剪掉一角，以示犯人身分，並且被帶到長崎在通往大阪的路上遊街示眾。西元一五九七年二月五日，他們被帶到一座山丘上，從那裡可以俯瞰一度是基督教根據地的長崎，並且被釘上十字架處死。

隔一年，秀吉在他大方指派給自己的京都府邸伏見桃山城逝世，他攻克亞洲的計畫就停在朝鮮半島。秀吉在與中國談判的過程當中發現，即使他達成了如此多成就，他們仍然把日本人當作附庸國民，他因此在西元一五九七年重新對朝鮮發動攻擊，這一次比第一次的進攻更加凶狠。順利繼承的希望又再次亂了調。秀吉原本的計畫是讓五個人組成攝政小組，在他的幼子秀賴成年前替他守住位置。但其中一名攝政者德川家康開始和其他大名打交道，彷彿現在由他作主。

日本的軍閥快速形成兩個派系，東部的這派支持家康，日本中部與西部的一派則主張保護秀賴的繼承權。兩方人馬在一六〇〇年十月於關原地區交戰，家康贏得了劃時代的勝利。為了鞏固他的地位，他在一六〇三年取得將軍的頭銜，並啟動日本史上最大規模的土地重新分配。八十七名敵對的大名被褫奪家業，其他大名則被四處調動，某些狀況下是為了削弱他們的支持

基礎。與此同時，盟友則藉由開創新領地得到獎勵，其中一個受益人就是伊達政宗，他得到了廣大的東北仙台藩。

儘管京都仍然是日本的首都，實權卻轉移到了位於東岸的德川家的江戶城。新的幕府就在該地建立起來。西元一六〇五年，家康從將軍的位置上退位，決心要從秀吉手中奪走的權力，順利在家族內轉移給兒子秀忠。但他仍然掌控大局，並找尋機會處理秀吉災難性外交政策的遺毒。家康在西元一六〇五年與朝鮮達成和平協議，並繼續進行有限度的貿易。西元一六〇九年，剛成立的荷蘭東印度公司（VOC）獲准在長崎附近的平戶港設立據點；與英屬東印度公司（EIC）的協議則在西元一六一三年簽訂。

家康也與西班牙人談判，以增加與馬尼拉之間的貿易，並取得新西班牙挖礦專家的幫助，以增加日本銀礦的利潤，家康對這些銀礦以個人名義施加控制。名為塞巴斯蒂安·維茲凱諾（Sebastián Vizcaíno）的西班牙探險家被指派擔任新西班牙駐日本的第一位大使，他在西元一六一一年抵達日本。兩年後，伊達政宗得到幕府許可，建造一艘船並護送維茲凱諾送回太平洋另一端。新的船隻有雙重責任，其一是作為大使的交通工具，其二是完成日本首批正式歐洲外交使團的初始航程段——這是在豐臣秀吉的挑釁行為後迫切需要的外交行動。

*

支倉常長在朝鮮戰役後過著相當平靜的生活，他因為在戰爭中的表現而得到伊達的表揚，回到家鄉後成家立計，並繼續為他的主公服務。西元一六一二年時他的人生改變了，他的親生父親受控詐欺後被要求切腹自盡。照當時的標準——自盡代表贖罪且父子同罪，支倉應該也要被命令切腹自盡的。

但是支倉太重要了。伊達沒有要他自我了結，反而安排工作給他，要他帶領危機重重的海上任務，這趟航程危機四伏，支倉常長可能葬身大海，也可能歷經磨難後平安歸來。除了幫助國家修復國際關係，伊達對於這趟航行也有一些個人算計。不再只是北方的「落後地帶」，他要繞過長崎和馬尼拉，把仙台變成全球貿易中心。為了這個目標，支倉被賦予的職責就是要開啟與西班牙和新西班牙總督府的貿易談判。他也必須請求菲利普三世和教宗保祿五世派基督教傳教士到日本北部，這對渴望傳教的歐洲人來說是外交甜頭，也是長崎獨樹一幟的國際文化的來源。

支倉這趟旅程的嚮導和翻譯人員是西班牙方濟各會士路易斯·索太羅（Luis Sotelo），他也有自己的盤算。此時全日本只有一個位於長崎的天主教教區，而且是由方濟各會士的競爭對手耶穌會士所把持。索太羅希望能夠把伊達的藩屬地變成日本新教區的中心，他甚至希望有一天能夠成為日本的大主教。

這批人馬被後世以當時的日本年代命名，稱作「慶長遣歐使節團」，西元一六一三年十月二十三日，從月浦港搭上伊達丸號出發。他們平安橫越太平洋來到北美洲西岸的門多西諾

角（Cape Mendocino），此時第一批英國殖民者正在該大陸的東部最邊緣處安頓下來。伊達丸從門多西諾角沿著海岸線來到靠近阿卡普科的港口，於西元一六一四年一月下旬停泊在此。一組先遣小隊往北方陸地移動到墨西哥城，當地一位受洗名為唐・多明哥・德・聖安東（Don Domingo de San Antón）的納瓦族史學家，記錄了他們盛大的進場：

> 西元一六一四年三月四日……幾位日本貴族抵達墨西哥城並進入城市中，他們在正午十二點騎在馬背上進城來，他們的家臣走在前頭，高舉著像黑色細長棍子一樣的東西……或許在日本代表了皇室領導階層。他們外出時和在家裡都穿著一樣的衣服，像是長袍的東西，綁帶繫在背後，而頭髮則綁在頸後。

這位史學家的記錄中明顯缺少了入境者的武器，而這是有原因的。航行於太平洋期間，日本和西班牙乘客之間的緊繃氣氛，在他們於阿卡普科登陸後很快地爆發成暴力衝突，表面上是跟誰負責看管來自日本的禮物有關，這些禮物包含了家康委託的屏風。新西班牙的大使塞巴斯蒂安・維茲凱諾遭到痛打並被刺傷，導致新西班牙總督要求除了支倉和少數人以外，其他日本人必須交出他們的武器。這給人留下了非常不好的第一印象。

支倉在先遣小隊抵達後約三週到達墨西哥城。他走了一條風景美麗的道路，穿越丘陵抵達新西班牙，一路上停留在好幾個方濟各會修道院，包含位於庫埃納瓦卡（Cuernavaca）的一座

修道院。三月下旬抵達城市後，他將伊達政宗的信交給總督，路易斯・索太羅則轉交了另一封來自德川家康與德川秀忠的信。方濟各修會召開了會議，目標是將傳教士送到日本去，在接下來的幾個月間，大約有六十名支倉的侍從都在方濟各會修士的見證下，接受了洗禮和堅信禮；支倉本人則被說服要再等一等，畢竟洗禮除了是宗教行為，也是外交行為，所以最好等到他到歐洲再進行。

五月時，支倉將他的使節團分成兩批人，一批待在墨西哥城進行貿易，另一批人則跟著支倉一起到維拉克魯茲。他們從那裡經由古巴橫越驚濤駭浪的大西洋，於十月上旬抵達西班牙西南方的桑盧卡爾德巴拉梅達港（Sanlúcar de Barrameda），再沿著瓜達幾維河（Guadalquivir River）向上航行到科里亞德爾里奧城（Coria del Río）。換上正式裝束後，他們沿著陸路繼續往塞維利亞（Seville）前進，這裡是路易斯・索太羅的家鄉，更重要的是它是西班牙境內唯一一個獲准與歐洲以外地區進行交易的城市。

市長和政要高層都擠到特里亞納橋上（Triana Bridge）迎接支倉等人，當地民眾覺得支倉「平靜」、「謙虛」又「講道理」，其手下的舉止服儀在大主教心裡留下良好印象，讓他想起了《聖經》裡的東方三博士。

在一場特別的塞維利亞參議會議中，支倉獻上來自伊達政宗的禮物，包含了一把劍以及一把以絲綢包覆的匕首。接著他展開一幅黃金裝飾的書法卷軸，在索太羅的協助下，他介紹並闡述其主公要給塞維利亞領導階層的訊息：

在聽聞天主的教誨後，我了解了來生。因為不得已的原因，我還未能親身接受這些教誨，但是為了在我的土地上傳播這些教義，我已經請求了索太羅修士的幫助，也派了一名叫做支倉的武士過去，我希望這兩位能夠平安到達國王與教宗的足下，並轉達我的心願。我的目的是藉由確定日本和塞維利亞之間海上旅行的可行性，開始每年一次的海上航行。

如此重大的請求需要來自更高層級的批准，因此根據索太羅事前推演的計畫，支倉的使節團往北來到馬德里。他們由馬車、轎子、護衛、嚮導、糕點師和廚師組成的車隊，成為了奇觀，沿路經過的村子和城鎮裡都有許多人聚在他們旁邊，拖慢了他們的進度，導致他們抵達西班牙首都的時間比原先幾乎晚了一個月，當時已經是西元一六一四年，白雪皚皚的十二月下旬。

而這時候麻煩開始了。國王菲利普三世的侍從及牧師前來會見他們，向支倉承諾國王一定會提供協助，並鼓勵他盡情體驗馬德里的聖誕佳節。但兩個星期過去了，始終不見邀請函請他到馬德里王家城堡去面見國王。西班牙人開始對他們的賓客再三思量。

歐洲人對日本的印象，近幾十年來主要來自耶穌會士的描述，他們希望改變日本的信仰能夠彌補天主教教會在歐洲宗教改革中蒙受的損失，這樣的希望讓他們的描述有所偏頗。方濟·沙勿略形容日本人是「迄今發現最棒的族群」。他們舉止得體、有榮譽心、受過教育而且自尊自重；他們很少賭博、咒罵或是偷竊，他們不吃動物，偏好魚類、米飯、穀類組成的飲食，沙

勿略本人對這種食物沒什麼胃口，但是這也不構成罪過。他們對世界的理解被挑戰的時候會持開放的態度，而且他們似乎對於基督教及西方世界十分感興趣。其他的耶穌會士發現日本人自然而然會訴諸內在，考量到耶穌會士對於內心世界的濃厚興趣，這是一種讚美；而且跟歐洲大多數狀況相比，他們較鼓勵女性識字和擁有自由。

缺點相較之下顯得不多。有些日本人十分推崇自己的國家，以至於他們往往會自然而然地對外國人不屑一顧。男人們似乎過於喜愛武器，也過於親密；傳教士做出的結論是，廣泛的男同性戀傾向是佛教影響與長年內戰所致，這兩項罪孽也造成了毫無人性的切腹自盡和就地處決、酗酒且遭到懷疑時傾向撒謊的行為。這些問題並非無法克服。西元一五八二年時，耶穌會印度及遠東「觀察員」范禮安（Alessandro Valignano）決定要讓歐洲人親眼看到日本是多麼有前景的地方。西元一五八四年到一五八六年間，他送四名年輕的九州基督教貴族去一趟小型歐洲之旅，在這趟旅程中他們見到了國王菲力普二世（King Philip II），即現任國王的父親，一時引起了不小的騷動。

但是當一五九七年二十六名基督徒殉教的消息傳到歐洲人耳裡時，似乎證實了耶穌會士關於日本的某些負面評論是真的。當年流傳在葡萄牙屬澳門的說法是，在這群人走向長崎的路上，日本圍觀的群眾朝他們丟石頭、稱他們是野獸，並且把雜草塞進他們的嘴裡。十二月時，澳門舉行了紀念他們的遊行，遊行中還伴有記錄這些恐怖事件的繪畫，其中一些複製品被送到新西班牙、西班牙以及羅馬。同一個月，墨西哥城舉行了一場布道大會，其中一名死者菲力

佩・德・黑素斯（Felipe de Jesús），出身自這座城市，也是新西班牙第一位殉道者。

這些殉道者被釘上十字架時，方濟各會修士馬塞洛・德・里巴德內拉（Marcelo de Ribadeneira）正在長崎，他出版了一本極度將事件傳奇化的故事，並於一五九八年十二月護送六名方濟各會修士的遺體來到墨西哥城，之後又旅行到羅馬替他們尋求宣福。他的寫作內容最終成為方濟各會為修道院正廳牆面委託製作的一系列大型壁畫的故事來源，而支倉還曾經過這座位於庫埃納瓦卡的修道院。要去亞洲的西班牙傳教士在前往新西班牙西岸時常會停留在庫埃納瓦卡，所以這些壁畫可能提醒了他們自己冒了多少風險，原因又是什麼。支倉的部屬甚至可能參與了壁畫的創作，壁畫的細節暗示著他們不是用了日本人的外型當作範本，就是有日本畫師出力。

當支倉抵達馬德里時，國王菲力普三世已經決心支持殉教者封聖。他也從新西班牙總督和印度議會（Council of the Indies）那裡，收到關於日本以及支倉使節團令人不安的最新消息，印度議會從王家城堡內部掌控了西班牙帝國。支倉的使節團根本不是由日本的國家統治者派來的，而是由一個小小的地方領主所遣。而且即使他們表明對於傳教的渴望，他們主要的目標其實是貿易。與此同時，日本當地的基督教陷入困境，似乎回到了秀吉那時的黑暗時期。

對於支倉來說很不幸，但是針對最後一點，西班牙的情報幾乎完全正確。家康一開始跟秀吉一樣，為了經濟理由對於基督教十分忍讓，然而基督教的價值很快就抵不過它帶來的麻煩。西班牙的方濟各會修士和耶穌會士時常都在激烈爭吵，而一六一二年當某些日本基督徒遭到處決後，其他日本基督徒的反應據說是唸禱、唱聖歌以及搜集他們的遺物。家康做出了結論，這

個宗教團體崇拜幾世紀以前在十字架上被處決的罪犯，而且顯然對現今的罪犯也展現出同等的尊敬。

這對於仍然很孱弱的幕府政權來說是無法忍受的挑戰。所以西元一六一三年十二月，當支倉在太平洋上航行的時候，在京都和江戶的基督徒都被迫放棄自己的信仰。教堂被拆毀，家康麾下的基督教家臣也遭到流放。西元一六一四年一月二十七日，就在支倉抵達新西班牙的兩天後，家康下令草擬一份文件，明文禁止基督教並驅逐傳教士。二月時，這份禁令被傳播到日本各地，所以當支倉在墨西哥城、塞維利亞和馬德里徵求新的傳教士時，那些已經在日本的傳教士不是已經離開就是躲了起來。

在支倉出現並請求覲見的時候，菲力普國王已經對一切有所了解，因此他先讓支倉等待，等到一六一五年一月三十日，他終於答應接見支倉時，也冷漠以待。支倉進入覲見室後，發現國王站在他的王位旁邊，隨意地斜倚在一張桌子上，身邊環繞著大臣和貴族。他拒絕賓客用親吻手背的傳統方式問候他，取而代之的，他相當不客氣地要求支倉一行人說明來意。路易斯・索太羅為了使命，盡其所能地讓國王態度軟化，他為伊達政宗的期望進行了創意性的解釋，除了提到傳教士與貿易的要求外，還加上伊達在仙台的大片土地、他的頭銜和他無私的服務都放在菲力普國王的腳邊聽候他差遣。

這段解釋為使節團贏得到了一點暖意，在一場國王及王室出席的典禮上，伴著合唱團唱著《讚美上主》（*Laudate Dominum*）的歌聲，支倉達成了受洗的願望。支倉得到了「菲力普・法蘭

西斯柯」（Felipe Francisco）當作洗禮名，有權有勢的萊爾馬公爵（Duke of Lerma）作為教父，此人據說在代替無心朝政國王治理國家時，累積了三百萬達克特（ducat，歐洲中世紀後期至二十世紀期間的流通貨幣）的私人財產。支倉告訴菲力普國王，自己對於以國王的名字重生感到多麼感動。菲力普給他一個擁抱，並且寫了一封信支持他覲見教宗的請求。菲力普的顧問大臣認為現在不是會面的好時機，國王則反駁道如果要改善日本的局勢，現在正是時機。

支倉歐洲行的最後一個階段發生在那年的秋季，一路上他經過了巴塞隆納和聖特羅佩（Saint-Tropez），後面這意外的一站為法國與日本的關係拉開序幕。鎮上的人們驚嘆於武士肅穆地參加彌撒，使用兩根樹枝吃飯而不是用刀叉，用一小張紙擤鼻子再扔在地上，好奇的聖特羅佩人還把小紙張撿起來當作紀念品。

在熱那亞（Genoa）和奇維塔韋基亞港（Civitavecchia）停留之後，支倉一行人抵達羅馬市郊，再次被歐洲使節懷疑日本人對基督教的企圖。值得慶幸的是，有三件事對支倉是有利的；歐洲最有權勢的君主之一為他寫了推薦信，他從日本出發的漫長旅程可以證明伊達政宗的誠心誠意，更重要的或許是教宗個人很需要他。

保祿五世本名為卡米洛．波格賽（Camillo Borghese），在西元一六〇五被選為教宗，他以兩件事情聞名，其一是照顧自己的家族，波格賽家族現在已經從西恩納（Siena）菁英躍升為義大利貴族，其二則是促進天主教會成為全球信仰的主張。他在一六〇九年為西班牙神學家依納

支倉常長像

爵・羅耀拉（Ignatius of Loyola）行宣福禮，而且很願意為曾經住在日本的方濟・沙勿略做一樣的事情，這兩位都是耶穌會的主要創辦人，這個教會負責引領歐洲以外的傳教工作，學習新的語言，探索新的文化，試驗與非基督徒思想及生活方式實際相容的極限。教宗也借出他的力量支持長崎的殉教者封聖，從使徒彼得及保羅的時代開始，這些英勇的人所擁護的宗教在全世界的進展就常常伴隨著悲劇和痛苦。

一六五一年，羅馬市將矗立起由貝尼尼（Gian Lorenzo Bernini）設計的「四河噴泉」（Fountain of the Four Rivers），

作為這個全球性教會的偉大藝術象徵。四河噴泉代表了多瑙河（歐洲）、尼羅河（非洲）、拉布拉他河（Río de la Plata，美洲）、以及恆河（亞洲）。在這之前，教宗保祿五世率先運用了外交盛大場面和藝術，以表示自己對天主教「天下」的中心握有所有權。他已經歡迎過剛果（西元一六〇八年）與波斯（西元一六〇九年）來的使節團，現在輪到日本人演出了。

就這樣，十月二十五日支倉在奎里納爾宮（Quirinal Palace）與教宗進行簡短的非正式會晤後，他獲得了正式進入羅馬的榮譽。十月二十九日下午三點，從天使門（Porta Angelica）出發，支倉穿著用金銀絲線繡出花朵鳥獸圖案的白色絲質的和服，乘著馬車出發，他的下屬則騎著教宗提供、披掛華麗的馬匹走在前方。來自羅馬、西班牙和法國的大使及貴族，以及瑞士的衛兵與騎士一起加入了他們。隨著使節團經過，號角與鼓聲響徹街頭，只有短暫被聖彼得廣場（St Peter's Square）和聖天使城堡（Castel Sant'Angelo）發出的迎賓加農砲所掩蓋。行進隊伍停在卡比托利歐山（Capitoline Hill），支倉在這裡走下馬車，由教宗的侍從迎接，進入住所。

儘管看來很奢華，但這只是經濟版的教宗接待儀式。高級樞機主教和教宗助手們沒有出席，根據規定，只有由基督教國家元首派遣的使節才有權要求他們在場。幾天過後，支倉穿著最好的衣服第二次覲見教宗，卻發現教宗只簡單穿著紅衣，在宗座宮裡地位相對較低的克萊孟大廳（Sala Clementina）接見他。儘管如此，這個場景對於到訪者而言仍然令人印象深刻；教宗坐在他紅色天鵝絨的寶座上，頂上是金色的天幕，周圍環繞著樞機主教、大主教、主教以及祕書。

支倉進入大廳，在房間中央跪下一次，然後到教宗腳邊跪下三次，並在起身之前親吻教宗的腳。他用日文問候教宗，由索太羅在旁翻譯，接著他從絲質的袋子裡拿出伊達政宗用日文及拉丁文寫的信，呈給教宗。他又再次跪下，但是教宗示意他起身，並讓一名助手朗讀信中的拉丁文部分。伊達在信中要求方濟各會修士來傳教，並承諾建造教堂、保護修士。他也希望能夠有一名主教，並承諾會讓他生活舒適。這時一位助手按照預先準備好的講稿，對來自遠方的使團表示歡迎，並熱切地希望伊達政宗能早日皈依天主教。

按照外交的優良傳統，雙方真的想要達成的事情不會列在正式書信裡，也不會公開場合闡述。教宗對於這次訪問的期望，會在訪問結束的多年後藉由藝術表達出來。奎里納爾宮裡最大的接待室國王廳（Sala Regia）重新翻修，大廳裡上半部的牆壁被改成虛構的觀眾看台。在那裡，一位身穿白色絲綢刺繡和服的日本武士俯瞰著教宗的訪客，他就是支倉常長，被定格在壁畫中。畫中還有他的四名家臣以及手指著下方的路易斯．索太羅，彷彿在向這些日本人解釋下方發生的事情。沿著牆壁，彷彿也在檢視現場的還有一群波斯人和剛果人，另外還有從中亞來的亞美尼亞人以及聶斯托留派基督徒（Nestorian Christians，即傳入中國的景教）；他們都是根據教宗接待的使團繪製而成，而這一切都暗暗指責了新教眼界狹隘。

要辨別支倉暗藏的動機必須仔細閱讀伊達的書信，其中有一句相當奇怪又含糊不清的話：「剩下的就指望他們（索太羅和支倉）了，我會批准他們議定的一切，而且以我的名號批准。」在羅馬的威尼斯大使認為他可能了解這句話的涵義，所以他向他的議會報告支倉悄悄在信中對

教宗提出額外的請求：「將政宗當作君主保護，他即將成為日本天皇」。

考量到這時期的歐洲人還不清楚天皇和將軍的角色，這位威尼斯大使似乎指稱伊達派遣支倉出使羅馬的真正目標是要建立外邦友誼，幫助他從德川家康與德川秀忠的統治下獨立，或許更進一步謀取後者的地位。這時是德川幕府統治初期，豐臣秀賴也還活著，這一切還有很多變數。伊達或許希望透過拉攏教宗，他能夠借用教宗的權威，並利用日本基督徒因為家康的敵意而形成的擔憂，轉化成對自己有利的局面。

不管這位威尼斯大使的主張背後的事實為何，教宗對於形成同盟或是任何支倉提出的請求都不感興趣。他明確表示他的管轄範圍不包含歐洲強權的貿易政策。他也沒有意願設立新的教區，亦不支持派遣傳教士，並把派遣傳教士的責任丟回去給菲力普國王。支倉在羅馬停留時收到的一切，從榮譽公民身分到教宗贈送的一千枚黃金達克特，充其量只是安慰獎。

支倉在一六一六年一月上旬離開羅馬，踏上漫長又令人沮喪的歸途。他發現自己在西班牙不受歡迎，菲力普國王背地裡寫信給教宗建議他不要答應任何日本人的請求；另一方面，印度議會則是禁止他進入馬德里，並且要求他直接返鄉。支倉最後回到塞維利亞待了幾個月，盡其所能地部署他新近交好的歐洲友人。萊爾馬公爵、教宗保祿五世以及塞維利亞議會都接到了協助達成伊達命令的請求，支倉現在還聲稱日本基督徒的命運都在他們手上了。

然而，一切努力都付諸東流。一六一七年的夏天，支倉被驅逐出境了，他被迫沿著瓜達幾維河駛回海上，再度穿越大西洋回到新西班牙。在那裡他的使節團再次登上伊達丸號，於

和西本願寺。佛寺現在有一套必須強制註冊的全國系統，這樣統治者才能知道他們的身分和居住地。此外，他們採行了一種反基督教監管手段，稱為踏繪；任何被懷疑支持基督徒的人每年都需要踐踏耶穌像或是聖母瑪莉亞像一次，這些像大多由變節的基督徒以銅鑄成，他們用心製作，使用支倉在歐洲之旅隨處可見的藝術品當作範本。

對於那片嚴重分裂的歐洲大陸來說，今後將面臨長年的血腥宗教衝突；相較之下，日本的宗教衝突才剛落幕。其世界關係也終於根據德川的「天下」願景做出結論，決定重國內大一統和幕府統治，勝於進攻國外的野心和外交關係。或許這跟秀吉期望的「眾神國度」有些落差，但是日本終於迎來了和平又繁榮的時代。

10 井原西鶴——好色男子

西元一六四二年至一六九三年

女侍脫下她的亞麻長袍和精緻小巧的內衣，扔到圍籬上，然後滑進澡盆。她很確定附近沒有其他人。如果有什麼聲響，那可能僅是晚風吹過松林發出的嘆息。至少她是這麼想的。她開始用米糠皂和毛巾奮力搓揉身體，水溫熱得怡人。明天是菖蒲祭，她得澈底清洗她那豐腴溫暖的軀體。尤其仔細地清洗了下半身的汙垢。突然間，彷彿是出於本能，她抬頭看了一眼。在隔壁茶屋的瓦片屋頂上，她看見男孩世之介的身影蹲伏在那裡，拿著長長的望眼鏡瞄準她。

——《好色一代男》

世之介的名字意思是「世界的男子」。就像支倉常長一樣，他也是個旅行家，只不過支倉的旅程帶他來到歐洲和新世界，世之介則是在感官享受的世界裡漫遊，據說他的母親在其幼兒時期帶他進入了這個世界，「把他放在大腿上撫摸，手拍打手，手拍打嘴唇，她喃喃說著甜言蜜語，而孩子開心地咯咯笑。」在他縱橫國內尋找豔遇的一生中，世之介遇到藝妓、旅店老

闆，還有演員、僧侶和尼姑，以及不幸的鄉下女孩。他沒看過什麼橫衝直撞的武士軍隊，也沒看過受到圍攻的城堡、被摧毀的村莊，或是屍橫遍野的道路及水道。他是太平盛世裡的尋歡客。

世之介和他的創作者井原西鶴都是這段和平年代的產物，在德川幕府統治的第一個世紀裡，日本的經濟與人口快速成長，人口從一六〇〇年約一千五百萬人，成長到一七〇〇年的三千萬人。愈來愈多日本人在城鎮裡住下來，在這裡出現了城市娛樂世界，包含了藝術和劇場、書籍、澡堂、茶道、藝伎作陪，人們稱之為「浮世」）。浮世源自佛教用語「憂世」，意指存在本身短暫的本質，充滿了悲傷和淒涼，但是它現在指的是一個歡愉的世界，以德川黃金時代的太平盛世之名不朽地存在於木刻版畫及舞台劇，政治健全、社會穩定，迎來了第一批最優秀的文化成果。

井原西鶴生於大阪的商人之家，他用散文捕捉了這個世界，協助開創全新的文學體裁「浮世草子」——即「漂浮世界的書籍」。他的第一本也是最有影響力的作品是《好色一代男》（西元一六八二年），這個故事講述世之介的情色冒險，五十四年高潮迭起的人生，每一年都是一個篇章。

就像在他之前的紫式部一樣，井原內心是個觀察家，對啟發他創作筆下人物的人們充滿了熱情與感情。他也是個諷刺大師，他對自己的世界沒有任何敬意，並以讓讀者期望落空為樂。這個文化由商業、炫耀性消費、龐大的創意所定義，幕府在兩個截然不同的面向上協助建立了這樣的文化，其一是維持前所未有的軍事和平，其二是強加的社會和平，如此有紀律又壓抑，

驅使人們投入幻想、愉悅與戲劇的世界裡。世之介和井原都是這個文化的最佳嚮導。

*

到了一六三〇年代末期，德川幕府對國際關係激進的箝制手段已經不再跟宗教、哲學或是仇外心理有關，更多是為了控制。在國內也一樣，德川家的將軍們在織田信長與豐臣秀吉奠定的基礎上，建造了令人驚嘆的政治與社會聚居地，儘管秀吉曾經是外交災難，但是在國內治理上卻是聰明能幹的領袖。

在日本新的社會與政治制度的頂端，有一個皇室機關，至少形式上是如此。織田信長和豐臣秀吉幫助日本天皇結束了長達數十年的貴族處境動盪和依附於戰國大名的尷尬局面，為天皇恢復了正常的宮廷生活。家康和他的後世繼位者也遵循這樣的做法，確保朝廷生活只有學者、祭典和藝術。他們讓家臣常駐在京都剛建好的二條城裡，隨時留意天皇和想要密謀回到政治前線的貴族。

比天皇的儀式權力以及將軍的實權低一階的是大名，從九州南部的島津氏到蝦夷（後來稱作北海道）南端的松前氏，大約有二百五十位。他們在藩屬地內享有日常事務的控制權，包含商業、稅收和司法行政；作為交換，他們必須向將軍宣誓個人效忠，且願意遵守「武家諸法度」。這些法令最初於一六一五年頒布，並定期更新，內容包含禁止大名窩藏犯人或是叛徒，

若藩屬地周圍有可疑活動必須通知將軍，甚至逼迫他們在安排婚配之前必須要尋求將軍批准。

這份新協定的重要保證和公開表示就是人質制度，起初是由豐臣秀吉開始使用，之後在一六〇〇年代成為正式規定，稱為「參勤交代」，意思就是「輪流出席」。大名每隔一年就要到江戶居住，在返回藩屬地居住的那一年中，家族成員必須留在幕府首都。這樣的做法下，不論何時，江戶都會有大約一半的日本大名，其中包含了在一六〇〇年關原合戰以前就加入家康的譜代大名，以及合戰之後才臣服的外樣大名，他們因此受到了一定程度的懷疑。

對於位在江戶以及日本主要幹道上——特別是京都和江戶之間的東海道的旅店老闆、妓院老闆、餐館老闆和其他服務業者而言，參勤交代簡直是福音。對於大名而言，這是財務上的詛咒；必須定期帶著大批隨從旅行，到達江戶後還要贈送禮物給將軍，以及相當高昂的房屋維護費用，畢竟不只一個住處，而是有兩個。更慘的是，他們被要求貢獻人力與物料以因應一波建設潮，包含修復京都的皇室及貴族住所，改善將軍位於全國的房舍，以及整體修整被戰爭摧殘的國家基礎建設。榨乾大名的金庫是幕府預防大名反抗其統治的方法之一，另一個方法則是禁止他們加強防禦。每個藩主在屬地上只限擁有一座城堡，雖然不是每個人都遵守規定。

剩下來的日本人口被劃分成仔細串連起來的四個階級。最上層的武士大約占人口的百分之八，而且慢慢地從武官職轉換成文官職，許多人成為收稅官員，定期造訪國內的六萬三千座村莊，有時還夾帶恐嚇。武士不再擁有自己的土地，他們逐漸改為依賴藩主用稻米支付的薪俸維生，而且大部分都住在藩屬地的首都或是城堡所在的居城，像是名古屋和廣島，這些城市都快

速地成為繁忙的商業、文化與行政中心。

武士的下一個階層是農民。秀吉其中一個傲人的成就就是完成織田信長起頭的土地普查。他的使者估算每塊地的生產力，並且把稅金設定為產量的三分之二，以稻米繳付。「兩份給藩主，一份給農民」當時的諺語是這麼說的。另外兩句諺語或許更能夠體現殘忍的事實，「農民就應該要命懸生死之間」，更簡潔的說法是「把他們當作種子般壓榨」。

此處跟其他部分一樣，由信長和秀吉描繪出基礎的輪廓，再由德川幕府添加細節並頒布法規，從行為舉止到衣著一一規定。武士獲准擁有劍、姓氏和絲質和服，和服根據地位會有不同的等級，也可以留高髮髻髮型，做法是將頭髮在後腦勺或是頭頂紮成辮子，但是頭頂要剃光。相較之下，農夫就不被允許佩帶武器，只能將就著使用名字（至少在公開場合裡），而且只能穿著簡單的棉麻布衣（日本棉花栽種始於一六〇〇年代）。一六四九年頒布的法規命令他們必須從黎明到黃昏在田裡辛勤工作，晚上再改為製作繩子和袋子；茶、酒和米絕對不准碰，可以吃的只有粗糧。如果妻子浪費過多時間參拜寺廟，她們不務正業的行為就會得到離婚以報。

不是每個農夫的命運都一樣，有些人有自己的土地，而且因為高品質的種子與肥量，他們的農穫不斷增加，還能以絲、棉及茶葉栽培的副業增加收入。隨著時間推移，發展成熟的農村工業開始出現了。其他的農夫從生到死都是佃農，即使與變化多端的天氣有關，他們仍然沒有出錯的餘地，對改變人生也不抱期望。他們被禁止遷移到新的村莊或是市鎮，不過由於藩屬地當局一直急於避免土地無人耕種，畢竟鬧糧荒的居城很快就會變成無法紀的城市，所以逃跑的

年以後，「荷蘭」、「神父」、「紅毛」這些字眼成為詭異與古怪的代名詞。

井原肯定是非比尋常的角色。一六七五年的某一天，他自己一人在大約十二個小時裡破記錄地寫了一千句俳諧，並在同一年以《俳諧獨吟一日千句》為書名出版這些創作。這本書的序由井原寫給年輕的妻子，揭露了他傑出的創作源於他人生中關鍵性的悲劇事件。

妳活著的時候，我們一起為別人哀悼。現在妳走了，我沒辦法阻止妳……就像鶴離開了哭泣的孩子，妳在四月的第三個晚上死去，那時我聽到夜鷹悲啼，一首發句就浮現了，獨自一人，在今天的黎明與日落間，我為妳做了一千句俳諧，同時由一名書法家替我記錄下來。請接受我這份告別的禮物。

西鶴

詩詞由井原確認妻子的生命跡象開始：

夜鶯啊，合攏妳現在已無脈搏的雙手。

井原或是他的書法家為夜鶯這個字選了意味著「無常鳥」的字符，連結了鳥的啼聲與妻子遠去的靈魂。從這邊開始，井原將時間回推到妻子生命的最後關頭，念誦著佛號，然後再快轉

到她的葬禮準備工作：

呼吸愈來愈短促，
十個晚上的佛號，
四月三日由僧侶淨身。

在他妻子過世的兩年後，井原將生意事務交給助手處理，並剃度出家。這是哀痛欲絕的象徵，也代表一個人決定要退出世俗世界，投身藝術。他開始以《俳諧獨吟一日千句》建立出的「詩歌馬拉松」形式，與對手競爭。在某一次比試中，井原在二十四小時內做出兩萬三千五百句詩，平均每三秒半就完成一句。他也四處遊歷，敏銳觀察著早期的德川幕府創造的世界。

井原把散文小說從不特別受推崇的文體，轉變成用來發表社會評論與諷刺的熱門工具，而詩歌與遊歷也融入了這個讓他成名的活動中。《好色一代男》在一六八二年出版，其與俳諧的連結可明顯見於其簡潔的風格、分段結構以及平實的語言。世之介的浪漫、英勇及一系列的冒險故事，在各方面來說都很奇幻，江戶時代的人不太可能睡過三千七百四十二名女性和七百二十五名男性。不過他經歷的世界是基於井原西鶴的所見所聞，對讀者來說也鮮明可辨。

世之介出生在京都的商人之家；他的未來之路在七歲的某一晚變得清晰，那晚他試圖誘惑他的女侍：

「把蠟燭吹熄，」小男孩命令道……「妳不知道愛是在黑暗中發生的嗎？」

聽起來像是求愛的話語在一個年幼的人嘴裡益發滑稽，但這其實是另一種早慧的表現。這是在暗指七夕，即日本的夏季星節，以及其浪漫的中國民間傳說典故，故事關於每年只能相會一次的織女與牛郎，當喜鵲飛來為他們搭橋時，這對愛人才能聚首。井原以此討好他的商人讀者群，許他們一個英雄而不只是一個性驅力充沛的人。世之介聰明又文雅，他的才智、開創精神、對城市運作的理解，讓他安然度過人生裡的高低起伏。

作者井原認為，如果讀者能發現《源氏物語》的貴族男性形象源氏和《好色一代男》的商人男性形象世之介之間的相似之處，那就再好不過了。他的故事結構戲謔地仿效紫式部的傑作，甚至還模擬其中的某些場景。世之介在他的女侍洗澡的時候偷看她，其靈感是來自源氏從窗簾縫偷看情人的橋段。

但是世之介的生之慾把他帶往紫式部無法認同的方向。世之介的父親要求他去查看江戶的家族生意，而他中途停在海邊的旅店。他享用了一些美味的海鮮，當他在睡前全神貫注地數錢的時候，聽到了街上傳來了哀傷的歌聲。他詢問廚子後，發現這首歌與一對美麗的藝伎姊妹有關。若狹與若松極受歡迎，但是對於選擇的客人則是出了名的神祕。世之介很有信心能夠通過考驗，所以決定暫緩進行無趣的商務旅行：

以他花言巧語的迷人手段，他沒費多少力氣就結識了這對姊妹。接下來的幾天裡，他享受姊妹多情的陪伴，為他贏得了曾屬於古代朝臣在原業平令人妒忌的稱號——風流男子。他決定要帶這兩個女孩一起回到京都，她們都有意願，所以他說服旅店主人接受他的本票作為她們的贖身金。

然而在回程的漫漫長路上，因為他們在一些旅店裡恩愛地逗留太久，費用激增三倍，導致世之介的盤纏耗盡，於是他們就分道揚鑣了。女孩們在路邊開了一間麵店，希望可以用她們迷人的歌聲吸引路人，據說姐妹兩人的生意失敗，之後進入花園山腳的佛寺，剃度為尼，這就是錯付他人的下場。

世之介與此同時繼續他往江戶的旅程，但是他現在熱血澎湃，逗留於沿途每一間旅店，簽下更多借據，征服新獵物、拋棄舊情人。幾個月以後，在消瘦可憐的狀態下，他抵達了家族在江戶的分店。

金錢、女人和自由開闊的大道。愛情、生活和自由市場。在這段情節中，一個年輕商人讀者最關切的事情被濃縮在一段故事裡，而井原藉由提到在原業平這位貴族人物以及《伊勢物語》的推定作者，向他的古典文學素養致敬。

世之介繼續消耗父母的耐心與財力，使得父親與他斷絕關係。到目前為止，世之介只從有

錢人的角度看待貧困與不安全感。他看過京都的貴族用「拙劣的偽裝」，包著白色頭巾走進遊廓（花街），在平民之中「採摘禁果」。他遇過一個有驚人姿色的女子在破敗的陋屋裡接客，只為了掙錢寄回去給鄉下辛苦的父母。他曾經遇過佛教尼姑為了得到「布施」而獻身，也曾見過窮到只有破扇子和茶壺的武士，要燒水還只能燒枯葉。他還聽過關於剛守寡的女人容易成為性獵物的長篇大論：

「枯葉堆滿她的庭園，她忘記要替房子的屋頂翻新，在風雨交加的夜晚裡，她的屋頂漏水了，雷聲隆隆，她憶起以前是如何害怕地緊偎在丈夫身邊……」

有人告訴世之介，賺錢也是一門藝術。要留意葬禮的消息，出席時自稱是往者的童年好友，接著祈禱附近發生火災，以便隨時挺身而出救火（從而得到報酬）。

親身體驗過貧困後，世之介被迫要在佛教的苦行生活中避難。他很快就開始覺得無趣並對宗教產生質疑，只好四處籌錢以繼續過他的「罪惡生活」。他賣掉念珠，並找到為一群男妓拉皮條的工作，男妓們偽裝成賣線香和香水的流動商販，是那個年代常見的做法。之後他為了殘羹剩餚表演能樂，並在冰天雪地的村莊挨家挨戶地販售鹽漬鮭魚，因為被凍傷的居民相信它有藥用價值。他甚至在蝨子、跳蚤猖獗的監獄裡待了好幾個月，為了避免新人必遭毒打的命運，他還用歌舞取悅獄友。

世之介的好運氣終於重返他的身邊。他的父親過世後，他的母親給予他大筆錢財，感激之情滿溢的世之介誓言要把這筆錢用於將「這個國家可人的藝伎們」從束縛中解放出來。「最終，我將讓所有知名的美人聽候我差遣！」他的使命將帶領他走過一些當時最有名的遊廓，例如京都的島原、大阪的新町，以及江戶附近的吉原，大約都在離市中心六公里遠的地方。這些遊廓最初在當局的批准下於十七世紀上半葉建立起來，是一種將城市裡的罪惡（至少是肉慾的罪惡）集中在同一塊地區的做法，在這些地方，人們可以打破或是忽視令人窒息的社會規則。透過生動的對談、茶、音樂、舞蹈、燭光晚餐、在公眾澡堂泡澡聊天、當然還有與藝伎的私密時光，日常生活的壓力和緊繃可以得到緩解。

雖然貴族及武士會造訪這些區域，後者造訪時，必須將劍留在大門口，但是遊廓實際上屬於正在創造自己文化的商人階層。歷史在此重演了；三百年前，在足利幕府早期，武士曾經是社會上的外來者，他們試圖用花錢、虛張聲勢的方式讓自己更接近京都朝臣的高級文化。從中國來的新想法讓武士和貴族的生活結合在一起，給了日本茶道、能劇、插花以及新的詩歌體裁。現在一個新的社會階層正在運用它的金錢和力量推動日本文化發展，並像以前的武士一樣借用過往的文化。四處都可以看到證據，從以《源氏物語》為靈感的和服圖案設計，到極富之人家中建造的能劇舞台。

初次認識世阿彌藝術的商人只要透過社會與文化期望的經典象徵——導覽手冊，就能為自己買到快速又廉價的入門課程。這裡提醒了人們，「浮世」不只是技術上的成就，更是商業

與文化上的成就。源氏的探險一開始是用手抄寫的，且僅在平安時代的朝廷傳閱，但是由於有了雕版印刷術，世之介的歷險記很快就能夠在全大阪買到。書法家與藝術家會在薄薄的紙上書寫、繪畫，每張紙都會被貼到櫻木製的板子上再行雕刻，讓文字與圖像都明顯突出。木板接下會被清洗、上墨，再將印刷紙覆蓋其上。每一組木板可以打印上千張印刷品，用完後它們會被刨削，重新雕刻成新的內容。

大型市鎮很快就滿是書店、流動書攤、圖書館，提供字典、舞蹈手冊、地圖和醫書，也有各式食譜和旅遊指南，列出從宗教聖地、觀光景點到商店、餐廳、妓院等內容，並加以評分。一六九六年，一份在江戶出版的書單列出高達七千八百本買得到的書，還不包含詩詞集和劇場劇本。

偏好使用雕版印刷而非活字印刷的原因之一，在於日本文字夾雜了漢字和表音文字平假名，複雜性較高；另一個原因則是圖文並茂對於許多江戶年代的書籍來說很重要。《好色一代男》早期的版本有井原自己創作的插圖，其中一幅就是年輕的世之介把望遠鏡瞄準裸體的女僕。雖說井原的作品挑逗而不露骨，但有些人希望可以靠別人替他們想像，這些人就會尋求春宮圖，這是一種類型多元的情色刊物，從詳細刻畫傳統私密關係中的細節，如毛髮和肉體的突出部位，甚至還有幻想中的非人類參與的奇幻歷險。

除了書籍以外，還有單幅雕版印刷畫，用買點心的價格就可以把畫帶回家，主題包括知名藝伎、昔日的武士、日本民間傳說中恐怖的食屍鬼，或者十七世紀初期最棒的劇場發明「歌舞

伎」裡面的英雄角色。「歌舞伎」這個字源自「傾斜」，意指不尋常或是古怪的行為，一位名叫阿國的女性的作品被冠上這個名字。她早期可能是一名神社巫女，在一六〇三年開始表演不同於傳統的戶外舞碼，模仿一名尋訪妓院的男子。一傳十、十傳百，再加上一六〇七年阿國被傳喚到江戶城表演，京都開設妓院的老闆開始跟著在鴨川岸邊架設戶外舞台，他們僱用的男女會在這裡表演從阿國的表演主題衍生出的舞蹈，作為一種商品宣傳。這樣的表演不能算是高尚的藝術，至少對儒學評論家來說：

> 男人穿著女性的服飾，女人穿著男性的服飾……他們唱著低級的歌曲，跳著粗俗的舞蹈，下流的聲音如此聒噪，彷彿蒼蠅嗡嗚和蟬的叫聲。這就是當今的歌舞伎。

但是武士喜歡他們看到的表演，甚至會為了爭取演員的青睞而動粗，逼得當局禁止女性參演歌舞伎。類似的衝突很快就發生在取代她們的男孩身上，以至於在一六五二年以後，男孩也被禁止加入表演。但在井原的有生之年，歌舞伎以新的形式回歸了，現在只有男性可以站上舞台，他們在導覽手冊裡被評比，描繪在版畫裡，並成為市街上茶餘飯後的熱門話題，或許初代市川團十郎（西元一六六〇年至一七〇四年）是最具話題性的一位。作為日本最早的名人之一，他以其硬漢表演風格及獨步在臉上塗抹黑紅線條以達成緊繃、嚇人的功效而聞名。其他的演員又稱作「女形」，使用刻意設計的姿態和聲音技巧來扮演女人。歌舞伎從一開始簡單的短

劇發展為成熟的戲劇藝術，在專門的劇場中演出，有劇情、旁白、對話、歌曲和舞蹈。

在這個年代裡，近松門左衛門（西元一六五三年至一七二四年）對劇場的重要性，就如同松尾芭蕉之於俳諧，亦如同井原西鶴之於小說。他為歌舞伎及文樂創作，文樂是一種使用高品質機械人偶的表演，有些人偶會達到人類高度的三分之二，有可以移動的雙眼、眉毛、嘴巴和手指。近松門的「世話物」（當代劇）成為日本劇場的經典，有些劇本是受到時事啟發，並在事件還有話題熱度時緊急完成的作品；還有很多是描述德川時代的富人在心之所向與沉重的社會責任之間的掙扎，也就是人情與義理之爭。婚姻在這個年代是兩個家族之間的契約，一個已婚男子可以輕易在遊廓裡放縱慾望（只要他夠謹慎），但不能以愛上別人為理由尋求離婚。女人受到更多約束，不論是來自家庭期望還是社會期望。

因此出現了「殉情」這種激烈的浪漫作為，兩個在這個世界上無法結合的人，不管是來自不同的職業背景，或者是因為其他艱難的狀況而無法在一起，他們會一起赴死，以期能夠在彼此的身邊重生。殉情的做法太過有震撼力，以至於幕府在十八世紀初期採取行動，禁止真實生活與舞台上的自殺行為。

劇作家在談到政治時也一樣要謹慎，許多人偏好利用觀眾的歷史知識，將當代的擔憂與評論投射到遙遠的過去。這使得本來就很有趣的「時代物」（時代劇）更有趣了，強烈的情緒、生動的動作場面（人偶這時候特別能夠派上用場），傳奇的角色和讓人倒抽一口氣的結局。

豐臣秀吉應該會很喜歡這種劇情。在他的年代，他就曾委託製作能劇以歌頌他的成就，並

井原西鶴像

在劇中演出主角（某一次為天皇表演，得到的評論只能以客套來形容）。現在他可是票房保證，織田信長經常被描繪成一個活該被火燒死的暴君，但秀吉總是被描述成以農民之姿崛起統治國家，因而得到熱烈的歡呼。

儘管「浮世」很浪漫，但井原很清楚它的陰暗面。這個年代的階級邏輯結合了高度精煉的商業主義，衍生出遊廓裡令人不安的分級系統。其中一端是女人們的菁英骨幹，稱作「太夫」。她們通常是武士家出身，極度擅長歌唱、舞蹈、詩詞創作、茶道以及三味線（一種有三條弦，類似斑鳩琴的樂器，以撥片撥弦）。她們穿著華麗，坐著轎子去赴約，有女僕陪伴，而且受到的培養讓她們舉止有如貴族。另外一個極端則是沒有文化且不修邊幅的貧農之女，可悲地幻想可以努力接近高級文化，但她們既無資源，客人也

沒有素養。

在《好色一代男》的某個段落中，世之介不甘願地答應要帶新朋友去柴屋町晃晃，那是一個在港口城市大津的遊廓：

他們所看到的是奇異又醜陋的景象。妓女在住處前方袒露自己任人觀賞，講話的聲音大聲又刺耳，厚重的粉底讓她們的臉看起來慘白到令人反感，有些人不純熟地撥著三味線，發出各種刺耳聲響，不顧自己的醜陋抬頭挺胸地歌唱，走在街上的那些妓女踩著不雅觀的大腳板匆匆地搖擺行進。

更糟的是來這裡光顧的男人都是粗魯好鬥的人，就是這些男人使得這條街臭名昭彰，而非妓女本身。馱馬的領隊、從附近琵琶湖來的船夫、漁夫、摔角手、年糕商人的紈絝子、花俏商品店裡不受管教的店員，他們都是各年齡層的硬漢，幾乎沒有情感也不知收斂。

男性鬼祟的眼神發現敵人接近，不用多久他們就開始互相挑釁、咒罵並侮辱對方，袖子捲了起來，頭巾也從蓬亂的頭頂拿下來，快手從臀部的腰帶拿出藏好的武器，鋒利的刀鋒在陽光下閃耀，突然間這條街變成喧鬧的場面，四處都是小團體在咒罵、拳打腳踢、揮刀……真是一條恐怖的街道。世之介心想，沒有任何一個珍惜生命的人會冒險在晚上來到這裡。

在一個和平但是難以預測的世界裡，世之介和他遇到的人命運往往有起有落，然而井原的

運氣在《好色一代男》吸引了全大阪的讀者後快速提升，之後江戶的讀者也大為著迷，使得盜版的版本開始在江戶流竄。井原的出版商確保了之後的作品會同時在兩個城市販售；這些作品包含了一部不太成功的文樂寫作，之後井原回歸擅長的領域，帶來了《好色五人女》及《好色一代女》兩部作品。兩本書都在一六八六年發行，描述一名像世之介一樣的女性，縱容熱情、愛探險的本性帶領著她前行，最後淪落到墮落與不名譽的境地。

井原希望能夠鞏固他在大阪、京都和江戶「三都」的鎮民與武士等城市讀者，他在一六八七年出版了一本有四十則短篇故事的書，叫做《男色大鑑》。男人與未成年男孩之間的浪漫關係，到此時已經是日本文化中由來已久的特色，在這段關係中，前者可作為男孩生活中的榜樣和盟友。十四世紀時，足利義滿與世阿彌的關係之所以是醜聞，不是因為他們都是男性，而是因為他們之間巨大的地位差異。

《好色一代男》援用《源氏物語》作為靈感，而這本新書則是從另一本平安時代的巨作、敘述藤原道長的故事《大鏡》中借用了其四十個章節的結構。在道長與井原的年代，文學中「鏡子」的作用都是為了要用清晰的說明「反映」出一些人、事件或是想法。井原寫的《男色大鑑》聚焦在武士與歌舞伎演員的故事，其目的是在對行家所稱的「女道」（愛女孩的方式）進行的早期探索以外，補足對「若眾道」（愛男孩的方式）的關注。本著其一貫的惡作劇精神，井原以二十三個場景開啟他的故事，聲稱要證明男孩比女人優越：

你偏好何者……
被妓女拒絕後受挫地旁邊，還是與患痔瘡的歌舞伎男孩親密交談？
照顧患有肺結核的妻子，還是養一個不斷要求花錢的年輕男子？
娶主人的女兒，每天晚上早早上床直到你逐漸消瘦；還是愛上主人的兒子，但每天只有在白天見著他的臉？
女人把牙齒塗黑時的嘴巴，還是年輕男子拔鬍鬚的手？

*

井原在人生的最後階段探索了武士和商人床第以外的生活。一六八八年出版的《日本永代藏》講述了創造與損失財富的故事，在故事中，井原也提供了自己的商業管理建議，以非常令人印象深刻的方式命名為「百萬富翁藥丸」。

在這之後他變得不那麼多產，作品的風格也變得較為嚴肅。他的女兒於一六九二年去世，井原本人則在隔一年離開人世，依照日本的算法，他享年五十二歲，因為剛出生的時候就算是一歲了，這讓他比世阿彌的能劇《敦盛》中所提到的「男人在世五十載」多活了兩年。井原的最後一首俳諧顯示他恨不得趕快到下一個世界：

我現在已經凝望著它
多看了兩年了——
浮世之月。

如同他的創造者，世之介終於感受到來日無多，他把大部分的錢財都分送出去，給佛寺及神社、無家可歸的演員，以及急需從契約中脫身的藝伎。他往南旅行到長崎以及在丸山的遊廓，在那裡，他遇到了幾位舊識；京都來的藝伎非常開心能夠看到他，甚至為了娛樂他演了一齣能劇，世阿彌的《松風》。世之介和她們一起吃飯聊天，把他收藏的四十四個文樂人偶陳列出來讓她們欣賞。

最後，是時候離開了，世之介疲憊、頭髮花白又瘦弱，他現在需要用拐杖才能走路，聽力也逐漸衰弱，他召集了六個同樣垂垂老矣的朋友，並且做了一件不該再做的事：他造了一艘船。他以一位舊情人的絲質襯衣當作帆，其他曾經相知相愛的女性送給他當作紀念品的一條條髮辮則作為繩索。他在船上儲備了一些食物、興奮劑和止痛藥、《伊勢物語》與一些春宮圖、丁香油、胡椒以及好幾千個各式各樣的情趣用品，接著他和他的朋友們就航向外海。他告訴他們：「我們要出發前往一座只住著女人的島嶼，她們的慾望和體力都跟神一樣。我們可能老了，但是夜還長著呢。」

11 坂本龍馬——維新推手

西元一八三五年至一八六七年

說到底，人的命運真是難以捉摸。有些人運氣不好，不過是從浴桶出來時擦撞到睪丸就受傷死掉了。與此相比，我還真不是普通的走運……我以為自己死定了，結果仍死裡逃生。現在，我成了日本第一人物（勝海舟）的弟子……我正全心全意為國家和天下效力。

撇開這生動的描述不談，坂本乙女在一八六三年夏天收到弟弟的這封信時，肯定鬆了一口氣。他所暗指的「死裡逃生」，與洗澡時的危險無關，而是與他的政治立場息息相關。這幾年來，他從熱衷政治到全心投入，最後涉及暴力和流血衝突。更重要的是，乙女親手交給了他一件武器——一把坂本家族世代相傳的佩劍，這把劍原本塵封已久，如今卻極有可能在亂世中重新出鞘。

井原西鶴在晚年時，曾目睹了這場後來演變為動盪危機的最初徵兆。

單靠創業才能已經愈來愈難以讓人出人頭地，財富的積累開始更多地依賴於商人家族的傳承——在他看來，這已是一個「唯有白銀才能生出更多白銀」的社會。與此同時，人們對家庭、責任與同情心等價值的堅持，變得更加選擇性，這些價值雖然珍貴，卻也容易成為諷刺的對象。

井原於十八世紀去世，當時的社會正颳起狂風巨浪，也象徵著德川的和平時代逐漸沒落。和平延續著，生活水準也逐漸提升，但隨著國家經濟規模與形態的改變，帶來了意想不到的社會影響，以至於幕府難以有效應對。過去的改革行動都以復興家康時代的決心為口號，成效卻有限，不過是垂死掙扎，幕府將軍的正統光環早已逐漸式微。

坂本龍馬生於劍拔弩張的一八三五年代，幾世紀來積累的種種問題即將一觸即發。當時的日本社會動蕩不安，對坂本龍馬來說卻是充滿機遇的時代。他成了眾多低階層武士的一員，放棄了日常的藩地治理職責，轉而周遊這片土地，追求他們認定的國家使命。他們稱自己為「志士」，即「有志之士」，與那些目光短淺卻主宰著藩地和幕府政治的人們形成鮮明對比。

坂本龍馬從姊姊那裡得到的刀，是他們認為自己肩負著急迫且崇高使命感的核心象徵，不僅象徵著復興武士階級的必要，也代表著直指明確目標的決心，甚至不惜透過殺人來實踐。一八六二年十二月，坂本懷著堅定的信念，前往一位有叛國意圖的政府官員家，並確信這位官員的死將推動他的大業。

然而這位官員不但成功說服坂本，暴力無法解決問題，還針對日本當前問題，引導他轉化

狹隘又衝動的思維模式，以更廣闊的視野看待國家未來。坂本於是開始規畫足以取代德川和平時代的偉大使命，這是日本武士統治時代的結束，也是新世代的開始。

*

十八世紀的日本，是全球都市化程度最高的社會之一。高達百分之十的人口生活在城鎮，而與都會文化有關的書籍、娛樂與商業活動，也逐漸在各個大村莊擴散。幕府將軍們面臨了巨大的挑戰——如何在從未想像過的新世界，讓家康體系持續運作。他們努力管理幕府財政並掌舵國家使命，同時防止貧富差距過大，避免對階級制度和社會和平造成威脅。

其中兩位最著名的改革派將軍為家康的曾孫：一六八〇年至一七〇九年的幕府將軍德川綱吉，以及一七一六年至一七四五年的德川吉宗。

綱吉因許多事蹟而被眾人銘記在心，包括試圖提拔沒有背景的能人賢士；解決地方官員的貪汙問題；贊助佛教及中國學術價值的延續——令全國各地建造公共標誌，以提醒人們重要的儒家美德。其中他還特別重視對動物的仁慈，強調人類不能傷害或遺棄任何的動物，也不得將烏龜或鳥類當作食物販賣。任何殺狗的人都有可能面臨死刑——這一禁令使綱吉日後被百姓取了「犬公方」（狗將軍）的綽號，夾雜著喜愛與嘲諷。

吉宗不像他的二表哥一樣熱愛動物，反而熱愛與獵鷹狩獵，據說抓到獵物後，還會將牠的

頭擰下來喝血慶祝，而日本人民也多少感受到其行為背後的含意。吉宗在幕府改革方面很樂意詢問武士的意見，還設立了一個目安箱（意見箱），和綱吉一樣努力培養政府內的賢能政要，但卻沒什麼心力關照底層的人民。他不僅提高農村稅賦，還針對任何想逃跑、逃稅的人制定了新的懲治措施；對於放款人施加限制，將商人趕至行會，以便監督他們的活動；他還要求人民私下解決商業糾紛，透過調解來減少幕府資源的浪費。

吉宗和十八世紀至十九世紀初的改革者一樣，將制度的實施與道德勸誡結合。因擔心某些商人擁有過多財富與權力，恐對德川和平時代構成威脅，他呼籲熱愛揮霍的人們回歸節儉的生活型態——甚至以身作則，限制自己每天只吃兩頓飯，並要求底下的人共同效法。然而，再多的威嚇也無法改變幕府根基不穩的事實：當時的半獨立大名聯盟，一邊控制著自己的經濟事務，一邊對他們的德川領主持有不同的看法；而十七世紀的階級制度不只是社會現實的體現（如勢力龐大的武士塑造了近代歷史），也愈來愈依靠傳統習俗來延續。日本於十七與十八世紀發展了國民經濟，讓貨物和貨幣在各邊境流動，不過仍缺乏政府機構的監管。

每代幕府改革者都付出了不少代價才發現：任何的干涉行動都有可能冒犯到大名的自主權或階級制度的運作。若對農民施壓過重，則會引來抗爭、潛逃甚至殺嬰，導致人口減少，田地荒蕪，稻米收成銳減。反之，對商人和放款人施壓，更嚴格的監管或取消武士債務，借款額就會突然提高或資金鏈斷裂。稻米價格可透過法令固定，但低價會激怒農民與武士（他們的津貼就是依靠此收入），而高價則可能引起市井小民的不滿。若干涉貨幣供應就要面臨通貨膨脹或

權平，即將繼承父親的生意，另有三個姐姐，最小的叫乙女——她不僅和龍馬密切來往，也是他的人生知己。權平聰明能幹，是理想的繼承人，而龍馬則被認為資質平庸，擁有粗獷和隨和的魅力。乙女起初從家中相處到日後透過龍馬的書信，發現弟弟喜歡提供沒什麼用處的生活建議，例如被盜賊襲擊時該怎麼辦，以及如何成為一名尼姑等，同時將他在全國各地不斷取得的成就，與自己在家裡閒逛這種毫無意義的生活進行比較（「像傻瓜般愚蠢地浪費自己的時間」）。

一八四六年，坂本的父母對他應該沒有抱太大的期望，便將他送入高知城附近的一所私塾就讀。在這種機構求學為日本當時許多年輕人的代表特色。自家康時代起，武士就被鼓勵培養文學造詣與軍事策略，平民則迅速意識到教育對個人與職業發展的價值。在坂本的求學階段，有百分之四十的男孩與百分之十的女孩接受正規教育——是當時全世界比率最高的國家之一。

學生可以自行選擇學校，武士男孩可以在所屬領地設立的機構上學，私塾則是對外開放。有些私塾還會提供專科指導，主要以獨立學者的專業知識為基礎，運氣好或有魅力的學生就有機會就讀。江戶時代最受歡迎的學校類型為「寺子屋」，通常開在寺院裡，著重基本識字能力與道德，並針對學生的背景和需求教導實用技能。這些學校很少是免費的，因應競爭關係才有助於維持較低的學費。十九世紀初，日本有大約三百家私塾與三千家寺子屋。

有些學校中的師生多為國家的情勢爭論不休。當幕府改革者為德川和平時代尋找技術層面的解決方案時，國家的知識分子則提出更大、更廣泛的問題。儒學家荻生徂徠（西元一六六六年至一七二八年）建議，武士們應回到農村，埋首於儒家典籍，透過學習能人賢士的事蹟來恢

復昔日使命感。城市的商人也能從失去武士消費的困境中受益，學會節儉的生活。

有些人則建議重新審視日本本土文化，而非中國文化。影響力深遠的「國學」（國家學術）學者本居宣長（西元一七三〇年至一八〇一年）認為，《古事記》與《源氏物語》不僅揭示了敏銳情感，還強調日本人與充滿理性主義和道德感的中國人之間的極大差異。他相信「大和魂」（純潔的日本精神）本質陰柔，並且定義為所謂的「物哀」（もののあはれ）：一種被世界感動的能力，讓人對美的感受因知曉人世無常而更加強烈。本居對《古事記》中的神有著強烈的信仰，認為祂們的生活方式和紫式部經典作品中的貴族一樣。

平田篤胤（西元一七七六年至一八四三年）採納本居的思想，發展出更明確的政治方向。他就讀的私塾同時也是一座神社，其提出了一種世界觀：將神明崇拜與天皇即神（或「神明顯現」）的新思想融合，經由他本人和儀式表演，成為神與日本人民之間的媒介。

十九世紀初，有人建議恢復天皇的政治與宗教地位，以解決日本的問題，平田便是其中之一。儒學家會澤正志齋（西元一七八二年至一八六三年）提出了類似的觀點，將本居與平田的民族主義和反華思想，轉變成反西方的主張。歐洲的殖民主義在亞洲蔓延的消息傳到了日本人耳中，澤正便在《新論》（一八二五年）中提出，日本必須回到古代的「國體」形式，即以天皇為首的「國家體制」。

如果繼續待在高知城的私塾就讀，坂本可能永遠不會接觸到這些思想，但他的父母很快就注意到，他拿劍比拿毛筆更順手也更快樂。於是讓他退學後，前往高知城的劍術學校，接著於

一八五三年來到江戶區一所由劍術大師千葉定吉經營的菁英道場。坂本在那裡遇見了來自日本各地的低階層武士，其中有些人受到了國學思想的啟發，奉澤正的《新論》為必讀之作，開始為帝國體系的願景盡一分心力。

像坂本這類搖擺不定的人，於一八五三年七月迎來了轉捩點。由海軍准將馬修・培里（Matthew C. Perry）率領的四艘美國軍艦抵達江戶灣，希望跟日本建立外交關係。美國當時剛從墨西哥手中奪走加州的控制權，正朝太平洋強權之路邁進。米勒德・菲爾莫爾（Millard Fillmore）總統寫了一封信，委託培里交給天皇，信中提到，美國和日本現在只相隔短短十八天的航程，兩國建立友好關係和進行貿易往來是理所當然的。

但日本官員十分了解自己國家的歷史，深知對外貿易會有政治干預的重大風險，因此才頒布了「鎖國」政策。儘管菲爾莫爾總統表示他不希望「打擾帝國領地的安寧」，但培里卻在另一封信裡語帶威嚇，更多軍艦將隨時朝這裡出發——目前停在江戶灣的只是他們相對「較小的」軍艦，但每艘都至少有日本船艦的六倍大。兩封信的傳達方式同樣具有威脅性。培里在一百名水手、一百名海軍和兩支軍樂隊的陪同下上岸，並帶著一條白色手帕。他解釋，這條手帕是在發生不幸的戰爭後，讓日本人準備投降時使用。

隨著外國軍艦抵達的消息傳開，坂本與數千名武士一起從江戶的藩邸出動，在海岸線集結。有些人被派到可俯瞰江戶灣的山坡上，目睹了培里的海濱示威。准將抬頭望著他們，絲毫不以為意。他認為這些武士個頭矮小、嬌弱、缺乏紀律、裝備簡陋（有些還帶著戰國時代的火

槍），根本無法跟自己裝備精良、訓練有素的士兵相比。

培里承諾（威脅）隔年要回信給總統，因此上船帶領他的部隊出海。包括坂本在內的土佐藩武士，被派往江戶附近的海岸線加強防守。「我認為戰爭即將爆發，」坂本在十月寄給父親的信中這樣寫道。「如果戰爭真的來臨，我一定會在回家前砍下一顆外國人的腦袋。」

*

幕府對培里這趟造訪的反應十分不尋常。負責國防的「幕府將軍」機構，畢竟是天皇「剿滅外夷的大元帥」——竟四處尋求解決辦法。全國各地的大名都拿到了美國信件的譯文，並且被要求提出他們的看法。結果只是收集了各種互相矛盾的建議，唯一的共識就是暫時避免戰爭，但也無濟於事。為了達成和平協議，一八五四年春天培里回國時，便與他簽署了《日美親善條約》。兩個日本港口被迫開放：江戶灣海口的下田，以及蝦夷地北部的函館。

一八五六年八月，紐約商人湯森．哈里斯（Townsend Harris）抵達日本，擔任美國領事一職，立即推動一項全面性的商業條約。他充分利用長崎商人來擴散消息，將英國為捍衛其鴉片利益而羞辱中國的做法傳到日本各地。哈里斯主張，日本迫切需要一個盟友。

幕府最終同意於一八五八年七月簽署《美日修好通商條約》（又稱《哈里斯條約》），內容包括一項史無前例的港口開放計畫。江戶、大阪、長崎、神奈川（後來被稱為橫濱）、兵庫

（神戶）和新潟都將向美國商人開放。他們不僅有權在那裡進行貿易，使用對美國極有利的關稅制度，且不受日本規範，仍在美國管轄權下生活。不久，英國、俄羅斯、法國和荷蘭也一一效法，與日本簽署了影響深遠且不得人心的條約。

日本掀起一片嘩然，從幕府、朝廷、大名之間，到遍及城鄉各地的人們都開始議論紛紛，爭論著國家的未來。其中一個極端的觀點認為：中國因自詡世界中心的過時想法才招致了此刻的困境。他們傲慢地忽視外夷事務，早已被迎頭趕上而不自知。日本應該引以為戒：參與國際貿易並建立外交關係（於一八六〇年派遣了第一批外交使節前往美國），累積財富，藉以縮小自豐臣秀吉以來所造成的巨大技術差距，尤其是武器方面。為了達到這一目的，需要較長的時間，期間偶爾還要和西方人合作，但這並不是懦弱的表現，而是在乖乖合作的同時，做好撕破臉的準備。

然而「開國」制度的反對者則主張恢復舊政策，將外國貿易限制在長崎經批准的商人範圍內，並驅逐所有外國船隻。這種「攘夷」（攘斥外夷）的趨勢很快就得到強大的支持。京都朝廷起初支持哈里斯的條約，後來卻反悔了，督促幕府繼續效忠於「自家康時代流傳下來的健全法律」。

對多數日本人來說，天皇一直以來仍是相當遙遠的存在，不過德川時代的政策和印刷文化，早已破除了這層隔閡。長期以來，幕府持續資助朝廷祭拜神明的儀式，以及伊勢等主要神社的維護工作，人們認為那裡是太陽神——天照大神的住所。包括綱吉在內的幕府將軍都要

求在伊勢神社內祈禱，為將軍的健康或廣泛的國家利益祈福。同時，林羅山（西元一五八三年至一六五七年）等儒學家則致力於闡明神的本質，與儒家原則、佛教神明、國家治理間的關聯性——期間還將「神道」（惟神之道）的概念普及化。

在德川時代，到伊勢這樣的神宮朝聖蔚為潮流。許多人為了治癒身心靈，不僅會尋求僧侶的祈禱，還會在神社或寺院購買護身符隨身攜帶。有些人則是單純的遊客，為了逃避日常工作的辛勞而造訪新的地點，享受當地的美食佳餚。動機不分神聖與否，正如古代天照大神被歡快的舞蹈引誘出洞的故事，在日本，祈禱和玩樂本就是一體兩面。神明主要關注的不是人們的行為，也不是聆聽他們喋喋不休地講述自己的煩惱和過錯；人們也可以透過「遊玩」的方式來感受神明的陪伴，反之亦然。

旅遊指南則有助於人們對神明的了解，提供神社名單、摘錄歷史和特定神明的資訊，江戶時代甚至出現了對狐狸神稻荷的崇拜熱潮，另外也推出了《古事記》和《日本書紀》等古代神明經典著作的白話本。如此一來，人們開始將焦點從日本當地的個別神明，轉移到作為國家體系的神道概念，並與皇室家族、優良且合法的治理方式緊密相連。

到了十九世紀五〇年代，廣泛又強大的文化基礎形成，涵蓋範圍從政治理論到朝聖儀式，將神明、皇室、自我修養和國家利益連結起來，或者可以說是重新連結。熱衷此概念的志士，即「有志之士」，穿著簡單破舊的衣服，裸足踩著木屐走來走去，任頭髮、鬍鬚隨意生長，渾身散發著惡臭。他們靠借錢或偷竊維生，發誓要保護這片「神聖的土地」免於敵人的破壞，並

高喊會澤正志齋近期推廣的古老口號：尊王攘夷，即「尊勤君王，攘斥外夷」。

一八六〇年三月，志士們高調炫耀他們的首顆頭顱，一八五八年簽署《哈里斯條約》的高級幕府官員井伊直弼，遭到了十八名志士的刺殺並且被斬首。一八六一年六月，約十五名志士成群攻擊了位在江戶的英國公使館，兩名守衛被殺死，十人受傷。針對外國人的暴力事件愈演愈烈，尤其在條約規定開放的港口，許多人在城裡開始攜帶槍枝響應，甚至放在枕頭下睡覺。

培里來到日本的幾年間，坂本不斷受到高知城家人和江戶劍客同志的影響，最後在一八六二年四月做出了一項激進且完全非法的決定，就是離開他的藩地加入志士的行列。他不顧兄長的懇求，帶著跟親戚借來的一些錢以及乙女給他的武士刀，穿越隱密的山路離開土佐藩。沿途經過幾個正在崛起的政治熱區：從本州西南端的長州藩，往南進入九州，再往北回到京都，最後向東穿越江戶區，於十二月抵達目的地。

坂本打算在該月底展開首次暗殺行動，目標是與外國人密切往來的幕府官員，勝麟太郎。勝曾在長崎與荷蘭人學習海戰技術，一八六〇年加入駐美大使，此後一直擔任幕府的海軍委員，以建立一支現代日本海軍為己任。令坂本驚訝的是，勝似乎早已得知暗殺消息，並問：「你是來殺我的嗎？」坂本當時和另一名同夥正悄悄接近待在宅邸的他。「如果是的話，請先跟我聊過之後再做定奪。」

於是他們開啟了對話。勝解釋，根據他在美國看到的情況，在日本具備複製外國技術的能力之前，顯然不該冒險發動戰爭；如果有自己的現代艦艇，也許就能召集韓國和中國等亞州盟

友，幫助日本擊退西方的侵略。為此，勝計畫在大阪沿岸往西的兵庫，建造一座培訓機構和造船廠，並邀請刺客加入成為他的助手。

坂本同意了，在勝的幫助下，他被赦免了逃離藩地之罪，並在一八六三年初前往兵庫開始工作，其中包括協助勝招募其他志士先驅。另一項工作是遍尋願意資助這項計畫的藩地，過程中，他發現大家開始思考一件不可思議的事：與其針對家康的制度做改善，現在也許是時候替換整個體系了。幕府將軍可以放棄他們的頭銜，保留德川家的大片祖傳土地，並成為新政府的重要角色——也許仿效西方的做法建立兩院制，以大名為一方，皇室貴族為另一方。

革命即將來臨，而坂本計畫成為該行動的核心。雖然他實際上是為幕府工作，但在寫給乙女的信中已清楚表明，心中依舊存在著帝國主義的志士精神。「整頓日本是我堅定不移的願望，」他告訴她。「只是很遺憾，像我這樣的人已經不多了。」自負的字句雖夾雜著幽默，但坂本其實真心無法理解那些看到國家遭受苦難卻坐視不管的人。一八六三年，坂本的一位朋友剛從土佐藩逃到京都加入志士的行列，他寫信給這位朋友的父母，並在信中嚴厲批評那些選擇安全或家庭而逃避責任的人：

> 他們似乎對所謂的神國毫無忠誠，不懂得恢復天皇權力的道理，但這卻是必須做的事情。我們這些低階武士要如何讓天皇安心？你們應當明白，天皇重於家國。

一次突如其來的打擊在一八六四年重挫了坂本的偉大計畫，勝身為海軍司令卻遭幕府保守派革職。內戰一觸即發的情況下，他們不滿勝的手下有太多像坂本這樣的可疑人物。

幕府曾試圖利用聯姻的方式來實現「朝廷與軍事陣營的聯盟」，以修補與朝廷之間因《哈里斯條約》而造成的分裂關係。一八六二年，儘管年輕的幕府將軍德川家茂與孝明天皇的妹妹和宮親子內親王結婚，國家的走向還是取決於日本大名們如何處理外患問題。與德川家族關係密切的大名王朝，長期支持著幕府，不過「外樣大名」則十分謹慎地權衡他們的選擇，因為祖先好不容易在一六〇〇年的關原之戰，終止了與家康的紛爭。

除了坂本的家鄉土佐，最重要的兩個外樣藩地是九州南部的薩摩町，以及本州西南部的長州藩；前者數世紀以來都由島津氏控制，後者則由毛利家族掌管，曾幫助本願寺突破織田信長的海軍封鎖。悠久的歷史意味著漫長的回憶，在薩摩町，每年的關原之戰紀念日，武士們都會全副武裝到寺院參觀，反思那場劃時代的敗仗。長州的母親們哄孩子睡覺時，會以刻意貶低的態度將腳朝向江戶，告誡他們永遠不要忘記關原之戰。每逢新年黎明，金雞啼鳴，長州的大諸侯都會聚集在領主前，例行性地詢問同一問題：「征服幕府的時候到了嗎？」

而例行性的答覆也充滿警告意味：「時候未到。」雖然薩摩町和長州的大名為了加深與皇室的關係，在十九世紀六〇年代初期仍支持著幕府，但仍有許多人士強烈且不耐煩地反對——據說是因為天皇和內親王不贊同這場出征而刺激了他們。孝明以排外思想聞名，曾呼籲人民在神社和寺院祈禱，幫助國家驅逐入侵者。

坂本在造訪長州時發現，只要志士們反抗幕府失敗，就會準備起義對抗他們的領主，並一心效忠於皇室。一八六三年，他們加快計畫的進行，徵用了長州的沿海砲台，並在一艘美國船穿越下關海峽時，對其進行炮轟。下關海峽不僅是分隔本州和九州北部的水域，也是外國船隻前往內海的重要通道。荷蘭與法國的船隻後來也在同樣的位置遭到炮擊，促使英國、法國和荷蘭在一八六三年和一八六四年進行報復性反擊——美國則被內戰搞得焦頭爛額，完全自顧不暇。長州部隊最後投降，該藩地被迫支付巨額贖金。

此時京都的志士正與皇室的盟友密謀，於一八六三年和一八六四年發動兩起行動，試圖幫天皇擺脫幕府的控制，並以他為代表向德川軍發動進攻。兩次行動雖以失敗告終，但京都成千上萬棟房屋仍在戰火中被摧毀。長州武士策畫的這場抗爭發揮了顯著效果，迫使幕府和大名盟友於一八六四年在長州邊境集結十五萬大軍，威脅他們懲罰支持政變的上位者，以及立即處置尊王攘夷的極端分子，否則後果將不堪設想。先後受到外國人與幕府的攻擊，已疲憊不堪又四分五裂的長州領導層終究退縮了。

在這段兵荒馬亂的政治時期，坂本不僅失去了他的導師和守護者，還意識到自己正處於水深火熱之中。他改名換姓，逃往南部的薩摩町，用豐富的海戰知識換取幕府的庇護。擔任一間新設私人組織的負責人，最初的名稱為「社中」（公司），其主要工作是代表薩摩町與外國商人進行祕密貿易，業務地區位在幕府控制的長崎。一八六五年秋天，這類機構拓展到了長州，少數反幕府的武士利用這種貿易模式，在自己的藩地進行短暫的內戰後，終於推翻了舊領導層。

助。接連幾日，他們都待在薩摩町的住處，直到和衰弱幕府的軍隊達成協議後，才得以安全地離開。

當時在旅館提醒他們的女僕楢崎龍，和坂本一起南下回到薩摩町。為了報答她的一命之恩，便將自認最珍貴的禮物送給了她：他自己，成為她的丈夫。他們在九州的一間溫泉度假村度蜜月，而本州的幕府則持續為自己的生存而戰。由於日本被迫進入全球市場，日益加劇的經濟問題嚴重影響了軍事和政治。與外國列強簽署貿易協議後，茶商和絲綢商都發揮了出色的貿易價值：位居日本出口排名之首，甚至出口量在一八六〇至一八六五年間翻了四倍之多。缺點是國內絲綢原料成本迅速上升，威脅到成衣業者的生計，同時愈來愈多土地被用於生產茶葉和絲綢，導致稻米的價格同步飆升。除了一八六六年的農作欠收狀況，幕府提高稅賦更是火上加油，導致農村和大阪、江戶等城市都出現了暴動。

動盪期間，幕府被迫延後對長州的第二次出征，一直到一八六六年六月才發動進攻，有三十個藩國參與，從陸地和海上並行進軍。坂本在蜜月結束後也加入了戰爭。他在長州向湯瑪士·哥拉巴購入船隻，一路往下關海峽航行，船上乘載著一支武士部隊。

此時，不僅德川的勢力正在消退，幕府官員也發現有些大名不願意派人出征長州，商人們則在金援上變得小心謹慎，加上遠征隊對自己不抱信心：因為德川軍備過時又無用，無法與長州裝備精良的士兵抗衡。一八六六年八月，德川家茂突然去世，他們只好撤回到江戶。

如今能幫幕府脫離深淵的只剩法國了。自八月撤退後，法國駐日總領事羅叔亞（Léon

Roches）向幕府承諾提供武器、制服、毛毯和貸款，以便讓兩萬五千名步兵、五百名騎兵和一千二百五十名砲兵投入戰場——這足以讓幕府削弱大名的獨立性，鞏固自己的權力基礎。德川家茂的繼承者德川慶喜接受了這次援助，新幕府將軍的表現令人印象深刻，薩摩町和長州的領袖與土佐藩和朝廷的盟友一致決定，必須在幕府有所作為之前趕緊採取行動。他們於一八六七年六月和七月在京都會面，策畫下一步行動。坂本從長崎乘船前往京都，沿途在祕書長岡謙吉的幫助下，草擬了一份「船中八冊」：

一、將天下政權奉還給朝廷，所有法令應由朝廷下達。
二、設立上下議政局，由議員參與政治事務，所有的事情都應該經過公開的討論決定，一切政府措施須依據多數意見來決定。
三、延攬有才能的公卿、諸侯和天下的人才擔任顧問，授予他們官爵，並廢除有名無實的官職。
四、廣泛聽取民意，與外國建立新的適當關係。
五、應折衷早期的律令，重新制定一套全新且符合需求的法律制度。
六、海軍應擴大編制。
七、設置親兵，保衛京都。
八、建立一個與國際接軌的金銀貨幣制度。

一八六七年十月，以坂本的計畫為基礎，土佐藩向慶喜致上請願書要求他和平下台，並承諾讓他成為大名委員會中的第一人，服務新上位的少年天皇。新天皇在父親孝明天皇去世後，於同年提早登上了皇位。十一月八日，儘管慶喜再怎麼不情願，還是得面對現實，並在京都二條城的大名聚會上宣布接受了這項提議。第二天，十一月九日，他向天皇請願交還自己的政權，德川幕府時代正式結束。

不過薩摩町和長州的勢力太過龐大，不會讓事情就此結束。同一天，他們與朝廷盟友密謀，攻打幕府的奏摺總算獲得天皇的批准。於是開始整備軍隊、打造一支「帝國軍」，同時坂本對日本未來的思考也更趨於完善。他定居在京都，睡在一間醬油商人的民宅，寫信給他的兄長，內容說他正在「為我們的國家夜以繼日的工作」。現在的他已身心俱疲，漫不經心。十二月初，坂本因為生病的關係搬到了前廳房間，發現儘管後廳設有逃生路線，這裡仍是更加便利的地點。

十二月十日晚上，坂本在他的房裡，藉著微弱的燈光和朋友中岡慎太郎暢聊著。突然有人敲響了大門，僕人藤吉隨即前去應門。敲門的男子遞上了他的名片，藤吉拿了之後準備上樓交給坂本。就在此時，三名親幕府的刺客破門闖入，從背面襲擊並將他殺死。飛速上樓後，其中兩人拔劍衝向坂本和中岡，瞬間刀光劍影。這一次，坂本來不及拿起武器。

*

一八六八年一月三日，坂本和中岡被刺殺幾週後，薩摩指揮的部隊控制了京都。倒幕派發起宣告「王政復古」，命令德川慶喜交出他的權力以及大部分的土地。慶喜和他的盟友無法接受這項要求，導致日本陷入了一場內戰，來自薩摩、長州、土佐、肥前和越前的「帝國」部隊，要和親幕府的龐大軍隊展開對峙。在日後被稱作戊辰戰爭的過程中，幕府軍隊一路敗退到東北方，直到五月江戶被包圍。這座城市和堡壘被六年前坂本龍馬救過命的麟太郎和平交出，他重新獲得幕府的信任，卻在最不適當的時刻成為陸軍大臣。帝國軍繼續從江戶向北推進，一直到日本主島最北端的蝦夷。親幕府的殘餘勢力在那裡建立了一個短暫的共和國，之後帝國軍在一八六九年夏天將他們消滅。

一八六八年四月，戰爭仍持續肆虐各地，天皇召集了大約四百名官員到他京都的宮殿，聽他們宣讀「五條御誓文」：一系列規畫國家未來走向的簡短承諾。如果坂本在現場聽了這段宣讀，肯定會和聚集的人群一起沉浸在喜悅之中：

一、廣泛設立合議性團體，並透過公開討論決定所有事項。
二、所有階級都要團結一致，大力拓展國家事務。
三、讓平民百姓與文武百官都可以追求自己的使命，消除社會不滿的情緒。

四、破除傳統惡俗，一切以自然正義法則為基礎。

五、探索世界各地的知識，以加強帝國統治的根基。

「我不期待自己長命百歲，」坂本曾寫信給姐姐乙女，「也不認為自己會像普通人一樣平凡死去。」事實也確實如此——而他的第三個期望也不例外：「我不期望自己活得一文不值。」他向姊姊保證。坂本的旅程雖然提前結束了，但他爆發出的革命能量，幫助國家開闢了一條全新的道路。

長州的伊藤博文和薩摩的大久保利通等反抗者，將延續坂本的理念，將船中八策改良為帝國誓言，幫助日本在窒礙難行的國際情勢下鞏固自己的地位。同時，坂本的精神會和過去的家康一樣，影響著他開創的後世——成為受人景仰的楷模，在時局艱難需要一點魅力和魄力來鼓舞人心時，人們就會想起他。而未來還有許多這樣的時刻等著我們。

12 楠本稻——打造一國之體

西元一八二七年至一九〇三年

一八六八年為明治元年。幾世紀以來，每當國家發生重大事件，朝廷為了體恤或安撫社會情緒，宣布一個新時代的開始，日本的年號就會改變。坂本龍馬的反抗盟軍決心要改變這種模式。如今，年號只有在新天皇登基時才會改變，天皇在世時稱為「天皇」（神聖無穢之貴人），逝世後也以年號稱呼。年輕天皇的統治被稱為「明治」，即「開明的統治」。因此，一八六八年便成了「明治元年」。

明治政府在四月頒布的五條御誓文，以及隨後的一系列改革措施，明確表達了日本將進行徹底變革的決心。到了九月，依據與京都之間的地理位置，江戶被重新命名為「東京」或「東邊的首都」。幾週後，天皇在盛大的遊行中離開京都，抵達東京並入住德川幕府的城堡。桓武天皇心愛的城市，作為國家正式首都已經超過了一千年，期間還包括國家實權落在其他地區的時期，直到現在正式退役了。京都和大阪的擁護者經過一番爭論後，東京最終被宣布為日本的唯一首都。

撇開這項特殊決策的爭議，桓武無疑會認同元年的方針。倒幕派恢復了他非常熟悉的古老機構——「太政官」，或國家評議會，作為行政管理機關。太政官代表被派往全國各地，造訪了近二百八十個藩地，為一八六九年一件具有劃時代意義的事件奠定了基礎：大名們將版籍（領土和居民戶籍）歸還給天皇。大名放棄了世襲的權利，現在將以「天皇的知事」的身分受管理。

歷史似乎朝穩定的方向發展，對於正掌管國家的小黨派來說，相當符合預期效果。在長州國，有倫敦大學的學生伊藤博文和井上馨，以及木戶孝允和帝國軍司令官山縣有朋。在薩摩國，有軍事指揮官西鄉隆盛，以及大久保利通和森有禮。與他們同處最高位階的還有來自肥前國的大隈重信、土佐國的板垣退助，以及朝廷的岩倉具視。有一天，他們將被稱為開國元勳。一八六八年，多數民眾都沒有聽過他們的名字，因為他們不僅缺乏統治的合法性，也缺乏有共識的計畫，只在日本作為獨立國家方面有著一致看法——也就是當時流行的口號，「富國強兵」。

這些人在朝廷找到了能解決集團性問題的方案，反對衰弱幕府的派系已經為恢復皇權的理念而凝聚起來。還有什麼辦法可以說服長期習慣以村莊、城鎮或藩地為思考角度的人，轉而想像並追求「國家的」利益？透過作為「國體」或「國家實體」的領袖，天皇。這個古老概念是由民族主義思想家——會澤正志齋推廣，也是德川時代改革者夢寐以求的強大集權體制，如今終於有機會實現了。天皇也會散發具延續性和意志的光環，帶領日本度過數十年的實驗階段，

將革命期轉變成國家復興的時代。

天皇從京都遷移到江戶的旅程受到了極大關注。一八六八年，國家花費了預算的五分之一在組織和宣傳遊行，為了讓人民在天皇的轎子經過時，蹲在路邊肅然起敬。在其他方面，明治時代的領袖也展現出重塑傳統的重要才能，以追求現代目標。新的日本將建立在舊的遺址上，包括多年的和平穩定、高度發展的商業、教育和自我修養文化、對責任和行為的重視。五條御誓文承諾要探索「世界各地的知識」，而這些領袖早期依靠著一批專家，大部分是科學家和醫務人員，自一七〇〇年以來研究不斷。在禁止出國的情況下，一代又一代的「蘭學者」，即「荷蘭研究學者」（「蘭」出自阿蘭陀，即荷蘭）湧入長崎，為了尋找荷蘭商人帶來的任何書籍和文物。

楠本稻是最後一批蘭學者的代表人物之一。她是日本第一位接受西方醫學訓練的女醫生，人生也因明治元年發生了巨大變化。五條御誓文中允許人民「追求自己使命」的承諾，很快就被置於另一個要素之下：一個重要卻又模糊的宣言，「團結一致，強力執行國家事務」。

十九世紀末是歐洲帝國主義發展「如日中天」的時期，在當時的世界，國家必須用盡一切資源，包括所有的人力，來鞏固其地位。一八六八年的革命者十分了解這一點，因此將「國體」作為一個強而有力的隱喻，發揮民眾的群體力量，在動盪的掠奪時代打造一個不落下風的國家。在這段偉大的實驗過渡期，楠本見證了國家澈底重塑了她的職業前景和家庭生活。

楠本稻像

*

從一六四〇年代到一八五〇年代，日本只願意與荷蘭東印度公司的歐洲人生意往來，但也只是妥協之下的選擇，並非倒屣相迎。他們被限制在長崎海岸外的扇形人工島，僅透過一條石橋與內陸相連，二十四小時皆有人看守。「出島」只有約一百八十公尺寬，海拔上下不超過六十公尺。島上僅有的兩條街道旁皆是倉庫和生活區，另有一點空間是用來種植蔬菜和飼養牲畜。

來往貿易的荷蘭人不僅被收取租金，還必須分別為供水

（透過竹管輸送）和管理貿易活動的機構支付費用。他們得忍受船隻被搜查，只為了確保裝在木桶裡的武器或基督教文獻，在靠岸前有確實封存。而每逢春季的江戶祭奠，則被視為下等藩屬對待。使團的領袖來到幕府將軍前，須跪拜前進並深深鞠躬，而後以同樣方式離開——正如某位觀察家所述，「像螃蟹一樣向後爬行」。他的手下甚至被要求表演荷蘭日常生活的小型默劇：相互交談、脫衣又穿衣、假裝親吻、把嬰兒抱在懷裡、跳舞唱歌。

幕府最後厭倦了這種雜耍，要求荷蘭人每兩年才可以在江戶露一次面，後來又改為每四年一次。抵達出島的荷蘭船隻也在十八世紀大幅減少，一直維持每年最多一兩艘的數量。這些船載滿了貨物，其中有可以換取貴金屬、瓷器和漆器的中國絲線。後來的評論家對錯失交流的良機感到惋惜，幕府在全球事務方面對荷蘭人的消極態度，使他們也對日本文化興趣缺缺，通常只會在出島喝咖啡、打撞球和羽毛球來消磨時間。

但也有值得一提的例外，就是幕府將軍德川吉宗，他在一七二〇年放寬對外國書籍的進口限制，幫助國內學術拓展一系列的蘭學領域，特別是科學、醫學和藝術。另一方面，荷蘭人至少也僱用了些好奇心強的人來擔任醫生。恩格爾貝特・肯普弗（Engelbert Kaempfer）撰寫了第一本關於日本植物的西方書籍（《日本植物誌》，一七一二年）。十八世紀後期，瑞典博物學家卡爾・彼得・通貝里（Carl Peter Thunberg）對當地的植物和動物進行了研究，並與長崎的醫生交流了醫學知識。一八二三年八月，普魯士醫生菲利普・法蘭茲・馮・西博德（Philipp Franz von Siebold）來到長崎，獲得了進入內陸的許可，在那裡教授醫學、進行白內障手術、尋找新

藥材，甚至開設了自己的醫療診所和私人寄宿學校。這所學校提供醫學、植物學、化學和物理學等一系列科學領域的教學，是自葡萄牙人時代以來在日本建立的第一個歐洲教育機構。

西博德也在當地發展了戀情，當時一位名叫楠本滝的女子，因父親的木材生意陷入困境而被迫淪為藝伎，西博德便為她贖身，並邀請她搬到出島同住。他以她的名字將一種植物命名為繡球花（Hydrangea Otaksa，源自「お滝」，即滝字前加上敬語「お」），並興奮地寫信給他的母親，表明已經與當地的一位貴族婦女結婚。幾年後，一八二七年五月六日，滝生下一個女兒稻，從此漸漸有了家庭生活的樣子。他們找了兩名奶媽，為了進出出島而拿假的藝伎執照。另外還僱用了印尼保姆歐森（Olson），某次她在長崎灣游泳時因為一時疏忽弄丟了稻，導致了一場恐慌性的搜島行動。

西博德一直都對日本的人事物深感興趣，他喜歡尋找植物樣本、收集動物標本（哺乳類、魚類、鳥類和兩棲類），甚至嘗試測量富士山的高度——他估計有四千九百八十二公尺，比實際高度多了一千多公尺。他讓長崎有經濟困難的學生免費學習，改用荷蘭語寫關於日本社會和宗教生活的文章當作學費，並稱這些文章為「論文」，還會頒發完全未經認證的「文憑」給學生作為獎勵。他在日本建立了一個廣大聯絡網，向他提供各種資訊，從風景和建築圖片到日本和東亞的地圖。

一八二八年，日本當局開始懷疑西博德的動機，指控他是俄羅斯間諜，甚至在日本港口和城市截獲了他和一位熟人高橋景保來往的信件，發現內有高橋寄給西博德的朝鮮地圖，以及西

博德寄給高橋的研究成果，內容看來像對日本港口和城市的偵察資訊，令當局感到相當不安。高橋和西博德的三十多名學生一起被逮捕，一八二九年底，西博德被驅逐出日本。當局來抓西博德的前一晚，滝幫他複印了一些他認為會被沒收的地圖。後來，她因被懷疑參與他的活動而受到審訊，但一再聲稱她對這些活動一無所知。

西博德盡力為妻子和女兒留下經濟支援，包括出售大量的糖，以及遺留給稻的診所和學校。滝有一陣子不斷和西博德保持聯繫，說他們的女兒「聰穎過人」，而且非常想念父親，好讓他放心。而西博德則寄了禮物回去，用顫抖的日文字在花紋紙上寫下愛的字句。

一八三一年，滝最終屈服於家庭壓力，與一名裝飾品工匠學徒結婚並搬進他家，而她與西博德的通信也戛然而止。在德川幕府末期，家庭制度一直相當堅固，這不僅是忠誠的展現，還會影響各方面的前景。親密關係和愛情雖不可或缺，但成功和繼承也很重要。沒有男性繼承人的家庭會在外面收養一個，透過讓女婿入贅也屢見不鮮。這樣一來，武士家庭就能有源源不絕的稻米津貼，而商人也能保障得來不易的生意和聲譽。

滝作為母親，教導稻商家女兒應有的舉止，植根於儒家的孝道、尊重和對他人的同情等美德。更細節的觀點則在學校裡培養，其中包括坂本龍馬曾短暫就讀的學校，而在家裡則學習女人的藝術，包括插花、針織工藝和茶道。滝從小學習舞蹈和古箏，現在也試圖讓女兒追求同樣的興趣。

但稻從小就是個書籍愛好者，由於身為混血兒時常遭受同儕的嘲笑，她進而從書中尋求慰

藉。母親也利用了這點，從數百本出版品中挑出專門寫如何培養女兒和自我修養的書給她。有些是實用的指導手冊；另一些是小說作品，寫出了女性理想範本與反面教材。第一種類型的經典作品是《女今川》（一六八七年），作者是井原西鶴時代一位名叫澤田吉的婦女，內容所提供的建議如：

（不可）藐視或輕視自己的丈夫，也不可炫耀自己，因為這是違反天道的行為；
（不可）捲入他人的陰謀，也不要幸災樂禍；
（不可）打扮得漂亮卻吃相難看；
（不可）嘲笑他人的缺點同時誇耀自己的知識。

除此之外，也督促婦女要「謹慎」拿捏做事的分量，包括飲食、吸菸、唱流行歌曲、欣賞戲劇和「索取物質」。有些婦女對這一連串約束感到厭煩，結果卻發現「憤怒」和「生悶氣」也在清單上。

此外，如果母親或女兒喜歡圖像而不是抽象指令的話，也可以選《本朝女二十四孝》（一七一三年）等書籍，其中有一則兩姐妹的故事，講述她們不斷懇求父親不要再繼續打獵，因為按照他獵殺當地野生動物的速度，下輩子一定會遭到報應。父親起初妥協並將槍收起，但每當有人給他一大筆錢去獵殺鶴時，又會功虧一簣。有天晚上，女兒們醒來發現父親正在外頭尋

找獵物，決定要給他一個教訓。她們其中一人穿上了白袍站在河邊，想著在黑暗中肯定會被誤認為是一隻鶴，希望自己的死可以讓父親改邪歸正。

正當女兒們為誰應承擔任務而爭論不休時，讀者隱約也猜到了結局。父親最後把兩個女兒都打死了。結局忽略了父親的因果報應（只能自行假設他現在過得比以前還糟），故事的匿名作者最後只稱讚女兒們的孝心是「值得讚賞的」。

這則故事除了令人費解的結尾外，重點都在強調德川時代的家庭觀，不過這種價值觀在一八六八年後引發了激烈的爭論。據說男女在社會中的地位差異並不是不平等，而是天性互補，以及由此產生的社會角色。在鶴的故事中，女兒們的父親既不是她們的道德老師，也不是說教者——反而女兒才是。正如《女今川》中描寫的一段話，男人是「明亮的」，女人是「陰暗的」和「柔和的」；對於女人來說，跟隨男人並為他們提供支持和指導，就是按照「天地自然的邏輯」生活。

不管稻是透過何種途徑接觸這些觀念，似乎都對她勾勒出井原西鶴筆下的反烏托邦未來：「每天晚上早早上床，直到他日薄虞淵」，只不過是針對女性，而非傳統已婚男性。她自小就從父親的學生和滝的口中聽到了許多他的事蹟，母親甚至將他描述成一位「世界著名的人」，每當有荷蘭船靠岸，稻就會去出島盼著父親回來，甚至會問來訪者的名字，以防萬一父親就在船上。一八四五年，十八歲的稻不耐於母親成天為她的長相煩惱（滝曾抱怨說她是個「野丫頭」），決心離家出走學醫，立志成為一名醫生。這是一個與男性緊密相關的職業，但稻能夠利

用孝道來為自己辯護。母親教導她絕不能玷汙父親的名聲，她決定更進一步：她將追隨父親的腳步。

*

十九世紀中期，日本的醫療市場機制十分混雜，民眾看病觀念傾向於找現有的、負擔得起的、口耳相傳的，以及個人嘗試過的方法——他們不認為有哪一種醫療系統是唯一可靠的。最古老的傳統方法包括日本遠古巫術的信仰和習俗，會將疾病歸咎於邪靈，或是接觸了像屍體、血液等汙穢物。治療方法包括草藥、儀式和咒語，類似紫式部在《源氏物語》中描述彰子皇后分娩時的痛苦場面。有些人則偏好較溫和的治療方法，依靠「溫泉」的治癒和淨化功能。

第二種治療身體的方法可以追溯到六世紀，涉及了中醫學的知識：草藥治療與針灸、艾灸和按摩等技術同時進行。這些技術都含有中國的哲學道理，可將身體與社會、情感和道德健康建立連結。主要靠「氣」的流動來作用：能量在自然界中流動，包括人體周圍，容易受阻或因人的狀態、行為而被打亂。

中醫的優勢是注重預防和治療，涉及身體平衡的維持。德川時代，日益敏銳的日本人更察覺到其主要缺點是過度依賴未經證實的理論。例如在醫學指南上告誡準媽媽們注意某些食物和飲料，麻雀添加清酒的料理據說會使胎兒變得好色無恥，甚至須注意孕婦的視覺、聽覺、想法

和感覺。同時還有被視為禁忌的人體侵入性治療，加上大多數中醫生的學術地位（意味著他們不習慣弄髒自己的手），阻礙了人們深入了解內部器官的組成與運作機制。

在十七、十八世紀，日本的中醫從業者發起了新運動，開始將理論和觀察結合，其中包括產科學。但對楠本稻影響更大的是蘭學傳統，其中一位先驅學者就是杉田玄白（西元一七三三年至一八一七年）。杉田曾在江戶附近的小塚原刑場上，看著一具五十歲婦女的屍體（「青茶婆」，罪行不詳）被剖開後器官外曝，並且確信荷蘭的解剖學知識領先中國。他和一位同事著手將《解剖圖譜》（*Tafel Anatomie*，德國解剖學著作的荷蘭文譯本）翻譯成日文。由於不熟悉荷蘭語，歷經四年的艱苦推敲，才出版了《解體新書》（一七七四年）。這是第一本廣為流傳的荷蘭書譯本，也激勵了其他的蘭學領域。

即使是本土主義的國學思想家，也不得不承認西方醫學的成就。平田篤胤則將日本醫學的緩慢發展歸因於同胞們天生優良的健康狀況，並告誡他們不要與有害的外國人接觸，同時也警告日本醫生不要進行解剖（會有「蠻族的氣味」）和使用荷蘭文（被視為「可笑又淫穢」），最後證實他是對的：他們在一八五〇年代帶來了霍亂。

楠本稻投入研究蘭學傳統，選擇了產科學作為她的專業。她不僅意識到分娩的高死亡率，同時也想為未來注入更實用的知識。作為一名從事普通醫學的女性，很難得到病人和同事的支持；作為一名助產士，她可以為日本長期以來的傳統帶來新的專業知識，正如井原西鶴以商人的眼光所稱讚的那樣，是一種不需要資本投資就能獲利的途徑。事實上，助產術在日本文化的

地位相當曖昧不明：它將血液和分泌物的汙染，與靈界紛擾的偉大任務相結合，靈魂自此重新進入世界——被助產士「拉」入人間。

她父親以前的學生二宮敬作得知了楠本的意圖後，將她介紹給西博德的另一個學生：石井宗謙，他是當時公認的產科學專家。一八四五年，楠本離開長崎，前往本州西部的岡山，在石井的診所成為一名醫學學徒。大約在同一時期，她開始使用根據「西博德」日語發音而來的姓氏——「西摩多」，因不是武士所以只能私下使用。

在這種被稱為「學僕」的學徒關係中，與老師、師母同住相當常見。她幫忙做飯、打掃，期間一邊接觸到想學的知識，培訓似乎相當順利。楠本的知識和技能迅速大幅提升，並且被允許在石井的診所裡協助他接生，即使他不在也能獨當一面。

但是，本應持續約十年的學徒生涯，五年後卻突然中斷了。一八五〇年左右，楠本的母親滝前來探望她後，乘著坐一艘名為「天進丸」的船返回長崎，楠本和石井則搭乘一艘小船上去為送她送行。與滝告別後，石井對楠本有了非分之想。由於船上無處可逃，她只好拿起一把刀試圖抵擋他。經過一番掙扎還是被他凌辱得逞，甚至懷上了孩子。

楠本譴責石井「禽獸」般的行為，她可以選擇終止妊娠，雖然墮胎被認為是侵犯了父親對未出生孩子的權利，但通常不被視為奪人性命。剛出生的孩子甚至不被認為是完全的人，有時會被「送回」另一個世界，尤其是在家庭經濟困難需要「間苗」（農業方面的委婉說法，暗喻殺嬰）的情況下。但楠本決定生下這個孩子，並在生產不久後搬回長崎。她產下一名女嬰，取名

「高子」，意思是「上天額外賜予的」。在楠本眼中，她是上天賜予的禮物，儘管高子日後會認為自己是被一種創傷的方式帶到這個世界上的。

楠本受過產科訓練，甚至在沒有任何幫助的情況下為自己接生，如今對這項職業的體驗與理解更是無人能比。儘管歷經了風霜，她仍繼續學習，把高子托給母親之後，先是在長崎和一位醫生一起工作，一八五四年則在宇和島國與二宮醫生共事，那裡與四國島坂本的家鄉土佐相鄰。二宮得知他把楠本介紹給石井後所發生的事感到痛心，決心為她的事業盡一分力。他們在宇和島工作了兩年，後來二宮中風便搬到長崎治療。楠本隨著一起離開，幫他在家鄉隔壁的銅座町蓋了一間診所。一八五九年，日本重新開放與西方國家往來，儘管充滿了爭議，但她從小到大期盼已久的時刻也終於實現了，父親回來了。

這場出島的家庭團聚平靜且充滿著淚水，西博爾德的日語和楠本稻、瀧的荷蘭語都不足以應付這個場合。西博德拿出了他一八二九年帶走的她們的頭髮，也迫不及待想見他的孫女高子。然而畢竟過了三十年，西博德的再婚對象海倫娜・馮・蓋格恩（Helene von Gagern）和他們生的孩子亞歷山大（Alexander）也一起來到了出島。楠本和滝到場時，見到即將滿十三歲的亞歷山大，感到又驚又怒。

對楠本來說，更糟糕的是父親對政治和商業的興趣超越了醫學。一八五三年，西博德曾試圖在培里准將的遠征隊中贏得一席之地，但功敗垂成（培里讀過他關於日本的著作，但擔心他

是間諜），後來他設法說服荷蘭人載他回去，還把自己捧成經驗豐富的文化橋梁創建者。他對這項任務十分執著，連楠本都發現他心事重重、態度冷淡，還在一八六〇年初寫信要求他「善待我」。同年後期，他甚至忘記了她的生日。「我為我們兩人準備了午餐，」她在信中告訴他。「但您沒有來。我還是想給您一些東西，所以請您送來四個盤子，和一個有蓋的鍋子。」儘管如此，父親也沒能抽空去看她。當他為十九歲的女僕塩買了看似昂貴的髮飾時，楠本也要求他為自己的孫女買同樣的禮物。西博德答應後買來的卻不一樣，楠本便退還給他。之後塩懷孕，楠本便將她解僱了。

自此父女倆決定保持專業上的關係。楠本最近在長崎開設了自己的診所，除了產科也治療各式各樣的病人，並製作和開立自己的處方藥物。西博德週日開始會去幫忙，除了捐贈手術器材，還為疑難雜症提供建議，並協助取得製藥原料。楠本利用西博德的聲譽帶來新的病人，並與一些開始進入日本的西方醫學專家取得聯繫。

這種合作關係並沒有持續太久，西博德被任命為幕府的顧問，搬到了江戶。一八六一年，當英國公使館的宿舍遭志士襲擊，他提供了醫療援助，但這種政治干預很快就激怒了英國人和他自己的荷蘭僱主。一八六二年，他的僱主成功將他逐出日本，這是他第二次也是最後一次離開。

日本對西方國家重新開放後，楠本的事業蒸蒸日上，十九世紀六〇年代更是她職業生涯中最忙碌的高峰。她在日本第一家西式醫院輪班工作，由醫生龐貝・馮・梅爾德沃特（Johan

Lidius Cathrinus Pompe van Meerdervoort）於一八六一年建立，還被稱讚對醫學有「無限的熱情」。她在親西方大名伊達宗城的城堡附近經營一間診所，所以定期會往返宇和島，還培訓了兩名當地男子，協助伊達的正室益子分娩，甚至傳聞和一名武士小野政三郎有戀情。當時，一位在日本的英國醫生將楠本稱為「宇和家的首席醫生」。

一八六七年，英國外交官薩道義（Ernest Satow）拜訪了楠本在宇和島的診所，帶來了她父親前一年在歐洲去世的噩耗。楠本急忙離開房間，回來時向薩道義展示了西博德留給她的一些醫療設備。西博德不是一個完美的父親，在她的生命中只存在了短短數年，卻仍深刻地塑造了楠本的一生。

*

明治元年，楠本的能力和聲譽均達到了巔峰，她在一八七〇年搬到東京，在築地的外國人居住區開了一間診所，離西北方的國家權力中心只有幾公里遠。皇室正遷移至舊幕府的城堡，南部的前大名府邸則被翻新利用，供太政院、帝國軍隊和新政府部委使用。

一八七〇年代初，在這一小塊領土頒布了數以千計的變革方針。一八七一年，過去的藩地被改為府縣，起初約有三百個，後來減少至不到五十個。日本的大名從此一蹶不振，從藩地統治者到知事，接著失業，被東京中央政府所任命的府縣知事取代。一八七二年，按照美國規格

建立了一套全國性的銀行系統，以作為集中和分配資本的手段——現在以「円」（日圓）為單位——多用於工業和基礎建設。同年還頒布了《教育基本法》，規定女孩和男孩都要接受四年的小學義務教育。寺廟和私人住宅將作為臨時校舍，男女一起學習，教師則使用美國的教科書——有些是翻譯版，有些是原文。

於是明治元年的這項改革，對日本佛教發展也產生了戲劇性的轉變。一八七二年，由於地方人口的資料來源所需量迅速超載，因而被一套中央化的全新家庭登記系統「戶籍」取代。一八七三年，在西方列強的壓力下，基督教被合法化，佛教寺院也不再舉辦「踏繪」活動。新政府下令結束具有數世紀歷史的傳統——神和佛共用同一神聖空間（包括物理上和思想上），接著佛教寺院和神職人員歷經短暫卻激烈的動盪時期，只因佛教被指控阻礙了國家發展。直到新一代的佛教改革者崛起，其中許多人是親鸞傳統的成員，才再次說服人民相信佛陀對日本的助力。

除了天堂經歷了澈底的改造，人間也面臨了劇烈的革新。一八七三年，《地租改正》讓日本擺脫了傳統的稻米稅，不再依據分配土地的預期年產量來課稅。取而代之的是人民將擁有自己的土地，每年課徵其價值的百分之三，以現金形式上繳。同年通過了《徵兵法》，要求每個日本男性都要在陸軍元帥山縣有朋創建的軍隊服役三年，而後是四年的後備役。

政府強迫武士交出獨有的特權，並提議（接著要求他們接受）將俸祿轉為有利息的政府債券。這是對德川時代的階級制度進行廣泛改革的其中一項政策，而朝臣和前大名們則被納入單

一的世襲貴族（華族）。上層和中層武士成為「武士階級」（士族），而下層武士則發現自己與以前的農民、工匠和商人階級合為一體，成為「平民」。在穿著、旅行和婚姻方面，取消了階級之間的傳統限制，且允許每個人都能公開使用一個姓氏。

最後一項重大改革發生在社會的最底層。青茶婆被剖開的屍體，啟發了蘭學醫生杉田玄白；而這位劊子手是一位「穢多」階級的九十歲老人。「穢多」一詞的意思是「充滿汙穢」，人們因從事與屍體相關的工作而被排擠到主流社會之外——包括屠夫、皮革工人和毛皮商人；偶爾也有從死者身上擷取珍貴原料的人，包括用於製藥的肝臟分泌物，他們通常被迫生活在與其他社區有著一定的距離的偏遠地帶。在許多日本人眼裡，穢多與「非人」沒什麼差別，後者傳統上從事四處奔波的低級職業，如唱歌和跳舞，與常見的流浪生活幾乎無異，然而在一八七一年，政府頒布法令，「解放」了他們。這兩個被遺棄的族群都獲得了與其他日本人同等的權利，有些人開始稱自己為「新平民」或「新公民」。但實際上，許多舊汙名仍延續到二十世紀。

這些年，東京的領導者希望以超越以往的效率來管理人口，除了透過教育、稅收和兵役與人民建立連結外，第四種就是大眾傳播的報紙。日本最早的現代化報紙，大部分是領導階層中特定人士或派別的傳聲筒。成立於一八七二年的《東京日日新聞》與長州人有密切關係，包括伊藤博文在內。

當大多數日本新領袖在東京重新規畫國家的社會和政治基礎時，木戶孝允、大久保利通和伊藤博文等人，在一八七一年至一八九三年間，由岩倉具視的領導下，到國外進行了一次盛大

的外交和實地調查任務。效法兩百五十多年前的支倉常長，他們從跨越太平洋開始，途經舊金山、芝加哥、華盛頓和波士頓、倫敦、利物浦和格拉斯哥（Glasgow）、巴黎、柏林、斯德哥爾摩、維也納、羅馬和聖彼德堡。在回國的途中，他們通過了新關的蘇伊士運河，在開羅、可倫坡、新加坡、香港和上海停留。

這段史詩般的旅程讓大久保（一八七三年後一位具有影響力的新內務省的負責人）相信，「富國強兵」的實踐需要一段由政府主導的工業化時期，並以進口替代為主。令日本人較困惑的是，該如何為這個時代的第二個理想口號：「文明開化」或稱「文明與啟蒙」，提供實質的貢獻。對促進此口號、曾經是蘭學者的福澤諭吉來說，「文明」是指一種尋求實用知識的精神，任何人都可以培養。這種精神在西方已經蓬勃發展，從自然科學到工廠和醫院，但在日本似乎已經停滯不前。有人指責貪婪的佛教僧侶和虛假的宇宙論，福澤（曾寫出當時最有影響力的著作之一）則將矛頭指向了不切實際的儒家學者：「耗米的字典」，他們為這個國家留下的，除了憧憬之外，沒有任何值得驕傲的地方。

然而，如何在成功追趕文明的同時，保留近幾十年來民族主義思想家一直主張帶給日本的美好素質？至少在理論上，第三個口號可以提供幫助：「和魂洋才」，或稱「大和精神，西方技術」。可惜的是，儘管「大和精神」的口號十足有吸引力，具體執行上仍太模糊，沒有解決問題的作用。反而是另一種被後人認為是過度甚至離奇的主張，成了十九世紀七〇年代的主流思想：如何快速實現日本與西方平等的主張。

有些人倡導用英語取代日語，或者用羅馬字母而不是表意文字來翻譯日文。還有些人建議摒棄傳統的日本詩歌：幾世紀以來，這種微妙的情感表達，原本為外交聚會和親密接觸提供了潤滑作用，現在卻被視為古板和女人氣。擔任日本駐美大使的森有禮，則建議在紐約學習的日本年輕人帶一位美國妻子回家，作為輸入「文明血統」的手段。

真正流行起來的一個概念是將牛肉引入日本飲食，因為他們認為牛肉是西方人體力的來源。自從牛肉在戊辰戰爭提供給受傷的士兵後，到了和平時期便開始成為軍隊菜單上的常態料理，後來慢慢擠身到高檔的西式餐廳，以及數百家被煙霧籠罩的小型「燉菜館」。這些餐廳會用味噌和醬油料理出更美味的餐點。

由於早期與歐美密切往來，西醫才被採納為日本的官方醫療系統。一八七四年，日本仿效德國的模式，推出國家許可證制度。中式醫學，自蘭學出現以來被稱為「漢方」，以區別於西方的同類醫學，實際上則是被排除在外。為了監督所有的醫療機構，成立了醫藥局（後來稱為衛生局）。一八七五年，醫藥局從文部省遷至內務省，其意義重大：他們的職權之一是追蹤人民的總體健康和體力。主要透過學校和軍營的監測，以及新設立的家庭登記系統中獲取資料。這對助產士和醫務人員有很大的幫助。

一八七三年，在新法規宣布的前一年，楠本收到產科公認最重要的任務之一：為明治天皇接生第一個孩子。

最近結識的福，則幫助她與皇室協商。七月第一次被召見，進行了初步會談，並檢查了將在分娩時使用的設備。九月十八日，重要的日子來臨，不幸的事卻發生了。嬰兒是死胎，天皇的典侍子葉室光子在幾天後去世。十一月，天皇迎來的第二個孩子，是一名女嬰，但也是死胎，女嬰的母親橋本夏子在第二天去世。

儘管結果悲慘，楠本稻仍因九月的工作獲得了一百日圓的獎勵，她的努力被譽為「卓越」，還被兩次召回為皇室成員提供醫療協助。然而，十九世紀七〇年代和八〇年代，本應閃閃發光、別具開創的事業，卻因一次決定性的震盪而受挫。

一八七九年，天皇的導師，一位名叫元田永孚的儒家學者，撰寫了一份皇室敕答書，標題為「教學聖旨」。他在文中提醒人民，對日本產生影響的西方文化，是重視「事實收集和技術」，而不是仁慈、正義和孝道等美德。即使無法針對整個社會，至少也應該鼓勵孩子們，從孔子和過去體現儒家原則的日本英雄和女英雄身上尋找啟發。十九世紀七〇年代，日本有部分的人對強烈的親西方熱情作出了回應，他們認為每個國家都是透過自己獨特的歷史和相關的美德來實現進步的。因此，日本必須尋找並促進自己的「國粹」。

整個一八八〇年代，政治氛圍隨著社會情緒不斷變動。當時擔任文部大臣的森有禮，帶領教育系統的全面改革，讓男孩接受比女孩更長時間且更注重專業的教育。西方倫理學被日本的教科書所取代，其中以德川家康為典範（因為他的個人行為和統一國家的偉大成就），另外也有醬油小販這類出身卑微的小人物。一八九〇年，一份經元田之手的《教育敕語》，重申了儒

家的價值觀，並將根源定位在天皇和他的「皇室祖先」。手稿的副本送到了每所學校，同時附有一張天皇和皇后的照片。文字和圖像都被視為神聖的物品。

一八九〇年的《敕語》與前一年（一八八九年）頒布的《大日本帝國憲法》是當時文獻的黃金組合。不僅規定了民眾的權利和新的政治結構，包括由上層的「貴族院」和下層的「眾議院」所組成的兩院制議會，也延續了日本主導勢力的第一年策略：以天皇之名進行強權統治。他們在一八八五年將自己改組為「內閣」，伊藤博文成為日本的第一位首相（內閣總理大臣）。如今，憲法明確規定，內閣需按照天皇的意志來服務，獨立於國會和新的自由主義政黨，包括自由黨和立憲改進黨。眾議院由二十五歲以上並繳納一定稅額的男性選舉產生（實際上是成年男性人口的百分之五左右），在起草、討論立法及通過年度預算方面扮演重要角色，但它幾乎沒有執行權。

天皇超越凡人和機構的地位，保障了內閣的卓越性。在憲法中，天皇被描述為「神聖」、「不可侵犯」，而且「萬世一系」。軍隊的控制權、司法機構和貴族院的任命，以及人民的權利都在他的手中。這些權利包括財產、集會、宗教和言論自由，如果因濫用而危及到和平，就會被收回。

最後一項改革是一八九八年的新《民法典》，其基礎理念接近於德川時代講述女性行為和家庭價值的經典著作。日本的基本法律單位是家庭而非個人，其戶主身分將由父親傳給長子。婦女不允許擁有財產、提起法律訴訟、在法庭上作證，除非遭受遺棄或極端殘忍的情況，否則

也不得與丈夫離婚。自一八九〇年以來，就已經禁止婦女從政。

大多數西方婦女在這個時代也都面臨類似的限制。日本教育機關於一八八七年出版的《女大學》，清楚地說明了此差異。書裡宣稱，「家是一個公共場所。」換句話說，婦女主理家庭和家人生活，扮演森有禮所稱的「賢妻良母」角色，是為國家服務的一種形式。

隨之改革女子教育，好讓她們能夠勝任這一角色，並特別注重衛生教育和身體健康，有些人開始詢問是否需要放棄傳統的女式和服。長袖剪裁不僅限制了手的活動範圍，厚重的材質也干擾了姿勢、步態和胸部發育，連緊身腰帶都有可能導致內部器官移位。種種因素皆有可能影響婦女孕育出優秀的日本人，致使身體素質無法跟西方人並駕齊驅。

當時的評論家相當苦惱，借調到歐洲造船廠的日本工程師，似乎舉不起那裡的錘子，而歐洲學校的日本學生似乎也比同學更常精神不繼。若要解決這些問題，女孩的成長以及助產士的懷孕照護，必須比以往更加謹慎地管理，因此助產士逐漸發展成一項愛國的專業化行業。相關培訓均由國家提供，日常行為則由大阪助產士協會等組織監督，其指導手冊強調墮胎等同於謀殺天皇的孩子。

楠本發現自己的社會地位十分矛盾，西方醫學的需求量雖然更勝以往，但實踐中卻沒有以前那麼自由。與其說是把醫學變成了婦女的工作，不如說是明治元年，婦女在社會中的角色比過往更加明確且狹窄的關係。如果漢方醫生和沒有執照的西醫被禁止執業，醫療保健便會在短期內崩潰。因此許多縣府起初對一八七四年的國家執照準採取寬鬆態度，讓中西體系的醫師都

能以臨時執照的方式繼續他們的職業生涯。但是，隨著準則的解釋變得愈來愈嚴謹，加上受過正式培訓的年輕醫生開始湧現，楠本最終只能回到長崎，並於一八八四年申請了助產士執照，而不是醫生，沒有人清楚原因。助產士的申請需要提交一份履歷和一封醫生推薦信，而正式的醫療執照則需要參加科學理論的相關考試。楠本可能不確定自己是否有能力通過這些考試，或者根本不認為這些考試有什麼價值可言，畢竟她擁有大多數日本醫生夢寐以求的實戰經驗，而她的履歷只能提供有力但顯然無用的證明。無論什麼原因，楠本還是結束了她的職業生涯，根據國家準則規定，她不能混合或分配藥物、進行任何形式的手術，甚至使用父親給她的產科工具。

*

一八九六年二月是菲利普．馮．西博德的百歲誕辰，東京舉行了一場小型的慶祝活動，楠本和她的女兒作為嘉賓出席現場。楠本對自己身世及至今的遭遇與影響作何看法，仍然無從得知。父親離開日本後，她就將自己的姓氏改回了楠本。亞歷山大和另一個同父異母的兄弟海因里希（Heinrich）在日本展開了他們的事業，但楠本似乎不想和他們往來。在填寫戶口名簿時，她把父親寫為「楠本新兵衛」，母親「不詳」。滝於一八六九年去世，楠本在她的病床上餵她吃碎草莓，這是多年前滝第一次從年輕的西博德手中品嚐到的美味，當時他在出島的花園裡種植

草莓。

然而，為了秉持最好的德川傳統，楠本稻透過收養一八七九年出生的一個孫子來維持西博德的血統。楠本給他取名為周三），督促他的醫學教育，並在一九〇〇年將她父親位在長崎的舊診所送給他。一九〇四年，周三進入醫學院，取得外祖母無緣的資格後擔任了軍醫。可惜楠本於一九〇三年八月二十六日去世，沒有機會看到。

雖然鮮少有文獻提到楠本稻對自己的後半生是否感到難過與痛苦，不過如果她確實將一八八〇年代視為希望破滅的時刻，那麼她並不孤單。當時大多數的日本人把明治元年視為改革的開始，但最後只能看著新領袖的強國使命把他們帶往一個不受歡迎的方向。許多人不願屈服於現狀：一八八〇年代的保守轉向不會是對「現代日本」應該樣貌的最後定論。

與此同時，荻野吟子（西元一八五一年至一九一三年）在一八八五年獲得日本第一位現代女醫生的榮譽。在接下來的許多年，女醫生仍然罕見，但就像荻野在一次雜誌採訪中指出的，幾世紀以來，日本有很多女性作為醫生默默地工作，她們往往是由父親介紹入行。她提醒我們，不要忘了，楠本稻就是其中一個典型例子。

第四部

新生活

一八六八年至一九四一年

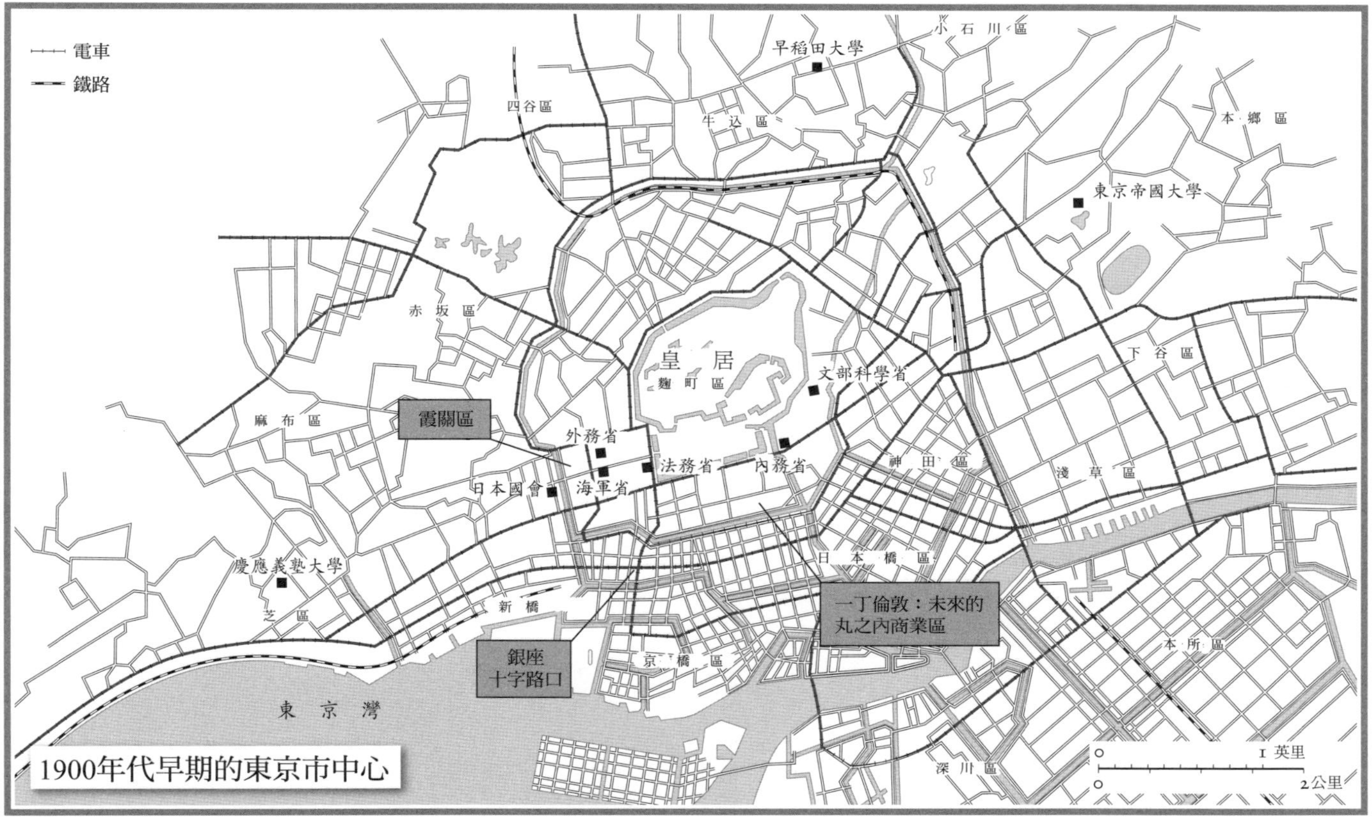
1900年代早期的東京市中心
電車
鐵路
四谷區
牛込區
早稲田大學
小石川區
本鄉區
東京帝國大學
赤坂區
皇居
麴町區
文部科學省
下谷區
麻布區
霞關區
外務省
法務省
內務省
神田區
日本國會
海軍省
淺草區
慶應義塾大學
日本橋區
一丁倫敦：未來的
丸之內商業區
芝區
新橋
銀座
十字路口
京橋區
本所區
東京灣
深川區
1 英里
2公里

13 澀澤榮一——企業家

西元一八四〇年至一九三一年

為了信守承諾，今晚我將開始講述我的人生故事……你們可能會忍不住打呵欠、伸懶腰甚至打起瞌睡，但請務必要耐心聽下去，因為，這麼說吧，我帶著深沉的關心甚至有些溺愛地講給你們聽，希望我的故事能夠多少幫助你們鞭策自己付出更多努力、強化你們堅持下去的決心，讓你們鼓起勇氣，或者努力保持謹慎且穩健的態度。

——《雨夜譚》

懷抱這樣的心情，被譽為「日本資本主義之父」的澀澤榮一，在東京家中被家人圍繞，開啟了他的人生回憶錄。他人生中最遠大的目標就是提升做生意的境界，把它從武士對商人長久的歧視中解放出來，同時避免它落得貪心與自私的之名，如同西方世界的某些地區冠給商業的惡名。澀澤希望可以用言語與行動說服國人，告訴他們領導者雄心壯志的國家發展計畫，可以透過資本主義的財富，創造能力並得到資金為大眾謀福利。這就是「國體」——也就是「國家體制」中的資本主義。

澀澤深信以身作則的力量，這也顯示了他的計畫中有來自德川幕府的影響。在十八世紀邁入十九世紀的這段期間，日本較上層的商人階級產生了不曾有過的嚴肅感與自信心。商人家族的歷史故事和守則開始出現，以作為與下一代分享經濟與商業等專業知識的方法；倫理道德是其中的核心，健全的生意就和健全的行為一樣，需要謹慎、節制、有禮、早起、勤奮，並且必須避免敷衍、蔑視他人及商人偶爾必須做的瑣碎工作。

對於一個德川幕府時代的商人而言，最重要的就是祖先的成就以及孩子的前景；換句話說，就是家族的健全。身為明治時代的重要商人，澀澤將整個日本視作他的「家族」。在一個採用及借鏡西方模式為主的年代，他希望可以讓亞當・史密斯（Adam Smith）和孔子進行思想交流，甚至培養出一代兼顧內心與財務的商人，如同澀澤所說，工作時「一手拿著《論語》，一手持著算盤」。

*

澀澤榮一於一八四〇年生於武藏國血洗島村，在父親美雅及表哥尾高惇忠的介紹下認識了儒家經典；他也閱讀中國與日本的歷史，以及小說和武士的傳奇故事。某一次他邊走邊看書，太過入迷而跌進水溝裡，因為弄髒衣服而被母親狠狠痛罵一頓，幾十年過後都還能夠鉅細靡遺地重述這次事件。

美雅並不想要兒子成為知識分子，他需要人手幫忙農活和家族事業，舉凡種植大麥和蓼藍、養蠶，並為織品交易生產靛藍染料。澀澤照做了，從青少年時期開始，在為家族的染布事業買進額外的靛青染料時，他就開始模仿父親的說詞，誇張地批評品質不佳的樣品和生產時期犯下的明顯錯誤，他發現自己可以藉此用划算的價格把好貨買回家。除了這個國家腐敗的制度使得遊手好閒、自以為是的武士可以任意徵收稅金以外，他其實很享受這樣的生活，澀澤受到豐臣秀吉的人生故事啟發，決定仿效志士的崛起，展開自己的英勇冒險。

一八六一年時，二十二歲的澀澤開始在江戶進行短期進修，同時去劍術學校上課。兩年後他和表哥尾高想出了一個偉大的計畫，他們要買幾把劍，占領一座城堡，掠奪所有存放在裡面的武器，然後前往橫濱通商口岸，放火並殺掉一些外國人，惹惱西方勢力，逼使幕府展開一場贏不了的對外戰爭，這樣一來國家就能改為讓更有才能、更有資格的人領導。

澀澤是認真的，他召集了約七十名男子，用父親的藍染收入在江戶買了劍，他和尾高還買了盔甲、紙燈籠還有長矛，他後來發現他們把自己裝扮成「中世紀俠盜」，那是他小時候非常喜歡的故事主題。他們身邊圍繞著搜集來的武器，深思著孔子的名言：「朝聞道，夕死可矣。」

澀澤沒有對父親透露太多他的計畫，他只要求父親正式跟他解除父子關係，讓美雅不會因為兒子的作為而需承受任何法律責任。美雅被兒子的政治理念說服，也有可能是聽了整晚過於疲憊，心不甘情不願地答應了。所幸澀澤還有跟另一個表哥尾高長七郎分享他的計畫，長七郎曾經在京都的志士中待過一段時間。長七郎的反應很直接，他跟澀澤保證，想像中那志士英勇

的勝利、成為當代的武士傳奇都不會發生，這場行動看起來只會像是另一次農民起義。澀澤和友人會被幕府斬成肉醬，這就是結局，完全沒有意義。

由於澀澤看重自我價值，長七郎的話因此深中他的內心。高尚地死去是一回事，作為農民灰飛煙滅又是另一回事。澀澤取消這次攻擊，把妻子千代和出生沒多久的嬰兒留下，離開村莊用別的方法追尋他的使命。過了不久他就用盡盤纏——尤其是在繞道經過吉原的花街柳巷以後——因而被勸服進入藩主一橋慶喜的麾下工作。慶喜是德川家的旁系家族的家督，後來成為日本的末代將軍。

澀澤非常享受他身為武士家臣的新身分，他有時候會坐在轎子裡出行，身邊跟著隨從，其中包含會對著眾人大喊「跪下！雙膝下跪！」的護衛一名。他也學到了許多日後會派上用場的技能，從利用魅力和壓力替大名的軍隊招兵買馬，到協調米價與行銷本地產棉布替主公改善財務狀況。澀澤在一八六五年受到拔擢，成為勘定組頭（負責處理日常的財務事務）。

隔年，一切就變了。慶喜接下將軍頭銜這個裹了糖衣的毒藥，為了挽救與法國岌岌可危的外交關係，他使出最後一搏把弟弟昭武送去參加一八六七年在法國的萬國博覽會。他的計畫是讓昭武在法國留學後，帶回有助於幕府存續的知識與專業。預備要跟昭武一同前往的人，據知都對外國人不抱好感，慶喜深怕會發生外交災難，因此他要求澀澤加入這組人馬，發揮他的才智與調解的能力。

澀澤從鄉村生活轉移到武士旗下，現在他的視野又將變得更廣闊。一八六七年二月，他在

橫濱登上艾爾非號（Alphée），首次認識了法國咖啡和麵包，麵包要抹上「凝結的牛乳」來吃。很快地他來到上海，看著電報纜線和煤氣燈，在燈光下看著歐洲人「對待當地人如同牛、馬，用棍子任意抽打他們」。儘管他對孔子諸多景仰，他發現當代中國人的「無知」令人十分「不齒」，「他們仰賴著古老的體制，日復一日墮入更深的貧困」。他發現這些歐洲人奴役當地人的情景，同樣發生在西貢、新加坡和錫蘭。

一八六七年四月抵達巴黎後，澀澤開始在各處見識到歐洲勢力的源頭：教堂與法庭、舞會大廳、植物園。此行最糟糕的一站就是下水道系統，氣味逼人又乏味。最精彩的一站無疑就是萬國博覽會了，那裡陳列著各式各樣法國人的成就，同時還有他們的歐洲及北美盟友與對手的成就；其中澀澤最喜歡的莫過於英國的蒸汽引擎。

這場博覽會也讓澀澤意識到西方世界是如何看待日本的；巴黎人用望遠鏡看進座落在庭園裡的茶屋內部，裡面有三名年輕的日本女人坐在榻榻米地板上。這個展覽在報章上得到了佳評，不只如此，日本的瓷器、劍以及有著細緻金銀鑲嵌的漆木傢飾都得到了極好的評價。但在法國媒體的其他版面上，澀澤發現日本人被形容成懶散且有「令人憎惡的習慣」，意指濫交。

那年秋天，他們緊接著進行了小型的歐洲之旅，他們去了巴塞爾（Basel）、伯恩、日內瓦、鹿特丹，然後到海牙（The Hague）參觀了兵工廠和一座船塢，並觀看國王主持議會開場。接著這批人馬們到達阿姆斯特丹，稍後又到萊頓（Leiden），由菲利普・馮・西博德之子亞歷山大在旅程中擔任翻譯，為他們導覽父親布置的日本庭園。他們繼續遊歷布魯塞爾、安特衛普

（Antwerp），並南下到達杜林（Turin）、佛羅倫斯、米蘭，再來到比薩觀賞斜塔。最後一站是英格蘭，他們從多佛搭乘特別的火車來到倫敦，參觀議會後，在溫莎堡（Windsor Castle）謁見維多利亞女王（Queen Victoria），並享用下午茶。

當這批人馬在十二月中旬回到法國時，他們發現報紙上滿是荒唐的報導，聲稱將軍要將權力還給天皇。一開始他們沒有幾個人相信這個訊息，但是幕府在戊辰戰爭中接連戰敗的訊息傳到他們耳裡後，澀澤很快就「氣得握拳咬牙」。他們被迫停止歐洲行程，在一八六八年回到日本面對慘淡的政治局勢，對澀澤來說，舒心的榻榻米和日本食物只能稍解慘況。

澀澤先到血洗島村拜訪父親，然後去了本州東岸的靜岡，此處是德川家祖傳封地一個小角落，也是慶喜退任將軍以後被應允的居地，他開始在那裡試驗在歐洲學到的知識、技能。法國銀行家保羅・福樂西－埃拉德曾經建議他將一些團體旅遊的時間投資在學習公債與鐵路股票的資金。澀澤之後說，當時他對資本主義機制的了解程度，就只等於在萬國博覽會時，他對英國蒸汽引擎的運作原理的了解。但是他對於一些基本概念印象深刻，像是財富可以用來創造出更多財富，以及實現此事的商人及資本家也能算是在「生產」，這個概念讓他們得以被合理看作是值得尊敬的人。

澀澤著手把靜岡附近的商人聚集在一起，建立一家株式會社：靜岡商法會議所（商會）。它融合了銀行與商業考量，匯集資金並提供借貸，以資助該區域新興或是擴展中的公司。澀澤

稱之為「合本」，即為群體利益結合金錢與才能等資源，不論社會地位為何，每個人都可以貢獻資本。這個商會的目的是互惠共好，而非為了個人致富，就如同澀澤所言「單單一個有錢人沒辦法讓整個國家變得更富足」。他希望透過合本可以重新思考日本商業，並將它重新包裝成有道德的企業，人們可以參與其中而不會損壞名譽。

作為一名精明的商人，澀澤的才華讓這個新概念得以發展。澀澤預期物價會因為人們不認識且不信任日本的新領導人而上漲，因此他大量買進油粕、稻米、肥料等物資，很快他就能夠以很好的價格賣出稻米與肥料，把獲利轉作商會的資本。商會開始買入及賣出各式各樣不同的商品，從茶葉、蠶繭一直到木屐、沙丁魚乾以及書法紙，許多商品都是由澀澤本人採購，親身前往東京協調出好價格；同時，移居到靜岡的人也會向他們借貸所需的資金，以開設新的事業，尤其是茶葉與養蠶兩種行業。

關於澀澤的消息傳了開來，到了一八六九年他被延攬進入政府機關，擔任民政局租稅正（相當於今日的國稅局局長）。他參與規畫日本新式銀行與稅政系統，還有政府投資的一些新型工業企業；政府在某些狀況下會將這些公司作為樣板企業營運一段時間，讓人在裡面接受訓練，也測試不同的西方技術。考量到國內及國外市場，最為優先的是機械化繅絲與機械化棉花紡紗。航運也非常重要，因為關係到貿易與國安。

澀澤尊重他的新上司闖們在一八六八年的英勇氣慨，但他發現他們不擅長平衡預算，也太輕易就答應提供日本新興的軍隊所要求的一切。他或許從這個國家裡快速發展的官僚體制中，

察覺到過於自滿的情緒以及扼殺企業精神的現象，同樣的狀況曾經讓他在德川幕府的太平時期大為反感。在未來的歲月裡，他肯定利用了這種與官僚來往的挫敗感來牟利，甚至是在他為官僚與商業界擔任中間人的時候。

澀澤在一八七三年離開政府部門，在新成立的第一國立銀行擔任總監。這是第一間以日本的新型美式系統打造的銀行，主要由兩大德川時代的商人家族三井及小野合資，由澀澤牽線達成合夥關係。許多這類型的銀行特許成立，最後一間於一八七九年在京都開始營業的是第一百五十三國立銀行。

澀澤作為第一銀行的總監，他監督高級主管的工作內容、主持他們的會議，並且展開一項又一項的投資。第一批投資對象之一是王子製紙，它的創立是為了供應印製紙鈔的紙張（在新的日本銀行於一八八二年開始負責發行紙鈔以前，任何政府特許成立的「國立銀行」都可以發行紙鈔）。從此時開始，澀澤的職業生涯中參與了不下五百間公司的經營，他協助創立一百多間公司，並在其中三十四間公司擔任主管職位。許多公司都是其產業中的翹楚，包含造船廠、港口、鐵路以及現代礦業，還有天然氣、紡紗、磚塊、繩索、保險，也有西式的旅館及釀酒廠，其中札幌麥酒株式會社建立了日本飲用啤酒的文化。澀澤在大阪的紡紗廠於一八八四年開業，有著蒸汽動力（通常是水力發電）、電力照明而且二十四小時運作，十年後返還給投資人的股息高達百分之三十。

隨著澀澤在十九世紀八〇年代到九〇年代名望高漲，人們認為他除了擁有商業常識以外，

還擁有一個對於早期日本工業化來說非常重要的特質，也就是值得信賴的特質。由於依靠外國資本有不值得承擔的政治風險，因此「富國強兵」這樣偉大的國家計畫就有賴日本人匯集自身資源的意願。但通常人只有在確定有天會連本帶利的回本後，才會願意把錢投注在株式會社這類新型的企業。這就是需要信任的時候，澀澤透過行動培養信任，並呈現出一個實際會做事的「實業家」，而非一個老派而且沒信譽的商人。當一本雜誌在一八九九年針對全國最受尊敬的人物進行調查時，澀澤名列前茅，與福澤諭吉並列。

澀澤希望能夠在別人身上培養出自己受人讚賞的特質，所以他參與了明治時代的一波重要潮流，也就是由新興職業與利益集團建立協會與期刊。澀澤的貢獻是一個名為「擇善會」（選擇良善的協會）的銀行家協會，之後他會將這個協會與其他團體結合，在一八八〇年組成東京銀行集會所。五年後他緊接著成立了龍門社，名稱來自古老的中國故事，講述一條小魚成功躍上一座大瀑布。龍門社起初由澀澤大家族的成員加入，後來逐漸演變成非正式的商業管理學校，舉辦會談、演講，並邀請重要的商人，有時也會邀請到高層政治人物，有一回還請到伊藤博文。

*

當東京人在一八八九年二月上街用旗幟、節慶花車、日本酒和相撲來慶祝新的憲法頒布時，他們的城市已經永遠改變了，因為澀澤所資助的公司與工業的努力，也因為這些公司的獲

澀澤榮一像

利，讓政府可以投資基礎建設。在市中心與慶典的中心位置有一座全新的宮殿，約於一年前在將軍城堡的舊址竣工，原城堡已於幾年前於火災中燒毀。在南方，霞關（如今的千代田區）的政府機關行政區域持續成形中。

而宮殿東邊的精華地段在一八九〇年由岩崎彌之助買下，他預計要在此為他剛繼承且前景看好的三菱公司建設總部，這是日本商業與工業的第二種模式。澀澤支持他理想中公開且民主的株式會社，由票選出來的董事會管理，然而相對地，三菱是四個強大財閥的

其中之一，特色就是由家族經營、高度階層化的企業集團，裡面包含了各種工業及服務業的公司行號。透過整合他們的目標、資本以及專業知識，並與日本的政治菁英發展緊密的關係，他們得以在造船、化學、機械、礦業等產業取得領導地位。其他三個主要財閥包含與三菱一樣相對新興的安田財閥，還有另外兩個從德川時代就存在的商人家族，他們在新日本已經發展得很好，分別是大阪的住友財閥以及江戶／東京的三井財閥。

這兩種迥異的商業經營模式最後卻在東京的同一塊區域落腳，三菱的新總部發展成丸之內商業區，該區又因為其維多利亞式建築，而被稱作「一丁倫敦」，即「倫敦街區」的意思。在它東邊的日本橋有三井的建物，澀澤的第一國立銀行曾有一段時間使用那裡的辦公空間。澀澤本人在日本橋也有基地，一八八八年時，他為自己蓋了一棟俯瞰河道的大型威尼斯哥德式豪宅。這裡是他新家庭的家，在他的妻子千代於一八八二年過世後，他與一位名叫兼子的女子再婚。這裡也是附近商業區的同行可以來開會的地方。

宮殿東南方有一群龐大的建築，在一八七〇年代留下，是日本與西方世界交流的產物；一八七二年，銀座慘遭祝融後被夷為平地，五萬人無家可歸，現在銀座街區已經以磚塊及石塊重建，有著寬敞、通風的林蔭街道，其中晴海通和中央通交匯處的「銀座十字路口」很快就成為時尚焦點。在那裡可以看到人們穿著前衛的日式與西洋混搭服飾昂首走在國內第一條人行道上，有人上身穿著和服，下身穿著長褲；有人蓄著連鬢鬍子或是戴著巨大的鑽石戒指。「漫無目的地在銀座閒晃」的行為後來稱作「銀座散步」，可以在白天也可以在夜晚進行，這都是多

虧首都的第一批天然氣街燈。

銀座也是超過五十間報社及雜誌社的東京辦公室所在地，可說是日本對倫敦弗利特街（Fleet Street）的致敬。日本第一條鐵路的東京終點站就座落於附近的新橋區，十分方便。這條鐵路於一八七二年完工，使用英式窄軌以及軌道機車（locomotive），在橫濱與美輪美奐的新橋車站之間往返，左手邊則是一般的交通車流。新橋車站有裝飾著石頭、玻璃與油漆的金屬候車亭，由天皇親自剪綵，背景襯著雅樂（傳統宮廷音樂）的旋律與西式的軍樂隊。到了一八八九年，這條鐵路延伸，將東京與橫濱和京都、大阪及神戶連接在一起。

東京內部的交通運輸也在發展中，就像大阪等大城市一樣，隨著路面改善而且乘坐人力車與馬車的人次增加，東京逐漸從水路交通穩步轉移成以陸路交通為主。多虧了以英國為範本打造的全國郵政及電報系統，通訊方式也大大革新了。到了一八九〇年，日本已經有五千間郵局，很快就能夠每年處理上億件郵件，東京和橫濱還擁有電話系統。與此同時，首都的安全則是由以巴黎為範本的警隊負責。

這些年裡，類似的故事經常發生，即快速變遷的環境造成人們的反對與驚慌。一八七三年，一些掙扎求生的武士階級成員把他們的挫折發洩在電線桿上，砍斷了上百根電線桿，導致必須對電報系統進行意料之外的早期維修。同一時期，日本西部某些地區謠言四起，聲稱電報系統是透過處女的血液在電線中流動以帶動運作，憂心的女孩們開始剃掉眉毛並把牙齒染黑，假扮成已婚婦女。同時有一則新聞，報導了一名年輕藝伎「在客人點燃火柴的時候昏倒了，因

為她深信房間裡有鬼魂現形」。

澀澤的影響力在這個新世界裡隨處可見，他協助籌組日本第一家電力公司——日本電燈會社（現在的東京電力），在一八八七年開始為東京供應電力。電力是一種三贏，首先，它是現代化的表徵；第二，它減少日本對國外進口煤油的依賴；最後，它降低了家戶與建物起火的風險。澀澤也在東京瓦斯就任要職，為城市的公共區域提供煤氣照明。他幫忙岩倉具視召集一票貴族，投資建設新的鐵路路線，從東京到本州北部的青森。政府被說服承諾返還投資金額的百分之八，並且協助找尋日本籍工程師進行此項建設計畫。一八八一年，澀澤建立了日本鐵道以經營此項投資案，而這條路線在十年後開通。

有幾項建設是澀澤在歐洲觀摩到，但是還沒在日本達成的，其中一項就是汙水處理系統，要到一九〇〇年代才會建設好。在那之前，首都讓人最不想居住的地方就是西邊的新宿，傍晚的尖峰時刻，汙水車從這裡駛出市中心，給了新宿「東京大肛門」這樣的綽號。

到了一八九〇年，當日本舉行第一次新國會選舉時，投票率達到了百分之九十七，政治和工業都已經開始明確成形。時任首相的山縣有朋同一年在國會發表演說，暗示了國家接下來要專注的方向。

日本北方的邊境相當安全，蝦夷地在一八六九年改名為北海道，由東京穩固地管控著，其原住民族愛奴人長達數十年的悲慘下坡路業已展開，首先是日本拓荒者蜂擁而至，盜取他們的土地，並且意圖要他們融入日本主流文化（特別是透過學校教育，教導年幼族群適當的禮儀和

道德觀），造成了貧窮、負債與酗酒習慣等後果。再往北，一紙與俄國於一八七五年簽下的協議，讓千島群島留在日本手中，而庫頁島則歸俄國所有。一八七九年以後，日本最南端的邊界延伸到涵蓋了琉球群島，並在併吞後改制為「沖繩縣」。如同愛奴人，琉球人也有自己的歷史和文化，好幾個世紀以來，一直和日本有政治和貿易上的接觸；而像愛奴人一樣，琉球人也會發現被納入新的國家藍圖中，對位處邊陲的「日本人」來說弊大於利。

日本群島西邊發生的事情對日本領導人來說是最大的隱憂。俄國即將完成西伯利亞鐵路往海參威的路線，甚至可以輕易繼續往南延伸到政治不穩的朝鮮半島。與此同時，許多西方國家對曾經偉大的中國蠶食鯨吞，而衰弱的中國領袖仍然堅稱他們擁有對朝鮮的宗主權。一八九〇年在國會的演說中，山縣認為東亞這一切的動盪，意味著日本必須在國界以外維護勢力範圍，以確保國家安全，他稱之為「利益線」。朝鮮就是關鍵。山線受到一名普魯士軍事顧問的啟發，他形容朝鮮半島就像是「直指日本心臟的匕首」，如果不對的人掌控了半島，他們就可以把這裡當作基地來恫嚇或是甚至攻擊日本，就像十三世紀時，忽必烈蒙古大軍的所作所為。

一八九〇年代早期，朝鮮半島的情勢緊張且持續升溫，尤其是中國與日本之間，直到一八九四年甲午戰爭爆發。戰爭的結果為日本脫亞入歐，如此劃時代的關鍵決定提供了精彩的實例；日本的新式陸軍與海軍分別效法了普魯士與英國兩個範本，都大獲全勝。隨後的和平協議於一八九五年四月在下關簽訂，奠定了日本在東亞的強權地位。朝鮮的獨立已經受到保障，不受中國控制。滿洲南端的遼東半島成為日本租借地，這裡離朝鮮北部夠近，因此兩座半島的

安全可說是休戚與共。中國人被迫以銀兩支付巨額賠款，而日本的南端國界又再度延伸，這次涵蓋了台灣島。

這一切都受到普羅大眾熱烈的歡迎。這個國家花了三十年用各種方式匯集國內資源，從稅收、教育、徵兵，到現在的早期工業化，終於迎來了實質的成果：國家安全、國際影響力，甚至得到西方一定程度的尊重；十九世紀五〇年代後期至六〇年代早期簽訂了許多惡名昭彰的不平等條約，在九〇年代間持續修訂，其成果可見一斑。同一時間，日本的出口量已經高過進口量，這是由棉紗與生絲以及生棉與紡織品帶來的轉變。

然而，由蓬勃發展的報業助長起來的民族自豪感，在中日戰爭後幾乎立即被澆熄，因為由法國和德國撐腰的俄國，要求日本將遼東半島歸還中國，還隆重地聲稱是為了保全「亞洲和平」。日本領導人不得已，只能默許後來稱作三國干涉還遼的事件，殊不知俄國竟然開始在滿洲強化地位，並在一八九八年取得當年日本被迫放棄的遼東半島長期租借權。他們很快就開始建設鐵路網，以哈爾濱的樞紐串連東邊的海參威、遼東半島南端俄國海軍的不凍港新基地旅順港，以及遠西的莫斯科。

澀澤認為自己是國內的「泛亞洲主義者」，他熱切地希望中國、朝鮮、日本可以攜手合作，保護自己的地區不受西方殖民主義影響。對於批評他的人而言，這樣的觀點不過就是日本使用武力的遮羞布，背後由新舊交織的排外思想支持，包含桓武天皇對邊陲蠻夷的古老看法、德川時代國學思想家的本土主義，以及近代西方的偽科學種族主義。不過許多日本人真心希望

讓「文明開化」不只是一個國內的口號，還能夠蓬勃地輸出。

對於富有影響力的教育家及政府顧問新渡戶稻造來說，這不只是政治和戰略優勢，而是基本人權與人文主義的議題。有一段時間，他曾經為一名在德國受訓的醫師後藤新平工作，協助他把台灣變成一個後藤所說的「實驗室」，用來在海外測試澀澤在國內協助開發的國家營造及基礎建設技巧與技術的潛能。提倡日本早期殖民主義的人指稱，台灣快速成長的國內生產毛額，以及迅速開設的學校、醫院及公司，皆是實驗成功的表徵。

澀澤擔心要實現這種文明開化的理想將需要大量的軍事開支，但是他很樂意在台灣及朝鮮半島的經濟發展中發揮良能，惡意批評他的人會說這是「剝削」。他的第一銀行在首爾及釜山營運，有一段時間他的臉還出現在當地發行的紙鈔上。到了一九〇一年，他成為首爾釜山鐵道公司的總裁，努力募集足夠的資本以建築鐵路連結兩座城市。他說這麼做的目的是為了要讓朝鮮變得繁榮，並轉變成更富裕的市場，讓日本產品可以在此銷售。這一切都有助於保護朝鮮不受西方世界進犯，同時也能保障日本自身的安全。在日本的幫助下，中國也能夠免於自毀。這就是構成澀澤資本主義倫理基礎的「群體利益」所延伸出的概念，從日本的群眾到想像中的泛亞洲民眾。

俄國人持續讓這樣的希望破滅，隨著他們在東北亞的版圖擴張，英日同盟在一九〇二年簽訂下來，將英國與日本結合在一起，共同為他們在中國及朝鮮的權益抵禦俄國。伊藤博文以新興勢力的姿態與俄國談判，他認為最直截了當的解方就是讓俄國認可日本在朝鮮的權益，而他

們也認可俄國在滿洲的權益。但是談判無果，於是在一九〇四年二月，日本海軍給家鄉的愛國人士一劑強心針，他們對旅順港的俄國艦艇發動奇襲。

緊接著的戰事中，澀澤的支持被看得非常重要，以至於當他一開始對軍事衝突表達反對時，日本的陸軍將領隨即來拜訪他，而且堅稱如果不採取行動，俄國人最終就會占領朝鮮半島。澀澤被說服了，並且開始集結日本的商業領袖，為一筆將來對生活及資金來說代價都極具高昂的投資籌措款項。

在這場戰爭中出現了兩名軍事英雄。陸地上的是乃木希典將軍，這是他第二次占領旅順港，第一次是在甲午戰爭期間。而在海上，由海軍大將東鄉平八郎在亞洲迎戰俄國波羅的海艦隊，並將之擊潰，幾乎一艘軍艦都不剩。英國人給他們的新盟友一件珍貴的賀禮：海軍將領納爾遜子爵的一縷頭髮；他在日本的水手之間是傳奇人物，因為他具有他們認為是武士精神的特質。

到了一九〇五年五月，單就日本這一方，士兵死亡人數就超過十萬，使得日本人及俄國人雙方都急於談和。美國總統老羅斯福（Theodore Roosevelt）於同年九月從中調停，促成《樸茨茅斯條約》（*Treaty of Portsmouth*），這場戰爭終於結束，多數國際觀察家認為日本是勝利的一方，這是首次由亞洲國家戰勝現代西方帝國勢力。

日本很快就見識到何謂德位相配。遼東半島的租借權，連同俄國的鐵路建設以及滿洲的礦業權利，一起回到了他們的手中。從一九〇六年起，這塊名叫關東州的地區就由關東部隊（後

改為軍隊）提供保護。鐵路沿線的民政管理及商業事務都成為南滿洲鐵道株式會社（滿鐵）的責任範圍。後藤新平在台灣的聲望讓他在一九〇六年贏得了公司第一任總裁的職位，政府及民間的滿鐵投資人都希望他可以在他們的新投資方面做出好成績。此時，庫頁島南段也被納入日本帝國，並重新命名為樺太島。日本在韓國的優先權益最終得到正式認可，俄國人同意不去干涉任何日本人在該地的所作所為。

日本人在一九〇五年晚些時候決定將韓國變成日本的保護國，並在一場犧牲了上千名韓國人性命的戰爭後，於一九一〇年全面併吞這個國家。日本的資金、移民、商品湧入半島，開始試圖把朝鮮轉變成「文明開化」的市場及原物料來源。澀澤又再次處在一切行動的中心。他的第一銀行朝鮮分行成為高麗銀行（在一九一一年改名為朝鮮銀行），召集了包含自家工廠的三家大阪主要棉花製造商，建立了將棉花輸出到朝鮮的同業聯盟，接著他在一九〇八年協助建立新的「東洋拓殖株式會社」，帶著雄心壯志，要將兩百萬名日本農民在十年內移居到朝鮮。到了一九二六年，這個數字相對令人失望，只有兩萬名農民，更多預期以外的土地早已由朝鮮人民開墾完成。但這間公司毫不氣餒，它發展成最大的地主，在澀澤過世時已掌控了八萬名朝鮮佃農，土地面積超過十五萬公頃。

澀澤開始呼籲政府與企業合作，定下政策目標，由於企業先前被要求在日本的外交政策上提供大量金援，像是發動耗費日本將近十七億的日俄戰爭（大約有十億是海外舉債），以及在朝鮮與滿鐵掌控的領地建立工業與基礎建設。他十分擔憂日本在東亞追求利益的行為愈來愈具

侵略性，會損害國際聲譽，更不用提管理一個不斷擴張的帝國的成本有多少。

澀澤開始思考日本是否已經到達了臨界點，一旦超過臨界點，更多軍事部署反而會損害利益。他認為舊的「武士道」現在應該要成為「實業道」，傳統的武士精神真正的繼承者應該是商人而非軍隊。有些人仍然使用和魂洋才的口號，表示「日本精神，西方技能」，然而澀澤提倡的是士魂商才，意指「武士精神，商人才能」。

*

一九一二年，日本在滿州與朝鮮的殖民實驗開始後的幾年，來到了一個時代的尾聲。天皇從一八六八年由政變領袖選中的默默無聞青少年，成為現代日本勢力崛起的唯一偉大象徵。他於一九一二年七月三十日駕崩，戰爭英雄乃木希典和妻子以受到大肆宣傳的「殉死」隨他而去；這是流傳了好幾世紀的傳統，當主公逝世，武士就會自盡。大眾的哀悼中帶著一絲因為失去安定民心的人物而產生的焦慮，日本這段時間十分繁榮，但之後這個國家該何去何從呢？

澀澤塑造那段繁榮的角色，大約在這段時間從商業轉移到慈善事業。據他所說，他現在的目標是確保勞動與資本之間的和諧，並且努力紓解貧困。他早已參與日本最早的社會福利機構：綜合了孤兒院、青少年感化所、醫院以及養老院的養育院（如今的東京都健康長壽醫療中心），這間養育院只不過是他以各種身分參與的上百間慈善機構的其中之一。

澀澤經營福利機構的的方式，完全符合他整體的國體資本主義倫理觀。養育院照顧那些當下無法照顧自己的人，澀澤希望這些人可以盡可能回歸自給自足的生活。同樣的做法也應用在本州北部的奧羽地區，媒體稱此地為日本的西藏，與國內其他地區相較之下，這裡承受更嚴重的貧窮與饑荒問題。澀澤主張的投資工業與基礎建設是幫助這個地區更好的方式，甚至還能反過來幫助國家，而不要只是簡單的發放救濟金就草草了事。他堅稱這樣的計畫應該要由商業以及慈善組織來領頭，而非國家。在這種計畫以及其他日本的事務中，循規蹈矩而且盡可能屏除官僚干涉的私人企業才是前進的方法。

至於勞資關係這個一八九○年代到一九○○年代初期日益令人擔憂的問題，澀澤希望可以看到管理者和工人建立起以儒家思想以仁義為本的關係。這樣的德行在小型企業裡容易執行，因為互動規律且親近，他認為挑戰在於讓這種思想在大型工廠和製造廠裡生根。為了這個目標，澀澤在一九一九年成為協調會的副會長，召集企業家與政府官員教育工人、調解勞資糾紛並為勞工改革提供建議。對於澀澤而言，不良的資本主義只注重個人利益，而不良的勞資關係則是只注重工人權利，關鍵應該是合作。

評論家認為協調會這樣的組織之於勞資關係，就像泛亞洲主義之於國際關係一樣，只是不誠實地利用互惠的說法為貪婪的私利開脫。其他人則是劍指澀澤的鉅額私人財產，或是他謠傳中的約三十個私生兒女，質問他這些事情怎麼會與他大力鼓吹的專業與私人道德相符。澀澤試著對後者亡羊補牢，他說：「除了和女人的關係以外，我沒有做過什麼虧心事」。他的第二任妻

子兼子之後更為直接地表示：「還好他信奉的是儒家思想，如果他是基督徒的話，日子不會太好過。」

澀澤持續推廣他對資本主義與社會福利的願景，直至他於一九三一年過世，享耆壽九十一歲。他自承的高糖高脂肪飲食顯然並無對他造成什麼傷害。這個曾經在靛青買賣上討價還價的鄉下男孩，長大後被《華盛頓先驅報》（*Washington Herald*）譽為「日本的摩根（J. P. Morgan）」。

14 津田梅子——文化衝擊

西元一八六四年至一九二九年

一八八二年十一月二十三日，星期四

喔，蘭曼夫人……若妳看到我們日本人多麼輕易就適應日式作風，妳會很震驚吧。我現在對所有人都會鞠躬行禮，還非得坐在地板上，即使我們有西式的客廳也有椅子。日本的食物非常美味，我很自然就習慣了這種口味，簡直如魚得水，但是每一餐都還是有準備給我的麵包和一些西式的食物，因為他們怕我生病。他們想在我的茶裡加糖和牛奶，幫我的麵包塗奶油，但是我不讓他們這麼做。

津田梅子的信以這種口吻又繼續了一段，對她來說，進門時必須脫鞋相當惱人，她穿著日本服飾的時候看起來「很滑稽」，用日本的方法坐下很難看起來不粗魯。日本的禮節基本上非常嚴格，像是用餐的時候，碗裡只剩下一粒米沒吃也會被認為是大不敬，所以津田預期自己隨時會出大紕漏。她做出結論：「跟美式作風真是大不相同啊。」

十一年前當她只有六歲大的時候，津田曾是岩倉使節團最年幼的成員。伊藤博文和其他人

出發環遊世界、建立人脈，並在現代治理方式與社會各領域留下了豐富的記錄，津田和其他四個女孩被賦予的任務則是與西方世界建立更深層的連結。這些男人會學習，而這些女孩會蛻變。美國女性被視為非常理想的模範，她們正向、受過教育，還是專業的現代家庭主婦。

津田在華盛頓特區被當作美國女孩撫養長大，一八八二年十七歲的時候才回到她幾乎不認識的國家。她身上的文化衝擊深刻又不尋常，但她不是唯一把明治時代的日本看作異地的人。她也不是唯一一個在十九世紀晚期和二十世紀初期尋找方案，用以替代日本新興政治及軍事領袖，在澀澤榮一之流協助下建立的世界。讓津田與眾不同的是，她會用旅外國人的觀點看待國家的問題，並根據自己獨特的日本、西方與基督教價值觀總和，倡導出奇歷久不衰的解方。

*

津田梅子出生於一八六四年十二月三十一日，母親初子以床邊的梅樹盆栽為她命名，她的先生津田仙不在身邊的時候，都是這株梅樹陪伴著她。當他得知期待已久的孩子是個女嬰時，他怒氣沖沖地離家，直到七天後該為她命名時都沒有回家。

時間回到一八五三年七月，津田仙是海軍准將培里上岸開啟緊繃的美日關係時，在旁邊圍觀的武士護衛之一。他盡力將日後的危機化為轉機，學習荷蘭語及英語，為幕府擔任翻譯，並在一八六九年與初子結婚，入贅她家，她家是德川家旁系家族的家臣。

一八六七年，仙代表幕府拜訪美國，然後在一八六九年成為日本第一間西式飯店的經理，飯店位於東京的外國人聚居地築地。主要的外國顧客稱之為江戶飯店，它是採用西方建築風格的早期實驗品，這讓它成為當地日本人的觀光景點，但是真正的住客對飯店就沒留下什麼好印象了，其中一個客人描述它是「極其差勁的飯店」，建造得奇差，也缺乏管理。一八七〇年，當楠本稻搬到這個區域開設自己的診所時，飯店大部分的房間都是空房；仙隔年就離職了。

身在這樣變化快速的年代，仙對前程展望感到焦慮，一八七一年，一則不尋常的政府廣告吸引了他的注意力，他發現自己深受吸引。一些小女孩會在美國接受十年的教育，所有的支出都由政府支付，零用錢也包含其中。仙或許是希望可以把他的女兒變成未來值錢的婚配對象，所以把梅的名字報了上去。他並沒有把她當作家庭命運的核心，而是把真正的希望放在兩個小兒子身上，將他們命名為金吾（我的金子）和銀吾（我的銀子）。

政府的廣告只收到五份申請表，畢竟這是全新的國家領導人提出的非傳統主意。一名申請者的母親不知道是否還能再見到女兒，因此在他們啟程前不久把女兒改名為「捨松」，意思就是「被捨棄的松樹」。津田後來回憶，說自己被幻想出來的未來嚇到了，但同時又很好奇這場冒險會把她帶向何方。一八七一年十一月，才六歲的她發現自己和其他四個申請者一起被帶到皇后面前，她們所有人都被錄取了。皇后隱身在厚重的垂幕後面跟女孩們說話。她們拿到一些神聖的「宮廷糕點」，據說可以治百病，還有一長條紅絲帶，以及一份文件鼓勵她們要「為了國內的女性好好學習」。

隔一個月，津田打包好行李，裡面有為了寫信回家的紙、墨、毛筆，一些圖文並茂的日本歷史，一條父親給她的紅色西式披肩，一本字典與英文學習入門書。然後她和其他女孩們就坐上橫濱港的小艇，前往美國，這艘船將會帶著她們橫越太平洋。一群人聚在一起為他們送行，津田的阿姨很確定她聽到有人悄聲說「沒良心的父母」把孩子送到「蠻荒之地」。

在太平洋中央，津田在狹窄的船艙裡和四個暈船的女孩一起歡慶她的七歲生日。她和使節團的其他成員在一八七二年初抵達了舊金山，受到群眾的歡迎。女孩們發現自己在美國不論到哪都受到禮遇，她們受到注視、親吻、還有送到她們面前的玩具，最後甚至被媒體形容成「公主」；直到一八七二年二月，被媒體喻為「公主」的女孩們在大雪紛飛的華盛頓特區和使節團的其他成員分道揚鑣。在那裡，日本駐美大使森有禮安排津田去跟他的祕書同住，他們是查爾斯・蘭曼（Charles Lanman）與他的妻子艾德琳（Adeline）。

五十多歲且沒有子嗣的蘭曼夫婦衷心歡迎津田的到來，查爾斯把她當作「日出之國的陽光」疼惜，而津田抵達的幾個星期後寫給艾德琳的信就表達了她的心聲：

> 我非常開心。我給妳這個當作禮物。我希望妳會喜歡。我覺得妳是非常善良的女士。我覺得妳喜歡我。我愛妳勝過妳愛我。再見，你的朋友梅子。

津田接下來的十年都跟蘭曼夫妻一起住在喬治城的家，由於蘭曼先生是作家，華盛頓・歐

文（Washington Irving）和查爾斯．狄更斯（Charles Dickens）等文學名家都曾來訪。津田就讀小間的私人學校，她抵達美國剛滿一年就表達了想要受洗的願望。改信基督教對日本留學生來說是違法的，但是這個國家長達幾世紀的基督教禁令在近期解除了；在森的批准下，津田實現了願望。當她在幾個禮拜後接到弟弟金吾過世的消息，津田寫信給母親，向她保證弟弟已經跟上帝一起在天堂了。她的父母不久後也成為基督徒。

幾年內，這位剛到美國時只知道「好」、「不要」、「謝謝」三句話的女孩，開始搜刮蘭曼的圖書室，找尋狄更斯、莎士比亞、華茲華斯（William Wordsworth）的作品，以及從凱撒到達爾文等人的傳記故事。津田是個大有可為的數學家和語言學家，她會寫作也會繪畫，也十分喜歡劇場，會下西洋棋，也會打槌球和網球。她養了一隻寵物貓作伴，不知道是思念母語還是偏好直接明瞭的生活方式，她把貓咪命名為日文的「貓」（Neko）。

不是所有美國人都像蘭曼夫婦一樣對她那麼熱情，男孩們有時候會在路上對她大叫「中國人吃老鼠！」儘管成年人比較有禮貌，但是這段時間意在稱讚日本人的人會特別強調他們對（西方）文明的渴求，或是稱呼他們為「亞洲的英國人」。津田帶著這些經歷在一八八二年回到日本，她也帶了蘭曼夫婦為了幫她過上文明生活而準備的禮物，包含了數百本書籍、一些藝術作品，還有一架鋼琴。

回到東京後，津田發現自己在日本就跟十年前剛到美國時一樣，都像是珍禽異獸。人們想

要看到她的美式洋裝和帽子，而當她試著在有馬甲、背心、褲襪、吊襪帶、襯裙、短襯褲等層層疊疊的美式內著外罩上和服，人們又要笑話她。在她寫給艾德琳．蘭曼的信裡，日本人對她來說有時候是「我們」但更常是「他們」，例如「他們是緩慢又懶散的……民族」。

津田希望可以達成皇后的期望，與女性同胞分享她所受到的外國教育的恩典，然而跟她一起搭船回國的日本男學生順利地得到政府部門的工作，她卻不為國家所用。她最後只能困在家裡，幫父親寫信、照顧年幼的弟妹，並且努力重新學習日文。

一八八三年十二月，當伊藤博文送來一份工作邀約，一切都改變了。他即將接任外務大臣，需要人協助他的妻子扮演好接待外賓的女主人角色；伊藤夫人以前是藝伎，所以傳統的角度來看她是很熟練的女主人，但是她對外國語言及風俗習慣缺乏掌握。此外，伊藤的女兒也能在一位受到西方教育的女子陪伴下得到助益。津田受到邀請搬進伊藤家，並得到一份在桃夭女塾的兼差工作，這是一間專門給貴族女性就讀的小型學校。這兩份工作都讓津田可以拿自己的英文能力及美國風俗知識換取日本菁英的會話和禮儀訓練。

這是津田夢寐以求的生活。她加入了一個由母親、父親以及三個小孩組成的家庭，往返於一間日式老房子與附近山丘上的西式新房舍之間，他們會在西式的房子裡吃由湯、魚、肉和甜點組成的西餐，那裡還有伊藤的辦公室。津田有自己的房間和僕人，還可以穿著美式衣著而不用覺得尷尬，她甚至可以提供伊藤的妻子與女兒關於外國時尚的建議，帶她們去橫濱逛街。

和津田都用英文交談的伊藤本人，給人一種思想進步、精力充沛甚至衝動的印象，他會為

津田非比尋常的成長歷程意味著她為日本尋求文化變革的時候傾向於結合進步、美國與基督教思想。她花了很多時間與伊藤談論信仰，對於他可能會改信基督教而感到興奮，但是也擔心自己沒有能力擔任布道者。「我幾乎無法解釋自己的信仰，」她在給艾德琳．蘭曼的信中寫到，「我只知道我真的相信……我真希望有個更好、更有智慧的人取代我，把握這次機會！」

日本的新教徒人口在這時開始增加，在一八九三年達到三萬人。東正教和天主教教會也有取得些微進展，後者讓遭豐臣秀吉釘上十字架的二十六名基督徒在一八六二年封聖。對津田來說，最有希望的就是許多改信基督教的人都是有影響力的人，其中以武士居多，就因為福音與樸實、無私的武士道之間強烈的相似之處，進而深受吸引。基督教領袖內村鑑三聲稱使徒保羅是一名「真正的武士」，忠心、思想獨立而且認為金錢不能衡量一切。

津田很快就挑出一個問題，就是某些外國傳教士的素質不佳。他們「對教派挑三揀四」，表現得高人一等，甚至傲慢無理，津田提到美國代表團時，指出他們不願意欣賞「日本或是美國以外的任何美好事物」。這些傳教士將基督教福音與西方文化混為一談，導致他們被形容為「奶油的臭味」，因為他們特別喜歡乳製品。他們許多人拒絕進入日本人家裡，如果真的進去了，也不願意脫掉鞋子。還有一些人過著奢華的生活，享用有三道菜的正餐，外加甜點，但卻在教會學校供應差勁的食物。「他們的良知在談論宗教與發送傳單的時候這麼慈愛，對這點事卻那麼苛刻？」津田在寫給蘭曼夫人的信中問道，「他們是瞎了嗎？」

基督教與西方的關聯違背了日本日漸高漲的文化國家主義背景，對於日本基督徒來說造成

了嚴重的政治問題。佛教或許喪失了許多德川幕府統治下的特權，但是它仍然被多數人視為屬於日本的宗教，其思想、建築、儀式在他們的生活中占有重要地位，此時改革者也努力地在一片西方科學主張與國家發展建設中，找尋佛教思想的施力點。由於新的政權扎根於神聖下凡的天皇，因此神道正享受復興，基督教相較之下面臨了對「雙J」的愛最終可否相容的質疑，指的就是耶穌（Jesus）和日本（Japan）。津田在八八四年親身經歷了這樣緊張的局勢，當時報紙大肆報導伊藤博文希望可以讓天皇本人也成為基督徒。津田在伊藤家的存在突然變得不太恰當，她在那年稍晚就離開了。

一八八四年，津田協助女子慈善協會規畫為期三天的義賣，她對於不肯對價錢讓步的日本上流女性印象深刻。她們無情地把洋裝、時鐘、帽子、扇子、玩具還有抱枕的價格開得很高，還拒絕找零，但是這些女人在津田看來似乎無可救藥地著迷於上流社會的娛樂和社交生活。她希望年輕的一代能夠更好，因此她在一八八五年接下學習院女學部的教職。這是一間新的機構，專門給學習院的女性學生就讀，學習院在一八七七年為了教育貴族子弟而建立。津田在給蘭曼夫人的信中寫道，她們是「頂尖的女孩，這個國家最棒的女孩們……想想她們對這個國家未來的命運有多大的影響力」。

興奮感或許讓津田堅持了一陣子。她看著學生搭乘轎車或是人力車抵達學校位於東京市中心時髦的西式建築群，車輛和司機都裝飾了家徽，有些人甚至帶了自己的管家或是女僕。但是

問了關於他在兩年前促成結束的日俄戰爭中，日本人所展示的「日本精神」。第一夫人曾經閱讀過《日本女孩與女人》，她詢問津田，在現代化的進程中，她希望日本人堅持什麼樣的價值觀。「犧牲奉獻與忠誠的精神」是她的答案，儘管津田對美國文學及英國文學情有獨鍾，但她與西方世界的關係其實不如她的評論家所說的那般緊密。

一九〇八年，津田回到日本後不久，她的父親過世了，接著在一九〇九年，她的母親以及她的友人與前僱主伊藤博文也相繼辭世。後者成為日本在大陸的新式外交政策的早期犧牲者，他從朝鮮統監的職務上退下來，不久後就遭到一名朝鮮國家主義者射殺身亡。津田的妹妹琴子於一九一一年過世，接著艾德琳．蘭曼在一九一四年也撒手人寰，而她的丈夫也早就離世。

津田在一九一〇年間持續受到讚揚，包含因為對女性教育的貢獻而獲頒的勳六等寶冠章。然而她的健康不佳，患有糖尿病等疾病，迫使她開始減少活動，與她地位相當的商業世界保守派澀澤榮一也差不多在此時逐漸引退。

*

在津田職業生涯的最後十年間，她面臨了一篇一九一一年發表的作品所帶來的困擾，這篇文章兼具詩歌和宣言的性質，內容如下：

天地之初，女人是太陽，是真正的存在。
如今，女人成了月亮。
她憑藉著他人而活，依靠別人的光亮才能閃耀。
她的面容蒼白，彷若病者。
讓我們展現出暗藏的太陽，我們不為人所知的天賦！
我們必須讓太陽重現。

這首詩由津田以前的學生平塚雷鳥所創作，它代表的是戰爭的第一砲，而這是一場津田長久以來勸說她的女孩們不要打的仗。早在一九〇二年，她自立門戶，合法地將自己從父親的影響中解放，並把自己的名字從「梅」改為「梅子」（子的意思是「女孩」或是「公主」，幾個世紀以來都是由日本的貴族女性使用；在明治時代，平民女性可以自由改變自己的名字，許多人選擇使用「子」）。但是梅子仍然珍惜日本的家庭及社會傳統合作倫理，因此希望女性能夠從內部改革，但是平塚偏好直接挑戰。她對不平等婚姻（它讓女性成為「白天的奴隸，夜晚的娼妓」）發動攻擊，也攻擊《民法典》裡的貶低條款，以及由學校和《婦人之友》等雜誌鼓吹的束縛人生的家庭生活。這些刊物充滿了家務和烹飪小技巧，搭配旨在確認廚房是女人的天然領域的產品廣告，包含了方便的站立式工作檯以及天然氣電鍋。日本的第一間百貨公司三越於一九〇四年在日本橋開幕，讓雜誌廣告成為現實，並推廣商業與保守社會價值觀的結合，定義

了未來女性的生活。

平塚想要女性轉而閱讀她的雜誌。《青鞜》的第一期刊登了「天地之初」，提醒人們不論《民法典》怎麼說，日本的起源不在男性身上而是太陽女神。津田樂意認可青踏社（日本的藍襪社）這個文學協會有很多「聰明」的作家，但是她斥責平塚等人「沒道德」、「目無法紀」，甚至說她們是「惡魔代理人」，因為她們宣揚的思想對日本來說是「外來的」想法。

儘管她們想法不同，津田與平塚的相似之處在於她們都瞄準了社會地位相對高的女性，並且在思想生活中得到解放。同樣這段時間內，在日本其他地方，更為悲慘的情況逼迫女人採取更極端的解決方法。因為澀澤榮一等人而發生的工業大躍進帶來了一些黑暗面，其中之一就是紡織工人的待遇。他們許多人都是年輕的女孩，受到聘僱後在工廠與宿舍間生活與工作，以換取預付款項給她們的父母。那個年代的歌曲講述了慘況：十二小時輪班工作，飯菜中混著沙，極小的違規行為都會扣減工資，還有暴力和性虐待。有些女孩逃跑了，有些女孩堅持下去，她們的音樂和寫作顯示她們不太可能是澀澤的勞資互惠樣版企業的雇員。「讓我們把那些可恨的男人的卵蛋扯下來！」、「雇主都很陰險，是我們最痛恨的敵人。」

社會主義和無政府主義在這些女性間蓬勃發展，導致一九一〇年的一次謀殺天皇未遂事件。一名叫做管野須賀的女性原本預計要丟出第一顆炸彈，她利用祕密舉行的叛亂罪審判，譴責皇室機構在她幾乎難以稱為家的國家裡扮演了有害的角色。

雖然我為他個人感到抱歉，但是在經濟上剝削人民，明治天皇應該要負最大的責任。政治上他是所有罪行的根源，心智上他是所有迷信的根本原因。我的結論是，這種位置上的人，當殺。

其他的運動人士反覆呼籲制定工業勞動基準法，商人拒絕合作，但是在一九一一年政府被迫讓步。最低工作年齡定為十二歲，此外，女性與兒童的最長工時是十二小時，每個月至少要有兩天休息日。

在女性主義與工業社會運動的背景下，津田對菁英教育的專注對於批評她的人來說顯得不合時宜。或許一直以來她的做法都太過以自我為參照，太狹隘地根植於自身在兩個文化間移動的經驗，她的教科書中有一名孤單但樂觀的年輕女性主角，最後獲得了勝利。然而津田已經達成了十分了不起的成就，在美國生活了十年以後，她在一八八二年回到家鄉，藉由執行一場文化衝擊來應對她面臨的文化衝擊，她開創的教育形式融合了日本和西方的價值觀，形塑了不需要開口要求尊重的女性，因為她們已經贏得了尊重。顯而易見，津田本人就是這個理想的體現，學生的證詞和她獲得的資金與讚揚都是明證。一九二九年，津田去世一年後，學校破例將校名改為「津田英學」，並將她的骨灰埋在校園內，以表達對她的尊敬。

15 池田菊苗——新味覺的開創者

西元一八六四年至一九三六年

美國專利及商標局

一九一二年八月十三日專利授權

特此聲明，我們——池田菊苗和鈴木三郎助，身為日本天皇的臣民……已發明了一些新的有用營養和調味物質以及其製作方法……事實上，針對昆布成分進行化學分析時發現，麩胺酸的一價陰離子 $C_5H_3NO_4$ 會散發出強烈的肉味。

八世紀晚期，作為蝦夷「蠻族」向桓武天皇的宮廷獻上的貢品；也曾在世阿彌的能劇《松風》中，由長期受苦的姐妹採集；如今，標誌著後明治時代的曙光，在日本被稱為「昆布」的食用海藻，即將成為轟動國內外的調味聖品：麩胺酸鈉（MSG）。

味精由池田菊苗發明，他是一位關心國家營養狀況的化學家，因此開始尋找使最簡單的飯菜也能變得更有營養、更有味道的方法。鈴木三郎助也加入了這趟探索之旅，並運用行銷智慧，促進池田的發明成為日本新時代的味道之一。這個新時代被命名為「大正」，即「偉大正

義」，從明治天皇的兒子暨繼承人嘉仁於一九一二年登基開始，一直到他一九二六年去世。但嘉仁因體弱多病，無法將新時代打造成自己的時代。他作為明治天皇的第五個孩子，也是第一個存活到成年的孩子，但長年受到身體和精神健康問題的困擾。大正時期，日本反而被一系列建設現代國家的新實驗所定義，包括管理大規模的工業化社會、擴大政治參與、消費文化的出現（食品是關鍵因素之一），以及日本國際關係的成熟化。

許多人和新渡戶稻造一樣，希望日本成為「世界公民」，將科學家視為引領他們的明燈，並將其理想化為全球科學界的成員，在物理、化學和醫學等關鍵領域努力拓展人類知識的邊界。像鈴木三郎助這樣的企業家也有自己的職責，他們把日本產品帶到世界各地，幫助國內創造更國際的文化。

池田菊苗的一生以及偉大發明，都讓人感受到大正時期和一九二〇年代後期的品味。從醫生、律師、官僚和商人等中產階級，可以發現自信、樂觀和美好生活的音符在都市的五線譜上躍動著；然而，同時也存在著對日本的國家發展方向和國際地位的擔憂、懷疑和失望情緒。

*

大正時代早期，日本在全球的地位大幅提升，並作為英國的盟友參加了第一次世界大戰。大日本帝國海軍在地中海展開行動，保護盟國的航運，而日本紅十字會的護士則在西方戰線照

池田菊苗像

顧士兵。然而，參與戰爭對日本真正的意義，在於它附近的領土——瞄準了德國在南太平洋和中國山東半島的殖民地。外交官跟著士兵們一起行動，在一九一九年的凡爾賽會議上贏得山東，以及部分的德國太平洋島嶼（前西班牙東印度群島的一部分）的所有權，並使日本成為國際聯盟的創始會員國之一，新渡戶稻造則成為國聯的首批副祕書長之一。

工業界也在戰爭期間獲得了可觀的利潤，他們為日本的盟友提供資源，對敵國造成破壞後從中獲利。隨著三菱和川崎等重工業巨頭開始擴大業務，日本的工人數量從一九一四年的九十五萬左右暴增到一九一九年的一百五十萬，國民生產毛額在同一時期躍升了百分之

四十以上。

至於消費表現則是差強人意。生活成本逐步上升，到了一九一八年，稻米的價格突然飆升了百分之六十之多。那年夏天，全國各地爆發了暴力抗議活動，參與人數高達百萬，政府不得不調動軍隊和警察鎮壓才恢復秩序。這是日本史上規模最大的示威活動，有助將政治轉至全新的方向。

此時的日本人，已經習慣將主要作為辯論廳的國會，與獨立且經由帝國任命的內閣分開，並由一八六八年的領袖和他們的後進，透過內閣行使真正的行政權力。首相職位在這個小圈子的成員之間傳來傳去，伊藤博文就曾擔任過四屆首相，而山縣有朋擔任過兩屆。但在一九一八年，因動亂引起的政治危機中，山縣卻推薦了一位新人擔任首相。原敬，保守派立憲政友會的天主教領袖，該黨派是當時國會的兩大政黨之一，與較激進的憲政會並列。基於他在政黨的優秀領導能力，首相職位第一次傳給一位平民。

對那些希望迎來重大民主變革的國人來說，此後幾年還有更多值得紀念的事情將發生。一九二二年，婦女參與政治的禁令終於解除。一九二四年起，任命國會最大政黨或聯盟的領袖為首相，成為了往後的慣例。到了一九二五年，日本實行男性普選制，選民人數因此成長了四倍。隨著愈來愈多公務員、商人和軍人認為，加入或贊助政黨等選舉政治行為是達成目標的一種方式，議會制的趨勢也愈來愈盛行。

大正時期的措施，不僅延續了明治時期控制人口和投入國家資源的方針，並進行改善調

整，以因應兩相關連的新危機：一是工人階級提出集體訴求，另一則是外國意識形態滲透日本，其中社會主義和共產主義是最有害的。警察的權力提升：根據一九二五年的《治安維持法》規定，針對「國體」的犯罪行為將被判處長期監禁——在一九二八年甚至提高到死刑。最初為了應對一九一〇年企圖謀殺天皇的事件而特別成立的「特別高等警察」，現在針對因男性普選權而成立的左翼政黨進行嚴格追查，確保他們的政策綱領不會嚴重威脅到現狀。

當局也希望能以引導為主，而不是懲罰。位在東京市中心的霞關行政區，現在集結了新一代的職業官員，他們繼承了明治時期開明、熱心和專家統治的理想，並自詡為「人民的牧羊人」，分別在內務省、文部省和其他部門任職，研究社會問題並做出相應的政策調整，以避免發生革命，其中包括推廣一種模式，與澀澤榮一贊同的勞資關係典範十分相似。一九二〇年代，發生了數百次的罷工行動。但在政府鼓勵以及許多行業技術工人短缺的刺激下，雇主們開始讓步，例如設置投訴箱、遊戲間、醫療保健、永久就業承諾等，實現工人和管理人員之間相互尊重的口號。

對於廣大民眾，官員們則傾向採取德川幕府時期的前輩們所熟悉的治理手段：「教化」，或「道德勸說」。他們充分利用了包括警察和學校教師在內的國家員工網路（在一九二〇年代，有一百多萬人在政府單位工作），並與全國各地的地方利益集團合作。媒體則助紂為虐地將自由主義或左翼意識形態，與道德和性偏差聯繫在一起，平塚雷鳥和她的朋友皆曾受此壓迫而歷經痛苦。在多方措施下，大正當局基本上成功促進了漸進而非激進的變革。

在這個新時代，人們對科學和技術抱有相當大的期待，就像在明治時期一樣。日本選擇了「科学」這個詞來表示science，它的字面意思是「部門研究」。這個詞強調將既定知識劃分為實際相關的專業，在由福澤諭吉和澀澤榮一等人建立的廣泛國家建設實用主義中，奠定了科學的地位。許多日本最早的科學家都是武士，把公眾服務傳統從戰場上帶到了實驗室、演講廳和流行雜誌的版面上，以履行政府賦予的提昇公眾認知的責任。

身兼皇室家庭醫生和東京大學醫學教授的埃爾溫·貝爾茲（Erwin Bälz），同時以社會評論為副業，他曾抱怨，這種知識利用方式將科學視為完成任務的「機器」，而不是探索世界的模式。但科學發現對明治時代的領袖來說，是一種負擔不起的奢侈品。他們的首要任務是獲取專業知識，並建立可以傳授它們的機構，其中至關重要的角色就是日本的「留學生」。這些前程似錦的年輕學子，成千上萬地被派往海外，與各領域的公認專家一起工作，歸國後為各帝國大學組成交流網。其中最重要的是東京大學，成立於一八七七年，一八八六年成為東京帝國大學。京都、東北和九州也有類似的國家資助制度，與首都的私立大學競爭，包括慶應（由福澤諭吉創辦）和早稻田（由大隈重信創辦）。

池田菊苗在日本科學界為這些學識基礎樹立了典範，於一八六四年十月八日在京都出生，屬於南部薩摩藩的一個氏族。與許多武士家庭一樣，在明治的改革時期過得並不順利。一八八五年，他離家到東京大學攻讀化學時，被迫賣掉自己的被褥以支付學業。這段期間，他

時常在科學與莎士比亞之間轉換，並在一所私立大學講授後者的故事賺取外快。

畢業後，池田花了幾年時間培訓化學領域的中學教師後，回到母校擔任化學助理教授。一八九九年，他以留學生的身分前往德國，在萊比錫大學（Leipzig University）師從未來的諾貝爾獎得主威廉・奧斯特瓦爾德（Wilhelm Ostwald），學習了一年半的物理化學（物質在原子和分子級別的行為）。環顧城市四周，池田注意到德國人的體格似乎比大多數日本人強壯，於是開始思考飲食問題：日本人的飲食習慣仍然太差，預示著令人堪憂的國家前景。

一九〇一年，池田回到東京大學擔任教授，並協助將物理化學的研究引入日本，開始著手解決食物、營養和國力的問題。起初研究並不順利。後來，有一天晚餐時他坐在餐桌前，突然靈光一現。眼前的碗熱氣騰騰，映照著他的臉，答案呼之欲出：昆布調味的水煮豆腐，這道幾世紀以來亙古不變的不敗料理。味道不甜、不酸、不苦，也不完全是鹹的，而是另一種帶有可口肉香的風味，讓他想起了在德國品嚐過的番茄、乳酪和蘆筍。他猛然意識到，這完全超出了自亞里斯多德時代以來所使用的四種味覺分類。池田似乎偶然發現了第五種味道。

池田承認這在某種程度上相當主觀。但他知道有很多人即使不是厲害的美食家，也能夠分辨出這種特殊的肉湯味，只不過是用「美味」來形容這種味道。池田在他們的靈感激發下創造了「鮮味」一詞，指的是一種未知成分的烹飪魔力，使不起眼的飯菜也能變成美味佳餚。

一九〇七年，池田開始投入研究，將三十八公斤的乾昆布放在水中熬煮後，接著將產出的液體進行一系列複雜的化學處理，最後只需要一個步驟：放到嘴裡食用。結果發現，確實有點

酸，但味道絕對沒有錯。他分離出了鮮味的來源，至少濃縮成了精華。

進一步的測試顯示，這種神祕的物質，也就是幾十年後科學家們正式確定為世界第五種味道的本質，正是麩胺酸。經過德國化學家卡爾・里特豪森（Karl Ritthausen）和埃米爾・費歇爾（Emil Fischer）的研究，人們已經充分了解麩胺酸的性質。但是，費歇爾品嚐後卻沒有發現特別之處，而池田則嘗試了麩胺酸鈉的形式。基於動物在演化過程中會選擇有營養價值的食物，以及味道與消化的某種關聯性，他得出了「鮮味絕對有益」的結論。因此，把它當作調味料將是一個雙贏的結果：更好的味道、更健康的食物。

池田認為，這種調味料最美味且最實用的形式是作為鹽：麩（胺）酸鈉。一九〇八年，他開發了製造這種鹽所需的化學製程，並取得了日本專利，後來又取得英國、法國和美國的專利。在獲得內務省的批准後，求助於鈴木三郎助，建議由鈴木製藥負責生產和行銷，鈴木同意了，並決定將品牌名稱定為味之素，意為「味道的精髓」。

在池田菊苗和鈴木三郎助的這個新事業之前，已經有一個非常成功的類似案例。和池田一樣，德國科學家尤斯圖斯・馮・李比希（Justus von Liebig）也對平價營養物質感興趣，並在萃取牛肉精華的方法中發現了這種營養素。李比希肉類萃取公司（Liebig Extract of Meat Company）成立於一八六五年，剛開始生產一種粘稠的液體，讓人們能夠享用所謂的「李比希吐司」（可塗抹在吐司的肉類萃取物），數十年後推出Oxo濃縮牛肉精粒。李比希在酵母萃取方面也有類似的發現，並在二十世紀初發明了馬麥醬（Marmite），遍布了全世界。另一方面，味

之素代表了世界首次以工業規模生產胺基酸，這也是日本大學和工業界第一個成功的合作投資。

一九〇九年，鈴木將自己的公司名稱改為味之素，並在這與時俱進的日本食品文化中，為新產品找到自己的定位。明治元年（一八六八年），國家的主食仍維持不變：稻米、蔬菜和魚——在某些日本佛教徒眼中，魚類可是美味且相對無罪的肉質。而肉類很快也加入了主食清單中：在軍營、餐廳，而後在一般家庭裡。出於對神靈嗅覺的尊重，家教甚嚴的家庭做飯時，甚至會用紙蓋住家裡的神龕或祭壇。其中最受歡迎的新菜色是「壽喜燒」：切成薄片的牛肉、洋蔥、豆腐，混合醬油和糖後一起烹調，配上打好的生雞蛋食用。對於戰場上的士兵和旅行中的平民，最受歡迎的則是「大和煮」：用薑和醬油烹製的牛肉罐頭。

從國外學成歸來的廚師們，為日漸豐富的菜單添磚加瓦，創造出融合異國風味的菜餚，並且很快會轉變成「日本」的標準菜色：咖哩飯、可樂餅、歐姆蛋、牛排和炸蝦。經過不斷融合與調整的現代化模式，還延伸到了日本使用醬油為基底的烏斯特醬（Worcestershire sauce）。

廚師們原是味之素的早期目標市場，鈴木卻發現他們竟出奇地充滿敵意。他們表示，偉大的味道關乎於工藝和手藝，而不是把一些粉末倒入鍋中。幸運的是，明治時代的家庭價值觀延續到了大正，挽救了這一局面。儘管津田梅子為教育傾盡了心力，絕大多數年輕女性在家裡、學校以及作為報紙和雜誌的讀者，都被教導將營養視為國家安全問題，以及生活中的眾多責任之一。

味之素滿足或聲稱符合營養以及其他的要求，產品獲得尖端科學認可，由東京帝國大學等

機構研發——正如早期的廣告所稱，「由科學博士池田菊苗發明」。由於味之素可以在一秒鐘內取代原本需要長時間熬煮的昆布，同時滿足了實用性和便利性的要求，在家政學教科書中占有一席之地。

味之素公司的行銷人員面臨的最大挑戰之一是都市生活的變化速度。到了一九二三年，東京的人口在一個世代裡翻了一倍，從兩百萬增至四百萬。市中心如今充斥了密度高又喧囂的商店、電車、汽車、電報和電線以及所有消費文化的象徵，包括身上掛著廣告板的人（其中一個是鈴木本人，在早期推廣味之素時）、時裝模特兒和廣告氣球。與此同時，東京邊界似乎一直在變動，因為不斷擴大的市內鐵路網，以及隨之而來的百貨公司、新社區。其中具代表性的山手線，是一條完整的環城鐵路，於一九二五年建成。

日本的城市還有無數的劇院、電影院、爵士俱樂部和舞廳，有助於將西方的流行文化帶給大眾，此時街頭也出現了值得注意的新現象：「新時代女性」和「新時代男性」。前者被視為特別離經叛道的象徵，她們會剪短髮，在公共場合吸菸，穿得像舞台和銀幕上的明星，相較於保守的日本人（他們的憤慨被渴望醜聞的媒體所煽動），普遍體現出從明治時代的國家中心主義退化至大正時代的自我關注。放縱作詩和高談闊論是對社會不滿的主要反應，同時也是對快樂的隨興追求。

有些人會投書給報社，抱怨日本迷失了方向，有些則透過藝術抒發情感。筆名靈感取自愛倫坡（Edgar Allan Poe）的江戶川亂步，其著作充滿了邪惡的人物，以及在骯髒的不知名城市下

醞釀出的惡行——盜竊、謀殺，甚至是腐敗的科學實驗，其中有名男子殺死了不忠的妻子後，想辦法把屍體作為人體模型保存在商店的櫥窗裡。電影也同樣善於煽動焦慮，提供情感宣洩。除了美國和法國電影，觀眾還喜歡「怪奇映画」（即「奇怪的電影」），透過特效將古老的鬼故事更新升級，以及改編最新流行的恐怖故事劇本。

對於日本的「人民牧羊人」（即政府）來說，文化受重視的程度並不亞於激進主義和勞資關係。即使沒有宣揚馬克思主義或沒有參加遊行，並不代表他們沒有隱藏具危害性的觀點或接觸到類似的思想，因此電影和音樂在政治和性暗示方面受到了嚴格審查。一九二五年，亞洲第一則無線電廣播在東京、大阪和名古屋響起時，日本的新國家廣播公司NHK（日本放送協會）對其進行了嚴格的規定：沒有政治，沒有煽動人心的語氣或措辭，以及違反規定則立即停止廣播的斷路器。

當然，制定規則和塑造品味之間是有區別的。就後者而言，真正的權力在於日本的商業和創意產業。官方試圖禁止三味線和古箏等被視為庸俗和過時的樂器，卻擋不了國內的電影導演和音樂製作人，他們理解這些樂器的號召力。幾個世紀以來，音樂家們在神社、茶館和私人住宅中演奏這些樂器，如今則被召集到錄音間，聽著技術人員解釋「78轉」（每分鐘七十八圈的轉速），以及為什麼他們必須在三分半鐘後停止演奏（黑膠唱片每一面轉完約四分鐘）。

這是塑造日本音樂的關鍵十年，因為唱片公司從發行知名歌曲的唱片，轉向主動創作、組建自己的作曲家、歌手、伴奏樂隊和宣傳團隊。除了日本傳統風格的唱片，這些公司還涉足了

一系列與日本一九二〇年代國際大都會相襯的風格：法國香頌、古巴倫巴、夏威夷草裙舞以及最重要的美國爵士樂。除了留聲機唱片，東京和大阪等城市的居民可以在電影院、百貨公司、音樂表演場地和舞廳現場欣賞這些音樂。其中舞廳經常成為報紙批評和警察的目標，理由是男人和女人一起共舞，在彼此的懷裡出汗，對健全的公眾道德有害。

味之素成為當時影響人們喜好的商業典範及文化代表，市場推廣人員也意識到一九一〇和一九二〇年代的家庭主婦，相當重視世界主義和「有教養的生活」。他們將產品打造成奢侈的高尚文化形象，在一九一二年一罐大瓶裝要價五十元，並不便宜。他們把產品裝在細長的玻璃容器中銷售，其大小和形狀與香水瓶差不多。瓶身標誌是一個衣著得體的女子，穿著白色的圍裙，搭配西式龐巴度髮型。

味之素同時還聘請了營養、家政領域的知名媒體評論家，在報紙和雜誌上撰寫專欄，頌揚池田的發明。一九二二年，他們甚至從所有高等學校畢業的女孩取得了詳細資料——雖然為數不多，但都是可信賴的中產階級。她們都收到了免費的味之素以及一本烹飪書。這個計畫的成果相當成功，於是每年持續實施直到一九三七年。

*

池田菊苗在一九〇九年之後，並不滿足於坐等金錢滾滾而來，而是繼續投入研究，並與其

他人合作，找出一系列含有麩胺酸的食物，包括蘆筍、大豆、帕馬森乾酪、明蝦、沙丁魚、成熟的番茄和母乳。甚至幫助日本的科研機構邁入新階段，從國家資助和外國研究成果的引進，轉向私人贊助造船和電子等行業合作的革新。一九一七年，他與似乎無處不在的澀澤榮一一起成為理化學研究所（Institute of Physical and Chemical Research）的創始成員之一，該研究所以其日文名稱的縮寫ＲＩＫＥＮ而聞名。「如果你只透過吸收別人的東西來學習，」池田表示，「那麼你將停止積極思考問題。」

在歐洲和美國申請專利並出席會議的池田，也成為了日本促進國際科學和工業合作的重要角色。另一位先驅者是野口英世，他在世紀之交移居美國，並在當地學習英文與先進的細菌學，曾在一項實驗中標上「No-touchi, No-guchi」（別碰，野口）的警告語。他以一頭亂髮、高超的顯微鏡技術和嚴厲的工作態度，在美國的同事間家喻戶曉，甚至常藉由雪茄、茶和威士忌的幫助下通宵達旦地工作。野口在紐約洛克菲勒醫學研究所（Rockefeller Institute for Medical Research），跟隨他的導師西蒙・弗萊克斯納（Simon Flexner）學習，他的名字經常出現在報紙上，除了發現狂犬病和梅毒的病因外，他和弗萊克斯納用生病的成年人和健康兒童來實驗也引起了爭議。野口在西非結束了勇敢的國際生涯，因研究黃熱病而在一九二八年病逝。

野口去世前後，池田自己也在美國有了重大突破。有一段時間，味之素在美國的前景十分堪憂，因為當地比日本的家庭主婦更抗拒它的魅力。但包括亨氏（Heinz）和湯廚（Campbell's Soup，現為金寶食品）在內的罐頭食品公司，發現味之素正是他們一直在尋找的經濟型增味

劑，開始下巨額的訂單，有時甚至高達一百噸以上。

味之素在國內的發展也蒸蒸日上，位在日本殖民地台灣的餐廳也正在使用味之素，接著市場推廣人員把觸手延伸到廣大民眾：將標語掛在路燈上，並把小包裝樣品送到小學，為了讓行動具教育意義，甚至還提供了知識問答。街頭小販會免費幫他們廣告，向客人展示味之素罐頭，也許是為了保證他們在食品中添加優質品牌的成分。

在中國的發展則沒那麼輕鬆了，池田的發明在當地面臨了兩個嚴重問題：便宜的仿製品，以及對日本人與日俱增的厭惡。上海的高級國際主義雖然在銷售上有一定程度的幫助，但看板上的廣告和零售店都遭到了抗議，而中國產品「佛手味精」的行銷宣傳更加深了這一印象：

國民口味的精華！完全國貨！和進口產品不一樣！完全勝過日本味之素！

自一八九四至一八九五年的甲午戰爭以來，中日關係維持在冰點，日本更因價值近兩百萬日圓的大和煮牛肉罐頭而火上加油。十年後，日俄戰爭爆發，遼東半島和南滿鐵路網被割讓給了日本。一九一五年更是雪上加霜，當時日本利用第一次世界大戰的動盪，向一九一一年以共和體制重生且陷入政治混亂的中國，提出了惡名昭彰的《對華二十一條要求》。其中包括默許日本臨時管理前德國在山東的屬地、延長南滿鐵路及其相關陸上通路的租約、同意擴大日本在滿洲享有的利益，以及聘請日本「顧問」協助管理中國的財政和警隊。一八六八年那一代的退

休領袖，現在被稱為「元老」（「資深政治家」），認為最後一項要求十分魯莽，透過干預使其從談判桌上消失。中國政府發現自己沒有什麼選擇餘地，只好接受修改後的建議，而學運分子則宣布當天為「國恥日」。

味之素在韓國的銷售狀況也不好。一九一九年三月一日，當地學生舉行了反殖民主義的抗議活動，期間宣讀了從日本獨立的宣言，並提到了威爾遜總統（Thomas Woodrow Wilson）的民族自決原則。抗議活動蔓延開來並持續了數月，有超過一百萬的韓國人參與，導致日本當局採取一定程度的武力鎮壓，也因此惡化了日本與韓國的長期關係。多達七千名韓國人被殺，數萬人受傷。當時一位有影響力的政治理論家吉野作造，稱這是「大正時代的一個巨大汙點」。

四年後，一個新的汙點又出現了。一九二三年九月一日，一場大地震和伴隨而來的火災在東京地區造成約十萬人死亡，並摧毀了一半以上的房屋。朝鮮半島的暴力事件，加上朝鮮移民破壞當地工人利益等議題，皆反應了日本的厭惡，於是謠言迅速傳開，說位在東京的韓國人打算趁亂發動起義。有些四年前曾在朝鮮半島服役的警察和陸軍軍官，在六千名左右的韓國人被殺害時袖手旁觀，其他能夠倖存下來的人，是因為東京人把他們藏匿在家裡才逃過一劫。

日本大正時期的國際主義方針，潛藏著從明治時代遺留下來的困惑情緒：主要針對日本與西方關係，以及在亞洲地位有著強烈的不確定性。歐美的文化、商業和美食，正幫助東京這樣的城市逐漸走向國際化，但也有批評者把道德標準的下降、自私的提升、未能在國際舞台上維護日本的權利，以及對傳統文化和行為準則的漠視，全都歸咎於這種國際化的做法。

涉及亞洲地位時，兩派分歧的意見長期爭論不休，包括防止落後地區擴大，以及本著亞細亞主義的精神，透過輸出日本的現代化模式，致力於改善他們的弊病。雙方在強大的種族動力下相互角力，觸發了針對韓國人的暴力事件，以及試圖「改革」日本群島兩端的人民文化和習慣：分別是現在北海道的愛奴人和沖繩縣的琉球人。

當人民就國際關係吵得難解難分之時，西方對日本的疑慮也日益加深。《對華二十一條要求》令英美兩國備感擔憂，因為日本想在中國建立殖民地的可能性隨之增加，可能會損害到西方在亞洲大陸的貿易和政治影響力。但對日本帝國主義的公然批評，則很可能被指控虛偽，畢竟亞洲有相當多地區處於西方的殖民控制之下，包括印度、緬甸、新加坡、中南半島、香港和菲律賓。相反地，一九二〇年代出現了試圖限制日本影響力的嘗試。一九二一年的華盛頓會議達成協議，英國、美國和日本的主要艦隊將分別保持五：五：三的噸位比例。

批評這項協議的日本人聲稱，西化的全球秩序永遠不會真正為亞洲後起之秀保留發展空間，這種觀點因為威爾遜理想主義時代西方帝國主義和種族主義的持續存在而變得有力。一九一九年的《凡爾賽條約》中，日本外交官要求發表種族平等聲明遭拒。與此同時，到美國旅遊的日本人已經習慣了各種隱性的種族歧視。野口英世被他的一位同事親切地稱為「黃禍」，而反活體解剖倡導者則認為他是一個無害的「東方」模仿者，因為思想不夠新穎，不值得跟他的美國同事在研究方法上共同擔責。一九二三年的日本地震，得到了美國紅十字會一千兩百萬美元的募捐。然而次年頒布的《一九二四年移民法令》規定，任何沒有資格獲得美國公

民身分的人，包括最近被最高法院歸為這個類別的所有日本人，都不允許以移民身分入境。

在這個背景下，許多自由國際主義者，例如曾在一九二〇年代擔任外務大臣的幣原喜重郎，被某些日本人譴責是為自私自利的西方國家所用的笨蛋。在國際談判中，對於西方國家所提出的建議，他們幾乎都逆來順受。由於日本經濟在這十年間遭受了一系列的衝擊，人們的看法變得更加強硬，並在一九二九年的華爾街股災中達到了頂峰。日本的鷹派人士認為，如果像英國這樣的國家在水深火熱時期可以依靠他們的帝國，那麼為何日本不能建立自己的帝國呢？

*

一九二三年，池田從東京帝國大學退休後，於一九二五年離開日本，回到萊比錫當年邁的留學生。這一次，他待了六年。在他離開的期間，大正天皇去世，由其子裕仁繼位。於一九二六年開始的新時代被宣布為昭和，即「百姓昭明，協和萬邦」。對日本的有錢人來說，至少在起步階段沒有辜負這個的稱號。大正時期的自由世界主義被延續下來，而味之素也達到了商業高峰。到一九二〇年代末，該公司每年生產約一千噸的產品，甚至連一些廚師也開始使用他們的產品，一旦人們在家品嚐過，都認為少了味之素的餐點淡而無味。

一九三一年，池田的發明達到了另一個里程碑，不僅適合準備菜餚的家庭主婦，也是用餐者不可或缺的佐料，還因此打造出一種搖瓶供餐桌上使用。同年，池田回到日本家鄉度過了餘

生，而他的發明持續影響著後代。但取得商業成功的味之素不久後就被西方眼紅，在美國竟被添加在湯裡，隱藏在可靠的美國品牌背後，而不是在餐桌上展示。當地對日本人的敵意與日俱增，如今甚至將他們視為一個不值得信任的區域性對手，而且強大到必須在一九二〇年代首次提出「橘色作戰計畫」：一個以夏威夷、關島和菲律賓的美國海軍基地為中心的對日戰略。

澀澤榮一曾經警告，日本新世代的年輕人可能忘記自己的國家之所以在一八六八年後起飛，都要歸功於美國，並表示忘恩負義是與武士道精神相悖的。他曾在一九一四年協助建立日本的通訊服務，並與路透社合作，希望美日都能即時且確實地收到彼此的資訊，讓雙方關係得以改善。隨著一八六八年僅剩的領袖相繼於一九二〇年代去世，年輕一代的人意識到自己將握有祖輩自明治元年所建立的龐大掌控權，同時也接手了一系列的懸而未解的議題——現代日本在國際上的地位。

有些人，尤其是軍方人士，如今想以一八五三年首次提出的做法回應：在太平洋地區對抗美國的野心和勢力。關東軍的石原莞爾中佐（中校）就是其中之一。他和池田一樣，曾在德國留學過一段時間，不過是學習軍事而不是化學。後來同樣在具有重要戰略位置的南滿鐵路留下自己的軌跡。池田的軌跡較淺，只是在行駛列車的側面印上他的神奇產品「味之素」的廣告；石原留下的則是較具戲劇性的侵略：一九三一年九月十八日，在奉天市（今瀋陽）外的一段鐵路附近引爆了炸彈，把日本帶往漫長且充滿災難性的戰爭年代。

16 與謝野晶子——頌揚和平的反戰詩人

西元一八七八年至一九四二年

石原莞爾的炸彈在奉天市外爆炸後，事態急速發展。他成功挑起了與中國軍隊的小規模戰爭，而回到東京的部長們，懷疑是關東軍的人安放了這些裝置，並警告不准讓衝突擴大。然而，關東軍的司令卻允許他們持續進攻。奉天和長春兩個城市在幾天內就落入了日軍之手，隨後從一九三一年秋季到一九三二整年，全滿洲的關鍵戰略點也都跟著淪陷。

每一次新發起的軍事行動，政府只能事後束手無策地批准（這是唯一能維持掌控權假象的方法），而群眾誤以為是中國先發動攻擊，開始湧入日本各地的公共大廳和公園，為士兵「反擊」的新聞片段歡呼。報社和NHK電台爭先恐後地發布最新消息，激起愛國情緒，而餐廳則提供慶祝勝仗的滿洲人菜單，唱片公司則急於推出諸如〈滿洲少女，我的滿洲情人〉等歌曲。類似的主題電影也陸續推出，包括《冰原之戀》——在新占領的領土上取景拍攝。

建立在休閒、消費和西化文藝作品上的現代大眾文化，正轉變成高漲的民族主義思潮，其生產者為人民提供時勢所需的產品。在日本，幾乎沒有人渴望戰爭，也沒有人知道一九三〇年

代會演變成什麼樣子。但此時的民間政治、外交活動和大企業的聲譽日漸低落，而武裝部隊的公信力則愈來愈高，並聲稱自己是少數機構中，真正體現無私、合作以及為國家利益努力的「日本」價值觀。知名知識分子對日本軍隊的公開支持也具有舉足輕重的影響力。一九三〇年代初，廣受尊敬的詩人與謝野晶子，意外加入了他們的行列。

作為典型的大正自由主義者，與謝野為不甘於現狀年輕女性創作詩歌並因此聞名。她們所渴望的絕不僅僅是平塚雷鳥所描述的驚悚婚姻——白天為奴、晚上為娼。與謝野把自己看作是世界公民，並經常說，她是一個「人」，既不排斥也不被任何一種身分束縛，無論是家庭主婦還是帝國的臣民。但後來她的觀點和詩歌發生了劇烈變化，變得陳詞濫調、充斥令人厭惡的民族主義。讀者們大失所望，傳記作家們也百思不得其解。

與謝野並不是突然從和平詩人轉變成主戰詩人，如同那些對資源豐富且充滿可能性的滿洲充滿熱情的普通日本人，並不會一夕之間變成了貪婪的帝國主義者。日本幾十年來形成了一種憂慮文化，擔心當代與西方的互動對家庭關係、政治品質和公共生活的影響。到了一九三〇年代初，政府和軍隊中的鷹派人士發現這種社會情勢有許多可趁之機。

這導致當時的日本，對後人來說就像軍國主義的失控，不斷把無助的平民百姓壓在坦克的履帶下。與謝野晶子的生活也暗示了令人不安的事實：面臨近代歷史的壓力與毫無選擇的情況下，多數日本人選擇將部分交織著複雜情感的信任，寄託在國家的軍隊，以及軍事領袖宣稱對亞洲大陸和日本國內的拯救使命上。

與謝野晶子像

*

與謝野晶子本名鳳晶，於一八七八年十二月七日出生在離大阪不遠的堺市。她最早的兒時記憶之一，就是三歲時打翻了一碗飯。從商的父親鳳宗七幫她清理乾淨，卻非出於對她的任何喜愛，而是因為懼內。他就像津田梅子的父親一樣，因為想要的是兒子，當發現新生兒是女孩時，甚至憤而離家一個星期。就連晶子也對母親的冷漠和神經質感到「恐懼」，儘管她有兩個兄弟和一個妹妹，小時候仍被深深的孤獨感籠罩，不時演變成對死亡威脅的深深懼怕。

文學拯救了晶子的童年時光，她的父親是一位藏書家、現代主義者、

科學唯物主義者和歷史愛好者，他經常像熟人一般地提到日本過去的偉大人物：「秀吉先生」、「家康先生」。他也是業餘詩人，儘管對晶子的性別感到失望，仍鼓勵她多讀書，每次見她幫忙完自家和菓子店就立即去蜷臥著看書，都會備感欣慰。

但宗七並沒有讓晶子上大學，畢竟這在當時仍然是一種罕見的特權。相反地，就像幾世紀前的紫式部一樣，晶子看著哥哥秀太郎在東京帝國大學接受了高等教育，且深知自己也值得受教育。弟弟壽三郎不久後也跟隨哥哥的腳步，在早稻田大學就讀。

於是，晶子獨自埋首於家裡和當地的圖書館中任何能找到的書籍，閱讀了《日本書紀》和《古事記》、敕撰和歌集和史詩歷史、平安時代的日記，以及德川時代的傑出人物作品，如劇作家近松門左衛門和俳句詩人松尾芭蕉。晶子最喜歡的是《源氏物語》和它的作者，「紫式部一直就像我的老師，」她曾寫道，「從九或十歲開始……這位偉大女作家彷彿親口向我述說著《源氏物語》。」

晶子在十六歲時發表了第一首詩，她後來回憶起當時的創作動力，有部分是認為其他女性創作的詩歌太可怕，其糟糕程度甚至令她擔心會損害到男女平權的前景。一九〇〇年，寫作讓晶子與未來的丈夫與謝野鐵幹邂逅。他出身於淨土真宗僧侶世家，但拒絕從事宗教相關工作，轉而投入傳統的日本和歌詩，例如古代敕撰選集中的五行詩（在晶子的時代通常被稱為「短歌」），並透過自己的詩和協助創辦的新詩社（社員們將拜倫和歌德視為模範和指路明燈）導向現代化發展。

晶子發現鐵幹學富五車又吸引人，但他已經和一個叫林滝野的女子結婚，甚至孩子都快出生了。儘管如此，兩人還是展開了曖昧的詩歌交流，這或許能被紫式部理解，儘管她可能不會贊同，因為她對那些偽裝成心思細膩、實際上卻是為了掠奪女性的男性相當提防。一九〇〇年十一月，兩人在共同好友兼新詩社成員山川登美子的陪同下，前往京都欣賞秋楓。

幾日間情感孳生，但鐵幹無法肯定自己是否想與妻子結束婚姻，晶子則相當確定想要這段關係；不幸的是，登美子也想追求他。三人就這樣同住一家旅舍，僅有木框和薄紙將男女隔開，讓晶子不禁想對這樣的情境吟詩，用她最喜歡的花卉象徵鐵幹：

你的呼吸，不時從隔壁的房間傳來，那晚的夢裡，我的手臂擁抱了盛開的，白梅。

登美子在旅行尾聲時也創作了詩句，其中一段痛苦地表明了自己在這段文學三角關係中的位置：

我漫不經心，把緋紅的花朵，留給了我的摯友，轉身哭泣，摘下了遺忘之草。

京都的浪漫氛圍促成了晶子和鐵幹的戀情，但鐵幹仍持續逃避向妻子攤牌，畢竟滝野是孩子的母親，也是協助經營和資助新詩社文藝雜誌《明星》的主要成員，不過一九〇一年三月號

可能會讓她反感，因為裡面塞滿了丈夫和新戀人之間的浪漫詩句。至於晶子，她既不喜歡吃醋，也不願意一直乾等，於是在堺市的住所寫了很多詩給他：

聽起來真美好哇，光源氏和業平。
承諾著在來世與眾人同享一朵蓮！
而我卻想問——
一朵蓮又能乘載多少人呢？

最後，鐵幹的妻子在一九〇一年的夏天離開了他，晶子搬進他在澀谷村莊的住家，附近的鐵路與東京相連，很快地便都市化。鄰居們多為好事之徒，紛紛告訴晶子滝野多麼了不起，而她只能望塵莫及。但晶子也沒因此灰心喪志，她在十月與鐵幹結婚，同年以《亂髮》成為著名的詩人。這本書收錄了三百九十九首詩，其中的短歌形式雖然非常傳統，但內容卻充滿了年輕女性的感性和激情：

浸沒浴池——
宛若泉中
一朵優雅的百合，

盡態極妍，
歷經了二十個夏天。

為了懲罰
男人無盡的罪孽，
神明給了我
這白皙的皮膚，這烏黑的長髮。

她呼喊著
喚醒溫柔的年輕僧侶：
春天裡的一扇窗。
飄飄的衣袂掠過，
佛經也為之傾覆。

評論家們對晶子的處女作眾說紛紜，她在其中一首詩中提到了乳房，被他們譴責為「妓女的用詞」。另一位評論家認為整部詩集令人厭煩和自我放縱：「一個早熟年輕女孩的嘮叨」。糟糕的評論甚囂塵上，甚至有人破壞晶子的房子。另一方面，日本年輕人認為《亂髮》耳目一

新，作者的名氣迅速超越了丈夫。

在幾年後爆發的日俄戰爭期間，晶子於新詩社的雜誌發表了一首題為〈君勿赴死〉的詩，雖然拓展了新的粉絲，但也樹立了新的敵人。這首詩以書信形式寫給弟弟壽三郎，晶子擔心他可能會在旅順港的軍隊報名自殺任務：

啊，吾弟，我為汝哭泣。汝萬萬不可赴死！
汝生為家中么兒，
爹娘寵愛於一身，何曾教汝持刀而弒耶？
二十四載養育恩，豈為使汝殺敵共赴死？

吾族續傳之後，
汝長而為當家，享譽堺市。吾弟，切勿獻出汝之生命！
對君而言，無足輕重
要塞之存亡為何物？商賈之家無此條規。

吾弟，切勿獻出汝之生命！
聖上御駕不親征，徒教他子遍橫屍。

世人皆稱皇恩浩蕩，
豈能使民血流成河，徂謝如獸，方顯榮耀？

主戰者被失敗主義、和平主義以及對君主制不敬等有害思想所激怒。反戰的社會主義者也對詩人只狹隘地關注自己家庭，而暴露出無可救藥的資產階級心態表示厭惡。儘管如此，〈君勿赴死〉還是成了一首反戰頌歌，而晶子的忙碌歲月也隨之而來：與平塚雷鳥等女權主義先驅合作、與鐵幹一起去歐洲旅行、創作新詩和散文、將《源氏物語》翻譯成現代日文、撫養十一個孩子。

這一系列的廣大成就使晶子的意見愈來愈有影響力，開始反對社會或國家對女性施加的社會壓力與規範。儘管財務陷入困境，仍強烈反對平塚雷鳥和其他人主張的觀點，即母親是國家珍貴資源的管理者，因此政府應介入，為她們提供經濟援助。晶子指出國家在塑造日本女性形象方面，已經過度干預，應該適時讓步。

她還認為，孩童也需要從國家狹隘的功利主義觀念中解放出來，還為此在一九二一年參與創辦了一所新學校：東京文化學院。使命是幫助孩子成為「自己的主人」而不是「金錢和工作的奴隸」，進而促進「有文化涵養的人類生活」。音樂、舞蹈、手工藝和繪畫皆被納入課程，晶子也親自教授創意寫作和日本文學。為了改善目前教科書過於注重「學生對國家貢獻」的現象，她編寫了一本新版文學教科書，而《源氏物語》當然是最重要的核心內容。晶子的一位學

生後來回憶，老師會用充滿魅力的大阪口音輕聲朗誦，將一個艱深且文化差異甚遠的文字，轉化為自然又親切的內容，就好像「帶學生穿越時空到源氏時期」。

*

一九二八年夏天，與謝野晶子和丈夫接受日本最大的公司——南滿洲鐵道（SMR）的邀請，在殖民的滿洲地區進行了為期四十天的考察，而且全程免費，她對同胞的關注也因此延伸到了國際困境。自從一九〇六年後藤新平被任命為首任總裁以來，這條鐵路及其相通的陸路已成了各種經濟實驗的場所，包括採礦和貨運服務、港口和酒店、鋼鐵工廠，以及新的農業發展形式，另外還進行了一場盛大的社會實驗。在關東軍的保護下，日本移民在當地建立了新的社區，並建造了自己的商店、學校和醫院。滿鐵認為自己將滿洲打造成亞洲最具文明影響力的一線陣地，並請與謝野這樣的名人幫忙在日本國內廣為宣傳。

然而，日本與中國大陸間悠久而緊密的歷史淵源，這種形式的造訪難免會引發廣泛又複雜的反思。一八六八年明治維新開始後的幾年間，最早一批來到中國的人，發現了許多值得欣賞的地方。原本只能透過中國藝術和文學的描繪，想像山川、平原、森林與瀑布等豐富壯麗的景觀，如今如實呈現在眼前。此外，旅客們也體會到了自一八五〇年代以來的歷史震盪跡象。簡而言之，當時的中國對日本「充滿活力的年輕人」來說，顯然是「病弱的老叟」。

知名作家在滿鐵的鼓勵下開始造訪滿洲，此時的好奇心已夾雜了矛盾的情緒。小說家夏目漱石在一九〇九年以《朝日新聞》記者的身分走訪滿洲和朝鮮數個地區，並在私人信件中熱情地描述日本僑民的「活力」。但他對貌似目的性活動的淺薄根基感到擔憂，認為日本追求西方的「文明和啟蒙」甚至急於傳播到大陸，是一種既草率又膚淺的行為。結果，日本人的精神無所適從，在他一九一四年出版的小說《心》中就曾描述過這種現象——一小群大學朋友的關係，因新舊價值觀的混淆而慘遭破裂。同一時期，漱石在一場學校演講中，對社會和心理失調對人們可能造成的影響，提出了預示性的警告——關於自戀的個人主義或盲從的共同體主義。他指出，「如果我們必須為國家吃飯，為國家洗臉，為國家上廁所，那將是多麼可怕的現象！」

後世的作家發現，到上海這種僅次於東京的亞洲第二大城市展開短期旅行，凸顯了西方現代化負面影響對日本的潛藏危機。這處「東方巴黎」以充斥夜總會、賭場、舞廳、卡巴萊歌舞秀和高級餐廳的國際大都會生活而自豪，但也以暴力、放蕩和某層面的絕望而聞名，估計每三十個居民中就有一個是性工作者。

短篇小說家芥川龍之介於一九二一年造訪中國時，發現他從小到大透過中國文學了解和熱愛的人事物，現在被殖民主義、消費主義和大眾文化的結合所玷汙，令他備感不安。至少從上海的情況來看，中國與現代西方這兩種偉大文化的交織，似乎不是相互彌補而是相互抵消，眼前的景象極度缺乏真實、高雅和魅力。芥川只需瞧一眼著名的湖心亭就明瞭：一間「破舊的茶館」，座落在被水藻染成「病態綠色」的湖中。他看見一名中國人徐緩從容地在這裡解手，得

出了「痛苦象徵」的結論——一個「偉大的古國」如今已淪落至此。

與芥川同時代的谷崎潤一郎，於一九一八年和一九二六年兩度訪華。他似乎比芥川更享受其中，結束了上海與中國的文人聚會後（其中許多人知道且欽佩他的作品），享用了「精彩」的佳餚宴會，並在隔天迎來宿醉的夢魘。儘管北京保留了一些傳統特色，上海的現象卻也同樣困擾著他，當地的文化融合不知為何使生活更乏味，這對日本不久的將來也許可以作為借鏡。

一九二七年，芥川出版了短篇小說《齒輪》，揭示毫無靈魂且虛假的日本都市文化，並對此感到深深絕望。同年，他年僅三十五歲便自殺身亡。谷崎則在日本的古都京都找到了內心的歸所，並在當地開始探索祖國的文化遺產。後來在一篇題為〈陰翳禮讚〉的文章中指出，這世上所有的日本人，至少在理想情況下，如同生活在一間被燭光照亮的房間裡，將生活體驗視為一場微妙而動人的樂章。相較之下，現代西方人的生活方式則過於注重各種平淡的寫實主義——房間以電燈照明，要麼開著、要麼關上。谷崎與芥川一樣，在西方文化中發現許多值得尊敬和享受的事物，但也擔心其中較具腐蝕性的部分，將成為影響日本最大的因素。

對與謝野晶子來說，一次內陸之行也使她備感不快。旅行初期，她被當地的自然風光與「肅穆」宗教文化深深打動，包括千山地區的廣闊景色，以及她在《滿蒙遊記》中所記述的佛教敬拜。這種環繞蠟燭、香火和鐘鑼聲的誦經模式，與當代日本僧侶「制式」乏味的誦經形成鮮明對比。日本不僅在境內飽受世界現代化的負面影響，如今還可能將其傳播至亞洲大陸。其中受日本殖民的遼陽市，雖保有傳說中的榆樹、柳樹和白塔，可以看見燕子在樹冠或塔頂築巢，

但「相鄰的日式與西式新建築，卻給人強烈的違和感」。

儘管開化與糟蹋只有一線之隔，與謝野仍認為文明並不應該是空洞的崇拜。她曾在拜訪專為當地人和僑民建造的學校時，感到甚為讚嘆，還參觀了一所新的監獄，看到有暖氣的牢房、乾淨的草席、折疊整齊的被褥，以及身穿藍色制服、盤腿而坐的囚犯。然而，在那些違和的遼陽新建築中，與謝野發現日本軍隊興奮地徘迴，「彷彿一場戰爭即將爆發……帝國主義和酒味瀰漫」，但並非所有人都喜歡滿鐵的出現。到了一九二八年，中日關係非常緊張，為了安全起見，與謝野的北京行程不得不取消。在滿洲的旅途中，她搭乘了鐵路、馬車和轎子，大部分時間由日本僑民同行，發現火車上的日本警衛隊特別令人安心。

奉天市則相對不安定，與謝野曾在火車站看到一幕「駭人畫面」：「摩拳擦掌的軍官手拿著日本武士刀來回走動……眼裡閃爍著躁動的目光」。六月四日上午，她在大和旅館的房間內寫作時，聽到遠處傳來「微弱、古怪的聲音」。在一九一一年中國帝制被推翻後，實驗共和制治理迅速淪為地方軍閥的競爭，關東軍也竭盡全力幫助滿鐵度過內陸的政治動盪，並與滿洲的軍閥首領張作霖建立實質的安全聯盟。但某些派系的日軍認為這種關係不值得維持。與謝野剛才聽到的是張作霖的死訊，他的火車車廂在經過鐵路時被炸毀。

奉天立即「陷入恐懼、危險威脅和混亂的籠罩下」。她對日軍設置炮兵陣地，並將火車車廂偽裝成樹木，感到十分「心寒」。當地鐵路辦公室的主任跟她說，現在還會聽到中國居民評論「我們日本人有多可怕」，自己辦公室出現了恐嚇塗鴉，也只能匆匆清理掉。

與謝野不知該如何看待這些發展，她「以人類之名」為中國年輕人的民族主義思想感到開心，希望他們的領導人能夠「謹慎」處理這種情緒，而不是無端將其發洩在對日本人的仇恨上。她擔心有一天「日本終將與世界隔絕」，似乎暗示著國家的命運並不完全是自己同胞造成的。

*

與謝野晶子離開滿洲幾個月後，石原莞爾中佐來到這裡，他為自己安排了調到關東軍的職位。芥川龍之介、谷崎潤一郎和與謝野晶子等作家主要關注國家的文化與民情，石原則較關心日本的戰略弱點。一九二八年底，隨著蔣介石的國民黨軍隊完成了北伐統一，中國的軍閥主義逐漸消退。蔣介石對日本在滿洲的利益如今構成了威脅，而此時的蘇聯也正在當地建立自己的勢力。

兩年後，《倫敦海軍條約》（*London Naval Treaty*）達成協議，延續並更新近十年前的《華盛頓海軍條約》（*Washington Naval Treaty*）。相對於英國和美國而言，該條約嚴重侵害了日本權益，以至於在國會辯論時爆發了衝突。與此同時，美國正鞏固其在太平洋的地位。受鎌倉時代的佛教改革先驅日蓮的啟發，石原將這一連串事件解讀為「巨大世界衝突」的預兆——日本和美國最終會開戰，但也從此迎向永恆的和平時代。

外患的危機感因經濟困境的內憂而加劇，華爾街股災和隨後的經濟大蕭條，致使日本的出口量在一九二九年至一九三一年間減少了一半。一百萬個都市居民失去了工作，而農民只能眼睜睜看著稻米價格暴跌，成千上萬戶饑餓家庭被迫去剝樹皮、尋找可食用的昆蟲，甚至賣女為娼。農村的困境更加嚴重，因為大日本帝國陸軍絕大部分是從鄉村地區徵召。

自從其創始者山縣有朋於一九二二年去世後，年輕世代的領導人一直在爭奪軍隊的控制權。此時內部出現了皇道派，他們強調「日本精神」迎來的成就，並堅信懦弱的政治家正使日本農村挨餓受凍，同時危及國家的海外安全。

在具廣大群眾基礎且日益高漲的憤慨情緒下，一九三一年九月十八日，石原和同謀者決定將全面接管滿洲的計畫付諸行動。炸彈在奉天城外爆炸後不久，日軍立即對附近的中國基地發動攻擊。衝突就此擴大，直到一九三二年三月一日，一個新國家宣布成立：滿洲國。幾個世紀以來，日本人一直對中國的皇帝心懷敬畏。如今，這條悠久而輝煌的血脈，最終變成了日本政權的傀儡：溥儀，清朝的最後一位皇帝，作為滿洲國名義上的統治者，僅聽從關東軍的命令。日本於一九三三年成功征服該地區，實現了石原的目標，為即將到來的戰爭鞏固肥沃的土地和原料——同時不讓中國人和蘇聯人靠近。

日本境內的人民開始談論滿洲國是他們的「命脈」，當西方國家依靠殖民地支援來度過經濟大蕭條時，日本的報紙和雜誌也把滿洲頌揚為「無底的寶庫」，並稱讚那裡是一個「新的天

堂」，羊、牛、高粱和小麥等「取之不盡的資源」，將由內陸的日本人社區管理，過著和平合法的生活，同時促進中國同志的發展。一九三一年，居住在滿洲的日本人多達二十五萬，他們的目標是讓更多人移居過去。

對石原這樣的人來說，解放亞細亞幻想可以在未來成為對中國進行武力干預的藉口，而這項計畫於一九三二年一月在上海成功實現。上海虹口區因有成千上萬的日本居民而被稱為「小東京」，軍方策畫者派遣五個日本激進佛教教徒進入上海的中國工廠區，念經、敲鼓並故意挑釁挨打。五人之中有兩人死亡，盼望已久的衝突，終於在日軍和國民革命軍第十九路軍之間迅速爆發了。數以千計的中國士兵和平民在戰爭中喪生，其中有些人是在日本軍機對平民區的空襲中殞命；約有一萬名的中國人失蹤，當中許多人後來被認為是從日本船隻上被扔進長江中；超過一百萬的中國人無家可歸。

「一二八事變」的消息傳來時，與謝野發表了一篇充滿詩意的反思，令她早期作品的粉絲感到相當驚訝：

河之西岸
我們見戰壕中有一物。
稍近一望，見敵人屍，血流成河。

其中最悲慘的
是那兩百名學生士兵。正值青春年華的少年，
沒有一張臉孔超過二十歲。

叫你們溫柔的母親，於心何忍？
有美目盼兮之未婚妻等著他們，
儘管是中國陳舊習俗下的選擇……

究竟是誰騙了他們，
竟唆使那天真之幼心去憎恨
友邦之國日本？

究竟是何人慫恿了他們，
使他們投筆從戎，
在春梅綻放前，
美好的青春即化為烏有？

是愚蠢的蔡廷鍇，
第十九路軍之司令。
他不知，在日子結束之前，
他的軍團必會淪陷。

河之西岸
我們見戰壕中有一物。
兩百名面色紅潤之青年，
倒臥在鮮血和泥土之中。

〈逝去的紅潤面頰〉與一九〇四年的反戰詩〈君勿赴死〉精神並非完全相悖。兩首詩都在強調無辜的受害者，比起政治的嚴肅事實，更關注崇高的人道理想——包括友情、高尚、鄰人之誼。內容大多與以往風格不同，靈感來自於她的訪華之旅，以及對日本殖民的複雜感受。但得出的結論則和當時一樣，真正的腐敗勢力是陰險的中國領導層：「愚蠢的」男人，以「溫柔的母親」、「漂亮的未婚妻」和「陳舊習俗」玷汙了一處純潔與傳統兼具之地。她的觀點反映了當時日本媒體的主流趨勢，從兒童雜誌到學術期刊，到處都可以看到這樣的觀點：日本正在伸出友誼和支持之手，但對方卻拒絕了我們的慷慨。

一九三二年六月的第二首新詩可以看出，與謝野的憤怒和痛苦，化為正義的侵略意義。〈日本國民早晨之歌〉，其內容稱讚三名日本士兵在上海做出的犧牲，歸功於備受爭議的事件而聞名，軍隊隨即聲稱這是一次成功的自殺式襲擊：

啊，陛下的威嚴振奮人心！
是時候點燃我們肩負的責任。

適時終止泛泛爭論，
粉碎僵化的妥協之夢。
了解他們正義之道，
歷經千辛征討的我軍。

儘管那是一具士兵的屍體，
攜帶毀滅性彈藥，
在有刺的鐵絲網中舞動，
身體碎成了粉末。

雖然僅是少校之軀，
不祈求敵人的憐憫，
使那比花還純潔的身軀，
以武士之榮，慷慨赴義。

將士們並不孤獨。
這樣的愛國英雄們
無論皇軍行至南北，
都將奮勇迎戰。

一九三二年上半年，上海的「爆彈三勇士」掀起一陣熱潮，除了成為作品《國民》的主角原型，還出現在戲劇、電影和軍歌中，其中最著名的軍歌是由與野謝的丈夫鐵幹所創作，另有「爆彈清酒」和「爆彈糖」等產品一同推出。大阪的一家百貨公司甚至提供「爆彈三勇士特餐」：為三位男性準備蜂斗菜，並將蘿蔔切成了炸藥罐的樣子。

到七月洛杉磯夏季奧運會召開時，日本人已經無法再像以前一樣，在和平的島國舒適地享受軍國主義和極端民族主義的狂熱。有些暴力激進分子以十九世紀五〇年代末和六〇年代初的志士為榜樣，決心掃除他們認為是導致國家衰落的貪婪無能的商人和政客。他們要求施行「昭

和維新」，以兌現明治維新未兌現的承諾，讓天皇直接掌權，帶領國家在亞洲取得應有的地位。

一九三二年二月，這場日本內戰打響了第一槍——民間極端民族主義組織的血盟團的一名刺客，將槍口對準了前財政部長。三月，同一組織的其他成員謀殺了三井財團的理事長團琢磨，地點就在東京市中心總部外。日本的極端民族主義分子，指責大企業為腐敗無能的政黨牽線搭橋，包括立憲政友會得到了三井集團的贊助，立憲民政黨（以前的激進政黨憲政會）則得到了三菱集團的支持，更糟糕的是，當日本在一九三一年脫離金本位制後，三井與其他財團在解決國家經濟困境的改革政策中，投機操作日圓，賺取大筆資金。團琢磨實際上是在與日本對賭，並且付出了代價。

一九三二年五月十五日，暴力革命愈演愈烈，他們企圖引發一場政變，首相犬養毅在其官邸被一群年輕的海軍軍官刺殺。共謀者在東京其他地區走上街頭，向日本銀行、政友會總部和國家主要的警保局投擲手榴彈。為了避免有人忽略此次目標選擇的象徵意義，襲擊者發表了一份聲明，指出那些需要向破壞「日本帝國神性」負責的人：

> 政黨盲目追求權力和自我利益，大企業與政客層層勾結，只為吸食平民百姓的血汗，官僚和警察忙於捍衛政治工業複合體，外交軟弱無力，教育腐敗極致。

這場政變以失敗告終，不過一九三二年的暴力事件成功結束了日本的政黨政治內閣時代，

人民聲稱只有民族團結的政府，才有希望解決日益嚴重的國內外危機。一九三三年二月，在一次國際聯盟的會議上，日本因其在滿洲的行動引發國際間的危機而受到譴責。日本代表團退出了會議，同年三月頒布了一項法令，將日本完全排除在組織之外。出席國際聯盟的日本首席代表松岡洋右，和與謝野晶子一樣了解國家當時的氛圍。他為日本行為策略的清白辯護，並與耶穌基督受難作比較（松岡長期待在美國，期間像津田梅子一樣改信了基督教），甚至宣稱，耶穌最終被世人理解，有一天，日本也會如此。與此同時，報紙上刊登了一篇漫畫，描述一名武士用正義之劍將自己從聯盟的鐵球中解救出來，這個孤立、資源匱乏的國家，比以往更需要將命脈寄託在亞洲大陸。

*

隨著日本經濟從大蕭條復甦，相對平穩的時期來臨。但是，一九三六年二月二十六日發生的第二次政變卻提醒人們，部分軍人與其平民支持者仍對國內現狀有強烈的不滿。當天，一千多名叛軍士兵包圍了國會大廈，隨後忠心耿耿的陸軍部隊趕到，東京灣的海軍艦艇將槍口對準他們，而天皇也親自出面表示不滿，他們才只好不情願地返回軍營。

與此同時，內陸的緊張局勢依舊高漲，以至於一九三七年七月，日本和中國國民黨軍在北京附近的盧溝橋發生短暫交火，使兩國爆發全面衝突。蔣介石在支持者和新崛起的對手共產黨

的施壓下，要求一勞永逸地將日本人從內陸掃除殆盡。日本控制的滿洲國正遭受中國農民、蔣介石的軍隊和共產黨游擊隊的襲擊，而日本新任首相近衛文麿正在尋求解決方案。沒有人希望發生戰爭，但都無法避免戰爭。

日軍迅速占領了北京，並在十一月打贏漫長又傷財的淞滬會戰。參加上海戰役的老兵開始向西進軍，前往國民黨首都南京。蔣介石和大部分政要人員飛往安全地帶，留下中國軍隊進行短暫的防禦，直到日本軍隊於十二月初突破防線。殘酷的軍隊訓練、對上級絕對服從、戰地手冊中不允許投降或被俘等指示，以及最後對中國文化落後甚至非人性的強烈信念，再加上軍隊的疲憊和恐懼，導致了現代史上最惡名昭彰的事件之一。日軍進行大規模屠殺，殘害了數以萬計的平民，據後來估計，死亡人數達到二十萬，甚至三十萬。

到一九三八年底，隨著蔣介石率領他的軍隊不斷深入中國西南部，日本也投入了八十五萬士兵到這場似乎看不到盡頭的戰爭中。日本政府為了維持戰爭所需的經濟控制，通過了一系列的法律，到一九三九年底，這些法律涵蓋了主要行業的生產、發電、價格和薪資水準，以及資本和勞動力的分配，以確保這些資源能夠流向最需要的部門。

另外，為了對民眾施行「國民精神總動員」，也付出了龐大的心力。日本領導人將過去幾十年來所積累的憂慮文化，轉化為國家宣言。政府於一九三七年發給學校一本名為《國體本義》的小冊子，內容指責歐洲啟蒙思想的利己主義，持續加劇全球危機，從戰爭中的亞洲大陸到邊緣地帶的歐洲大陸。日本人為一共同體，必須堅守天皇和源自神明的皇室血統，讓渺小的單一

自我融入到更大的生命體中。

一九三〇年代，與謝野繼續在文化學院任教。她堅持泛亞的觀點，將中國的善良之人與招致不幸的領導人區分開來，設法調和學校的自由主義原則，支持大陸戰爭的主張。其他人也是如此，人民一度相信松岡洋右，他在一九四〇年夏天以外務大臣身分，宣布日本打算建立一個「大東亞共榮圈」。由日本、中國、滿洲國和東南亞部分地區等兄弟國家組成的集團，植根並共享文化和經濟利益，將共同迫使西方殖民勢力離開他們的地區。與謝野希望滿洲國的建立有助於促進中日之間的「和解」，日本偉大的哲學家之一西田幾多郎則希望大東亞共榮圈能順利發展——同時也警告軍隊不要把它變成一個「高壓統治區」。

他的擔憂很快就成真了。隨著中國戰爭的拖延，與美國的緊張關係加劇，歐洲戰爭又帶來了新的機會。一九四〇年秋天，日本與墨索里尼執政的義大利和希特勒掌權的德國簽訂了《三國同盟條約》。次年夏天，日軍成功占領法屬中南半島，其目的是剝奪蔣介石軍隊的關鍵補給路線。小羅斯福總統（Franklin D. Roosevelt）隨即下令凍結日本在美國的資產並禁止石油出口。一九四一年八月，他與邱吉爾（Winston Churchill）簽署了《大西洋憲章》（*Atlantic Charter*），被東京當局認為是與之對立的行為。

由於日本在中國建立了牢不可破的殖民關係，導致與美國之間的談判破裂。羅斯福希望日本人離開中國，但首相近衛文麿無法向在那裡戰鬥和死亡的士兵家屬交代，政府過去為生存而戰的宣傳理念現在得擱置一邊了。由於一直找不到突破口，他在一九四一年秋天辭去首相職

務。他的繼任者，前關東軍司令東條英機，在談判中的表現也差強人意。十二月初，日本政府做出了決定，最終讓石原莞爾等人得到了他們期待已久的戰爭。

一九四一年十二月七日星期日清晨，夏威夷歐胡島的居民被惠勒空軍基地和珍珠港周圍的爆炸聲驚醒。三百五十架日本戰鬥機和轟炸機正攻擊近兩百架美國軍機，並擊沉兩艘戰艦，除此之外還造成了大規模的破壞，超過兩千四百名美軍被殺。相較之下，日本損失較輕：一百二十九人死亡、損失二十九架飛機和五艘小型潛水艇。

日本時間十二月八日上午十一點，日本頒布一道詔書，對美國和大英帝國宣戰。日本於十九世紀五〇年代重新對西方開放時的擔憂和不滿，再次被編織成戰爭的理由，而且中國也再一次成為主要焦點。詔書中指出，中國的領導人未能理解日本維護東亞和平穩定的責任，導致了該地區的災難。

一九三一年秋天，以希望和浮華的慶祝活動開場的衝突時代，如今正陷入少數人當時難以想像的貧窮和苦難的深淵，甚至連石原莞爾也認為日本對美國的攻擊過於倉促。一九四〇年，此時的與謝野因為腦溢血而臥床不起，氣若游絲。儘管如此，她仍傾盡心力用詩句來回應珍珠港的襲擊和日本的宣戰。她的政治觀點沒有改變，詩歌仍是軍國主義的陳詞濫調，但對國家目前所處困境的看法，似乎讓與謝野恢復了早期的抒情和克制。「當我們邁入臘月嚴寒，」她寫道，「此乃催人落淚之時。」

第五部——

文化立國

一九四二年至今

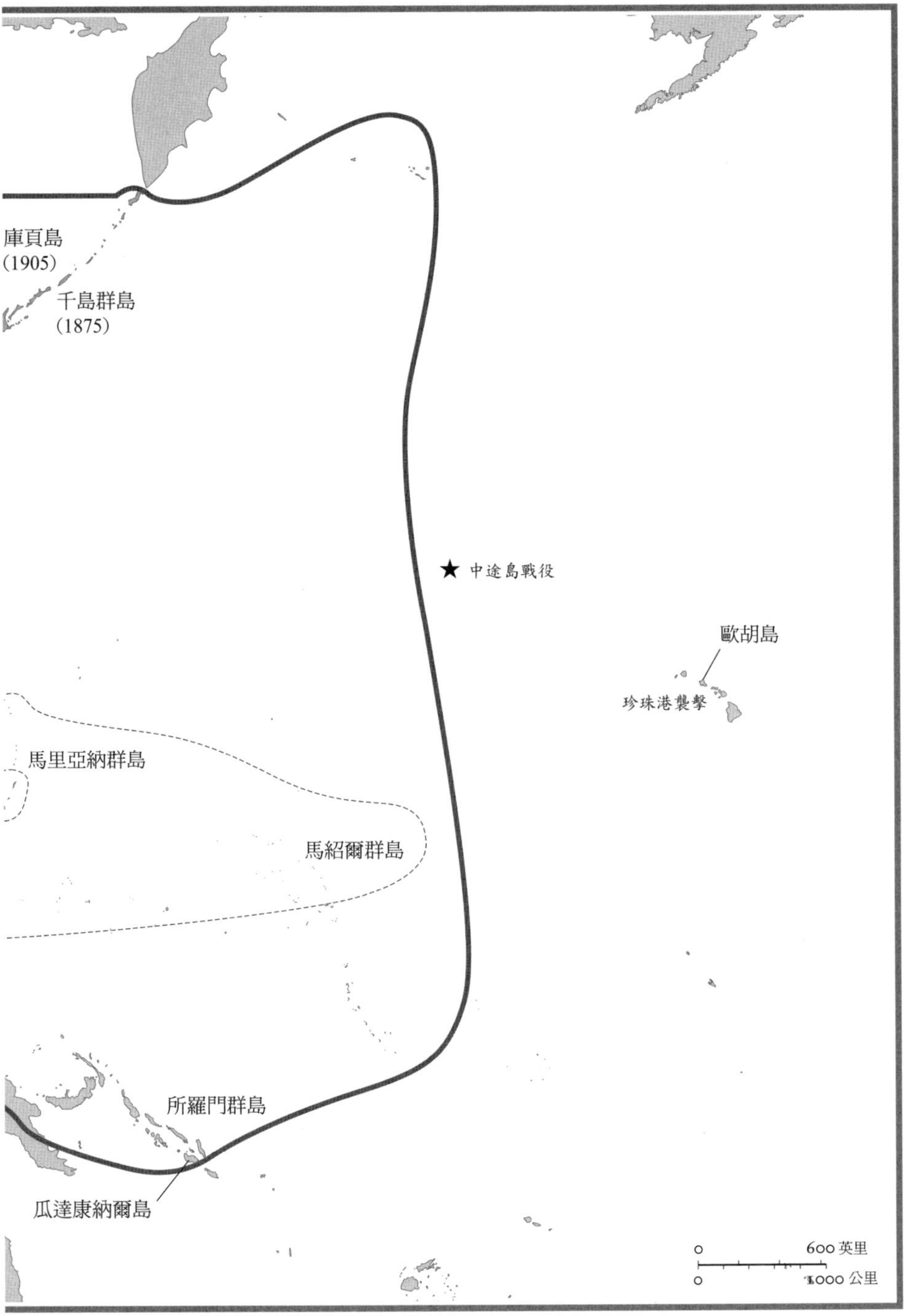
庫頁島
(1905)
千島群島
(1875)
中途島戰役
歐胡島
珍珠港襲擊
馬里亞納群島
馬紹爾群島
所羅門群島
瓜達康納爾島
0
600 英里
0
1000 公里

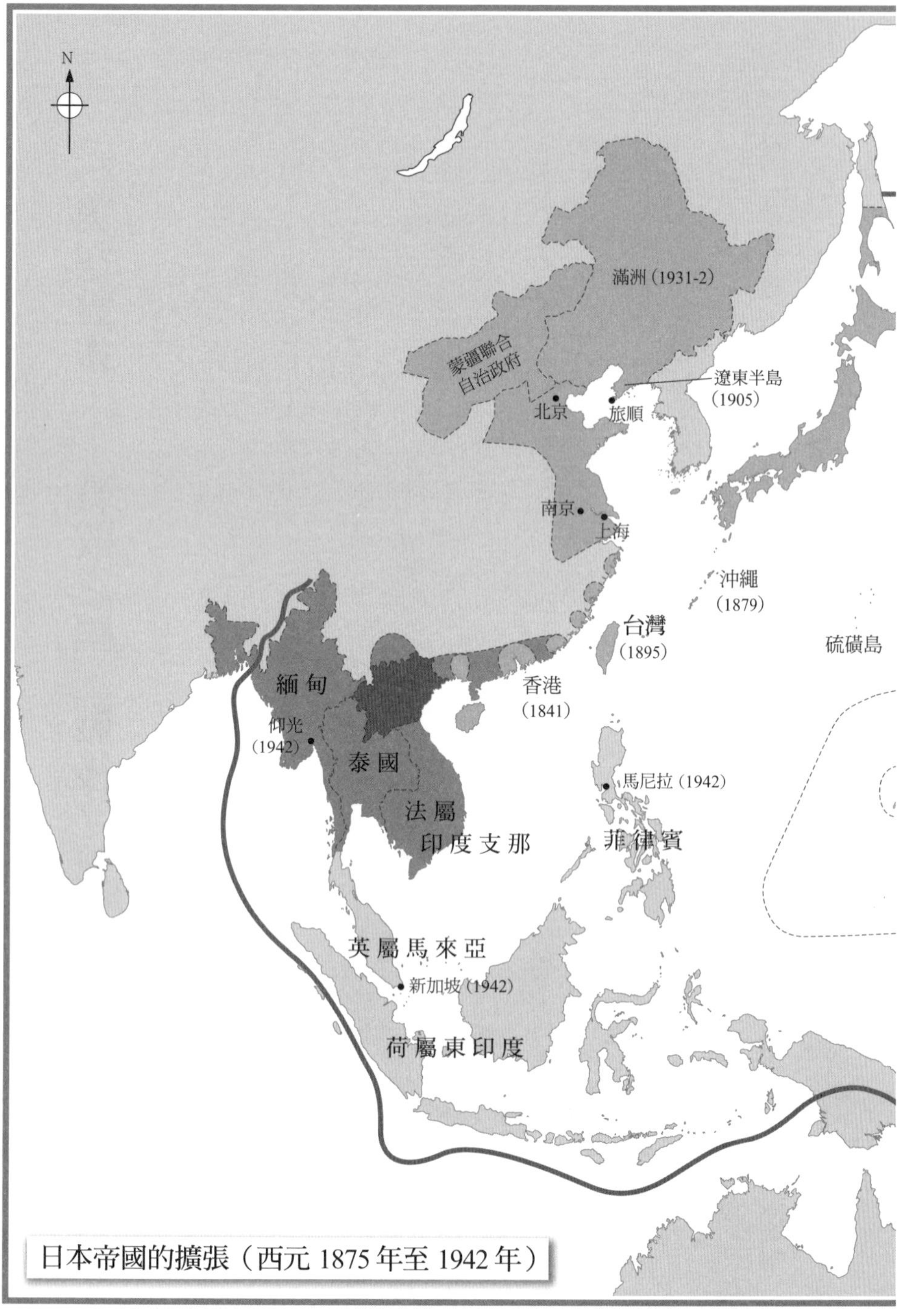

日本帝國的擴張（西元 1875 年至 1942 年）

17 美空雲雀——戰敗之國、戰後之聲 西元一九三七年至一九八九年

一九四一年十二月珍珠港空襲一開始似乎相當成功，日本用極少的損失換來美國軍力的浩劫。日本的武裝部隊隨即跟進，在東亞、東南亞以及西南太平洋，占領了一連串重要的西方殖民地：香港（一九四一年十二月）、馬尼拉（一九四二年一月）、馬來亞和新加坡（一九四二年一至二月）、仰光（一九四二年三月）、荷屬東印度的爪哇（一九四二年三月）、索羅門群島的瓜達爾卡納爾島（Guadalcanal，一九四二年三月）。數萬名的同盟國士兵成為階下囚，而包含緬甸的翁山在內的反殖民亞洲民族主義人士，一開始都把日本人當作解放者來歡迎，卻發現日本的優先考慮中，亞洲政治抱負的重要性遠低於當地的自然資源——來自荷蘭東印度的原油，來自菲律賓的銅礦、鉻礦和鐵礦，來自法屬印度支那和英屬馬來亞的橡膠和錫。

早在一八九〇年代，日本的帝國建立者就展現出為了國家戰略利益不惜讓外國人濺血的傾向。但是早期帝國擴增的區域，像是一八九五年的台灣、一九〇五年的南滿鐵路及沿線地帶，一九一〇年的朝鮮，都是平民領導的「文明開化」實驗的重心，特別是在學校教育、醫療保健

以及基礎建設這幾個領域。然而，一九三七年在亞洲開打的戰爭，以及一九四一年開始的太平洋戰爭改變了這一切。對於朝鮮民族主義者來說再清楚不過的事情，終於暴露在世人眼前，支撐日本人所說的文明開化與共榮，是遇到反對勢力願意一概殲滅的心，從人民、機構、以及包含當地語言、文學等各種文化形式無一倖免。

新渡戶稻造等親皇室的知識分子幾十年的努力在短時間內付之東流，由於日本士兵們受到的教養、訓練、長官命令以及身處絕望的環境下，導致他們模糊或是無視敵兵與平民百姓的區別。他們大吼、推擠、掌摑民眾，強占或是破壞他們的財產。他們讓「共榮計畫」成為醜陋的現實，滿是飢餓、強姦、強迫勞動與就地處決，受害的除了亞洲民族以外，還有被俘虜的西方人。整體來說，他們的墮落程度超越了全面開戰緊迫性，為「日本人」搏得暴力惡行的國際臭名。泰緬的「死亡」鐵路以成千上萬條生命建築而成，揭露了軍人監工情況下的勞工心理。同樣地，來自朝鮮、中國、菲律賓、馬來亞以及荷蘭約二十萬名女性，被迫在軍隊的妓院裡工作。所謂解放亞洲於殖民的暴政不過爾爾。「如果說英國人吸我們的血，」夢碎的翁山歸結道「日本人就是磨碎我們的骨頭。」

淒慘的情況在日本戰況遭到逆轉後仍然持續下去。三艘美國太平洋艦隊的航空母艦因為當天出海，躲過珍珠港空襲，珍珠港大部分重要的基礎建設都沒有受損，包含儲油槽、彈藥庫以及修繕設備。與此同時，事實證明美國民眾十分願意奮戰，而且美國的工業迅速適應這樣的景況，超出日本軍事戰略家的預期。早在一九四二年，美國就開始生產比日本更多的戰

爭物資，贏下多場重要交火，包含位於太平洋中央著名的中途島戰役，其中四艘日本航空母艦遭到擊沉；美國計畫在適當的時機點占領日本。首相東條英機傾全力防止日本民眾得知真實的戰況，但是隨著麥克·阿瑟將軍（General Douglas MacArthur）以及總司令老切斯特·尼米茲（Admiral Chester Nimitz）率領的軍隊經過了幾場艱難的勝利，包含瓜達爾卡納爾島戰役（一九四二年至一九四三年）、馬利安納群島（Marianas）的塞班島戰役（一九四四年七月）、菲律賓的雷伊泰灣海戰（Leyte，一九四四年十月至十二月），愈來愈靠近日本本土，事實愈來愈難以遮掩。

到了塞班島被攻下、東條被迫下台的時候，日本的日常生活已經徹底轉變了。娛樂場所被關閉，霓虹燈也被關掉以節省能源，食物要定量配給，衣著也僅限粗糙的基本服裝，男性僅能穿著「國民制服」，女性只能穿著貧農式的燈籠褲。高爾夫球場被鏟平作為農地，鍋碗瓢盆、欄杆、雕像、寺廟裡的鐘都被熔掉，重新鑄成盔甲和子彈。大約有一百萬個由十至十五個家庭組成的「町內會」被要求要合作打擊犯罪、火災、間諜以及奢侈的生活。他們彼此之間分配定量配給，使用社區布告欄流通政府資訊，每一戶家庭都必須蓋上紅色的印章，確認他們已經理解新的指示。

一九三七年出生於橫濱的加藤和枝，也就是未來的美空雲雀，在音樂中找到安慰。她的父親加藤增吉是個魚販，他習慣在空閒的時候泡在當地的唱片行裡，試聽最新的唱片；和枝從一九四二年她五歲開始跟著他去唱片行。她受到所聽到的音樂啟發，在家上演小型歌舞表演。

她在襖（紙拉門）的一頭聚集了家人和朋友，接著戲劇性地拉開拉門，微笑並且開始邊歌唱邊走動。她是天生的表演者，有超凡的記歌詞能力，但真正讓第一批觀眾印象深刻的是她超齡的情感成熟度，一九四三年時，這項特質生動地呈現了出來，當時和枝承受著那個年代世界各地無數的兒童都很熟悉的經歷：因為父親受到徵召去服役，而與父親道別。她在增吉的鄰里送別會上唱得如此賣力，以至於其他的家庭開始請她進行一樣的表演。她後來回想，父親離開的痛苦因為「為許多人歌唱並得到掌聲」的喜悅而大為緩解。

當和枝探索著自己的表演潛力時，比她大幾歲的女孩們被徵召去日本的工廠工作，因為當局拚了命要讓戰爭持續下去。女性、退休的人、囚犯都被徵召，也包含了朝鮮與中國的工人，有些人出於自願，但大多數都是被強迫的。一九四四年時，大學生們發現自己被拖出教室，塞進飛機的駕駛艙，身邊是成堆的炸藥，被揮別送上單程旅程，飛向往日本本土靠近的美國海軍艦艇。他們不論是否願意，都加入了神風特攻隊。神風的名字取自十三世紀晚期的暴風雨，當時把侵略日本的蒙古人趕跑。這支特攻隊於一九四四年秋天的雷伊泰灣海戰首次出動。

一九四五年五月二十九日，和枝的八歲生日那天，橫濱的人們澈底看清，神風特隊犧牲了五千多名年輕飛行員的生命，換來的成果卻少得可憐。空襲警報響起，人們逃到由洞穴改裝、相對安全的防空洞裡；同時，五百架美國B－29超級堡壘轟炸機一架跟著一架出現在空中，開始往下方密集的木造房舍傾倒三千噸燃油、汽油、磷和燒夷彈。橫濱的人們回到他們的城市裡，發現將近一半的城市都已經被夷平。

那個春季與夏季，日本大部分的主要城市都同樣被當作目標鎖定，包含三月時的東京；當時史上最具破壞性的空襲在一個晚上奪走了十萬條人命，雜亂龐大的國家首都被毀掉了四分之一。由前首相近衛文麿及前外務大臣吉田茂領導的反戰派，在六月設法說服了天皇考慮停戰協議，在國家澈底被毀滅以及共產黨革命終結日本以前。

但一切都太遲了。此時新墨西哥的沙漠中已經在準備測試一款綽號為「小工具」（The Gadget）的新裝置。七月十六日，同盟國聚在波茨坦（Potsdam）開會時，美國總統・杜魯門（Harry Truman）收到了測試成功的消息。杜魯門對於日本領導階層開戰，而且讓戰事發展至此感到十分憤怒，亦不信任他們可能做出的任何承諾，而且堅決不讓蘇聯在最後階段投機地在戰事中攪和，他現在握有終結戰爭最快速的方法，而且完全聽候他差遣。七月二十六日的《波茨坦宣言》（*Potsdam Declaration*）要求日本無條件投降，否則將面臨「迅速且澈底的毀滅」。

由於宣言中沒有提到天皇的命運，日本的領導階層決定避不接受，亦不拒絕，他們試圖透過外交手段穿針引線，被美國人詮釋為直接了當的「拒絕」。美國人的回應在八月六日抵達。單架飛機艾諾拉・蓋號轟炸機（Enola Gay）取代了通常成群出現的B－29轟炸機，在廣島早晨的空中投下一顆原子彈，它在離地面半公里處爆炸，將下方的城市變成一片苦難與毀容的烈焰混沌，目擊者後來把它比喻為中世紀的佛教地獄形象。十四萬人死於爆炸與輻射塵；八月九日，長崎遭到第二顆原子彈襲擊，有七萬人喪生在日本這個有幾世紀歷史的世界門戶。

即使到此時，日本陸軍及海軍將領與陸軍大臣仍然主張繼續打仗，儘管蘇聯在八月八日對

日本宣戰，在其「生命線」滿洲傾注武力——致使史達林失去了在美英和日本之間當和事佬的可能性。天皇本人最終干涉了，他在八月十五日的廣播演講中向臣民宣布，他已命令政府接受《波茨坦宣言》的條款。日本人民首次聽到天皇的聲音，他提醒人民之前的奮戰都是為了東亞的穩定，現在他們面臨了「新式而且最為殘酷的炸彈」，威脅了他們的國家，甚至可能是人類文明的存續；天皇使用舊式的日文，引用佛教經文的語言，請求臣民們「堪所難堪、忍所難忍」。一九四五年九月二日，天皇的代表在東京灣登上密蘇里號戰艦（USS Missouri，隸屬同盟國大型艦隊，其砲口對準了東京）簽下投降書。

過了一段時間，當天皇再次向人民發表演說時，這次是皇室詔書形式；他將宗教式的文字換成引用較現代的文字，即一八六八年的五條御誓文，其中的文字受到坂本龍馬的宣言啟發。某些方面來說這是一個奇怪的選擇，一八六八年時是菁英革命的時刻，現在則是國家受到重創的年代，兩百萬名日本軍人以及七十萬名日本平民送命，九百萬人流離失所，營養不良、疾病、大量失業人口，加上對日本前任領導階層與軍人的困惑與不屑，因為他們在海外的作為逐漸為人知。

然而從一關鍵面向來看，一九四五年跟一八六八年很像，都是全新的一年。嚴重不受信任的舊秩序讓位給新秩序，變化的規模和範圍尚不可知，但隨著時間推移肯定會有人提出異議。《波茨坦宣言》的內容和脈絡看來，有些事情相當清楚。日本這次的轉型會由美國帶領，因為它是目前占領日本的同盟國中最有影響力的一員。日本原有的政治菁英在國家體系裡不再那麼重

要，一小群統治集團握有國家實權的日子已經結束了，而日本的軍事武力將會被解散，不再有任何作用。取而代之的，用日本的文部大臣於一九四五年九月的話來說，「我們與文化共同前進」。

從卑彌呼女王以巫術掌控人民的想像力，到聖德太子時期佛教的藝術與思想，再到紫式部平安朝廷的優雅洗鍊以及井原西鶴的社會諷刺文學，「文化」，廣義來說一直都與日本的力量緊密結合。如今它即將變得比以往更有影響力，不論是在日本人如何了解自己、組織事務還是修復形象與國際關係等方面。深受打擊的民眾對未來毫無把握，他們透過文學、廣播、電影、音樂尋求的不只是些微的安慰，還有尋找國家未來發展方向的蛛絲馬跡。

戰後生活十分重要，最早了解到此現象的人之一是一名女孩，她為此高興，也為此付出了代價。在投降後不久，她開始從家庭表演與鄰里歡送會，晉升到劇院演出、唱片合約和電影工作。對於把她捧成童星的眾多歌迷來說，加藤和枝代表了未來的希望；她年輕、聰明、堅強，才華洋溢又樂觀進取。其他人則是對她的早熟和傳神地模仿成人歌曲及舞蹈感到十分不安。她的存在沉痛地提醒了人們戰爭是如何摧毀兒童與成人的舊有界線，以及曾經存在於他們之間，描繪了國家輪廓的約定：一方面要盡孝道，另一方面也要仁愛關懷幼者。這個女孩甚至可能是個預兆，或許戰敗對這個國家而言不是最慘的事，或許真正的毀滅晚點才會到來，因為軍事上的失敗帶來了無可挽回的文化與道德敗壞。

*

九世紀與十世紀時，是貴族藤原氏在做主；十二世紀到十九世紀則由鎌倉幕府與足立幕府、血腥的軍閥、德川王朝輪番把持；最後則是意圖讓日本對現代世界開啟的低階武士集團。歷史上，日本天皇們一而再、再而三地發現自己實際上是國家新政權的俘虜，這些政權皆意圖以天皇的名義行使全國執政權。一九四五年九月，相機捕捉到了這個情形。昭和天皇立正站著，高度大約在駐日盟軍總司令麥克·阿瑟將軍的鼻子處。

儘管身為「藍眼將軍」的麥克·阿瑟擁有傳言中的執政權，在東京的辦公高樓裡進行統治並意有所指地指向隔壁的皇宮，但實際上他的工作是要執行由華盛頓特區為日本制定的計畫。這份計畫被分成三個部分，多數都在一九四八年底以前完成。首先，「日本」的國土遭到削減，它的邊界退回到一八六八年的位置，軍隊則全數解散，二十八名高級將領以戰爭罪遭到一九四六年於東京召開的遠東國際軍事法庭（International Military Tribunal for the Far East）審判，東條英機是遭判死刑的七人之一，另外還有十八人被判處監禁。一九三一年協助策畫炸彈陰謀導致滿洲陷入戰爭的石原莞爾，成功逃過被起訴，這一事件的轉折據說他本人也感到不解。

其二是採取措施解決財閥集團，麥克·阿瑟與他總司令部的下屬將之定義為任何有足夠影響力、能夠在其行業妨礙自由競爭的大型商業組織。僅僅是「四大」財閥：三井集團、三菱集團、住友集團及安田集團，就曾經掌控了日本在重工業三分之一的資本以及金融保險一半的資

本。經濟力量全然的集中，加上封閉式家族管理（這點深受澀澤榮一批評）以及政治高層人脈關係，據稱對公民社會有不良的影響。這些大財閥的資產受到重新分配，而主要商人與其他二十萬名戰時具影響力的人物，均被禁止現身在公眾生活中，包含記者、教師、出版商、警察以及軍官。沒有出現在「肅清」名單上而格外醒目的，是麥克·阿瑟視為重要行政盟友的中央政府官員。

這一切都是為了要讓日本的土地更肥沃，讓第三部分，也是美利堅治世（Pax Americana）中最偉大的民主能夠生根發芽，其核心就是新的憲法，由總司令部的美國職員於一九四六年初在六天內起草完成。天皇自此成為「國家的象徵」，僅此而已。他在一九四六年的新年詔書中援引五條御誓文，宣布天皇不再具有神性。英文稱之為「人間宣言」（Declaration of Humanity），其日文原文仍小心翼翼地避開皇室是天照大神後裔的可能性討論。主權從此屬於日本人民，他們會選出兩院制國會的代表，首相會由下議院的最大黨選出來，而行政權將由他的內閣共同掌握。

「他的」內閣，還是「她的」內閣呢？女性有投票權，而且獲准參選。一九四六年四月日本人進行投票後，三十九名女性在下議院贏得了席次。她們加入男性同事進行辯論後批准了一部憲法，只做了些微修改，這份憲法確保日本人比他們的美國指導者享有更廣泛的基本人權，只是有些微的差異，包含免費的普及教育、保護公共衛生、勞工集體協議（有一半的工人迅速地組成了工會，大部分是在個別公司內度，而非跨產業）。他們確保宗教與國家嚴格分立，有

鑑於美國人認為神道教義與神職人員在戰爭中發揮了支持的作用。一個國家為另一個國家的憲法捉刀之驚人現象，最後再添一筆，憲法第九條清楚載明日本永久放棄發動戰爭的權利。

重大律法隨之訂立，其中包含一九四六年十月的土地重新分配計畫，五百萬名佃農因此成為自耕農，以及《教育基本法》（一九四七年），將受到與謝野晶子批評的國家導向教育，轉變成以「個人尊嚴與努力」為前提的美式教育。經過剔除，日本的教師行列中不再有極端保守派，留下來的則對那些因他們幫助煽動從軍熱情而走上軍旅生涯的孩子們感到哀悼，並且蛻變為國家裡最堅定的左派人士以及和平主義的政治支持者。有些教師甚至要求學生背誦與謝野的反戰詩〈君勿赴死〉。最後，在一九四八年，明治時期的《民法典》遭到汰換，使女性在遺產繼承與離婚等問題上與男性處於平等地位。

這種美式的新民主精神，其最早的受益者之一就是加藤和枝。日本藝文界積極推廣他們的承諾，即人人有機會，並開始宣傳從藝術展覽到詩詞與歌唱比賽各個領域的素人與專家。日本的國家廣播電台NHK廣播製播了歌唱挑戰賽《NHK揚聲歌唱》。當這個節目在一九四六年來到橫濱時，他們邀請了和枝來比賽。

此時和枝的家鄉開始重拾享譽一世紀的音樂創新美名；從一八五〇年代以後，日本的音樂傳統，包含受古中國與朝鮮影響的雅樂、佛教吟誦、能劇團、節慶音樂、繁多的地方民謠等，都在橫濱與西方古典樂、合唱以及民謠混雜並融合。鋼琴、小提琴、管風琴以及銅管樂器短暫

被視為「外來樂器」後就徹底成為「日本樂器」，在尺八（日本笛）、箏、三味線、口琴、鼓等原先的樂器行列中找到自己的位置。外來的曲調有了新的身分：〈友誼地久天長〉（Auld Lang Syne）變成深受喜愛的〈螢之光〉，出現在日本第一代學童學習齊唱的歌本中。軍樂隊和店面形象的「叮噹樂隊」，大力鼓吹日本新政治與商業組織的力量，與此同時，自由民權運動分子與遭到惡劣對待的工廠女工們，則是用自己的歌曲表示抗議。

和枝的父親增吉成長在一九二〇年代與一九三〇年初期，此時有風格多元的新音樂類別稱作「流行歌」。大部分的靈感來自於北美與南美、亞洲及西歐，由於遠洋郵輪的樂團會在橫濱等港口城市表演，留下錄音與樂譜。這麼一來，美國爵士樂、香頌、探戈、倫巴、夏威夷音樂，以及許多其他的音樂類型都成為形塑早期日本流行樂的重要影響，加上日本的作曲家與表演者因為在日本擴張中的帝國生活與工作，而添加了來自亞洲大陸的新元素。著名的作曲家服部良一曾經住在上海一陣子，當地糜爛的夜生活增強了其爵士樂界的真實樣貌。作曲家兼吉他手古賀政男有殖民地朝鮮的成長背景，他因此在歌曲中融入了朝鮮民謠的元素。

和枝小時候跟爸爸逛唱片行時，首次感受到了這些文化風格，她尤其喜歡有強烈故事連結的歌曲。然而，戰時的審查制度為了清除英美文化汙點，逐漸減少歌曲的選擇，最終有超過一千首歌曲因歌名被查禁。但是從一九四五年的夏天開始，美國大兵開始帶來最新的布基烏基（boogie-woogie）、大樂隊爵士（big-band jazz）、曼波、鄉村與藍調。增吉戰後返家後，妥善利用了日本軍用品商店中釋出的樂器，為和枝組成了一支伴奏樂隊，和枝的母親喜美枝選了「美

空」作為她的藝名，意即美麗的天空。

小提琴、吉他、手風琴、小號、鼓組成的「青空樂團」在一九四六年九月首次登台，在橫濱的雅典劇院（和枝後來回想這不過是間小木屋，只是名字相當隆重）展開了共三天的日場及晚間演出。和枝拿著烏克麗麗站在舞台正中央，而在會場外，她的父親則用賣魚時的叫賣技巧叫賣推銷女兒的音樂表演。樂團的演出綜合了兒歌與成人的歌曲，而安可曲的時候和枝領著起初只有二十人的觀眾唱起自己詮釋的〈蘋果之歌〉。這首歌在當時是熱門歌曲，源自電影《微風》，其中完整的喜悅感是近來因戰爭而疲憊的人們的避難所。這部電影裡清秀的年輕明星邊唱著〈蘋果之歌〉，邊在果園裡喜悅地小跳步。

NHK的機會到來時，和枝就是選擇表演這首肯定會成功的〈蘋果之歌〉，但是一切發展不如預期。評審們對她的前兩段主歌報以神祕又不尋常的沉默，接著在她要唱第三段時，主持人打斷了她。問題不在這首歌曲，它有點平庸，「蘋果很可愛，可愛的是蘋果」，但是沒什麼有傷風雅之處。問題在於歌手。「讓小孩唱大人的歌會有不好的影響。」其中一名評審宣稱。所以根據節目的規定，他們沒有給分，和枝能默默接受「失敗」。

這段令人喪氣的時刻，短暫來看似乎只是一次性的事件。和枝的名氣隨著她的現場演唱會持續成長，並在一九四八年登上新的橫濱國際劇院與大明星一起演出。她當天的演出讓其他的歌手相形見絀，以至於劇院經理一開始十分擔心其他人的士氣，接著決定辭職擔任和枝的經紀人。他幫助她在東京找工作，那裡的一名劇場製作人認為她的名字有些平庸，建議她把和枝這

個名字改成雲雀。變身完成了，加藤和枝現在成為了美空雲雀，「美麗天空中的雲雀」。

對於日漸增多的歌迷而言，雲雀提供了美國人無法給予的解放感。前往她的演唱會可能要在廢墟、彈坑以及無家者的臨時收容所之間穿梭，那些運氣好有足夠食物的人，可以清晰地回想起在這些街道的黑市裡以物易物換來食物，或是擠上人滿為患的火車前往郊外覓食。許多人還在等待著新房子、工作，或是失蹤的親朋好友的消息。人們會帶著這些傷心與惶恐來到劇院，坐在他們的椅子上，觀眾席的燈會暗下來，台上的燈光則會亮起來，一個小女孩會出現在舞台上，露出燦爛的微笑，靦腆地跳著舞，唱著閃爍著喜悅或是悲傷的歌曲，而在黑暗與樂團奏樂的掩護下，每個人都會潸然淚下。

橫濱和東京的某些人對於雲雀有不一樣的感受，他們懷疑她的動機，或者至少是背後帶有成人意味的動機，甚至質疑她的某些表演風格。一九四八年的市街生活中最令人不安的一面就是戰後孤兒的存在，他們被留在火車站或是地下道裡自生自滅，其中有些人被迫提供性服務換取金錢或是食物。戰後孤兒這個日本戰敗的象徵過於強烈，以至於總司令部的審查員警告電影製片處理這個主題要特別謹慎，以免煽動總司令部目前為止不曾面臨的激烈反美情緒。當雲雀的經紀團隊在一九四八年把她送上舞台，讓她手上拿著香菸，肩上背著背包，眼眶泛淚地唱著一首關於年輕女性在戰爭苦難中成為妓女的歌曲〈星星的流動〉時，他們在想什麼呢？

我隨著星星的流動行進，

我今晚會睡在哪呢？我會待在哪呢？
我的心已如鐵石，
我的眼淚已經流乾，
是誰把我變成這樣的女人？

「惡魔」、「野獸」、「扭曲的成人」、「惡貫滿盈」、「罪孽」、「這讓我很心涼」、「我覺得噁心」報紙專欄作家和來信的民眾，對這段表演及同時期其他類似的表演做出這樣的回應。最具爭議性的是雲雀惟妙惟肖的模仿了國內最知名的成年明星笠置靜子；笠置是日本的「布基女王」，她會嚎叫、低吼、扭腰擺臀，高歌服部良一的〈Hey Hey Boogie〉和〈Tokyo Boogie-Woogie〉之類的曲目。當交響樂團演奏間奏的時候，她會繞著舞台跳步、大步行走，旁邊跟著一群衣著暴露的歌舞隊女孩。

笠置的表演在內容與觀眾群，與戰後的「粕取文化」重疊。粕取文化中可見日本男性將自己的失意與前途無望寄情於酒粕、低俗文學，還有以全裸或半裸女性為主軸的表演。與此同時，笠置豪放的美式風格證明了美國在戰場上羞辱日本男性後，現在看上了他們的女人，一些女性成為娼妓，尤其會待在橫濱等地的美軍基地附近，並且用樂曲中貶低她們、把她們當成性玩物的歌詞，毒害剩下的女性。眼睜睜看著一名十一歲的女孩模仿這一切：布基烏基歌曲、妝容和首飾、帶著性暗示的舞步，就如同把「失敗」定義修正成更不討喜的版本，它從一九四五

年夏天的某個時刻變成了持續的過程，沒有結尾，也沒有救世主的蹤影。

有些批評雲雀的人把焦點放在她受到身邊那些「卑微」又不負責任的成人剝削，其中一份報紙發表了一張她在火車上的照片，她看起來累壞了，經紀人必須要把她扛在肩膀上，他是否犯了國家嚴厲新訂的勞動法呢？有些人這麼想著。有些人則聚焦在魚販之家用不甚體面的工作突然致富，即利用女兒坐收其利的傷風敗俗做法，其中有人談論到喜美枝喜歡「每根手指都戴上戒指」。

這般謾罵衝著雲雀而來，使得她及她的支持者很早就了解到，要將她所遭遇的挫折轉化為個人傳奇的一部分。她的巡迴演出巴士曾在四國山區撞毀，致使她骨折、臉部及胸部受傷，手腕動脈被割斷，傳聞中雲雀從病榻掙扎而起，參拜村裡的神社，懇求當地松樹之神幫助她成為「日本第一的歌手」。當某篇特別刻薄的評論把她比擬成怪胎馬戲表演——「布基烏基女孩」天生就是要跟「熊女孩」、「蜘蛛男」還有「長頸女」共享馬戲團的大帳篷——她的母親把這篇文章從報紙上剪下來，塞進雲雀的御守裡（隨身的小型護身符，會帶來好運氣並有守護的功用），讓批評她的人貼近自己。

雲雀不是第一個讓人們惴惴不安的童星。一九三七年，她出生的那年，葛拉罕・葛林（Graham Greene）寫了一篇關於秀蘭・鄧波兒（Shirley Temple）的電影《小威廉奇遇記》（*Wee Willie Winkie*）的評論，他在文中指稱鄧波兒真正的魅力不在於兒童的天真，而是「更為私密而成人」的部分，是她「美妙且發育良好的臀部」以及「斜睨、賣弄風情」的雙眼。作為回

應，二十世紀福斯成功發起了的誹謗訴訟，指稱葛林實際上是在指控他們為了「不道德的目的」而「教唆」鄧波兒「賣色」。至於雲雀，她和鄧波兒之間的不同點則是透過某位評論家的言論體現出來，他形容她的歌曲是「被毀滅國家的音樂」。民意調查顯示大部分的日本人大致上同意麥克．阿瑟將軍的政治革新，而且戰後的第一次選舉投票率極高。但是雲雀的表演讓某些人看到，國家受到了深遠改變的威脅，實際上已經是現在進行式。簡而言之，他們憂心的是美國人對日本的野心程度最終到哪。

他們這麼做是對的。日本代表登上密蘇里號戰艦簽下投降書時，有兩面美國國旗在頭頂飛揚，其中一面曾在珍珠港偷襲事件時飄揚於白宮上空；另一面則是在一八五三年海軍准將馬修．培里的船艦從日本海岸起錨時，在桅杆上飄揚。戰時的美國戰略家自問日本充滿希望的現代化進程是如何走向災難性的旁門左道，而且必須回到將近一百年前才能找到解答，只有十年、十五年還並不夠。他們發現了根深蒂固的「封建」心態，從一開始就阻礙個人責任和公民意識的發展，而這兩者對於正常運行的民主制度是至關重要的。日本人已經得到了現代銀行與工業、科學與西裝。然而有太多人仍然樂意且本能地照著父親、老闆、軍事長官的命令行事，甚至到了毀滅性的程度。絕對服從一直都是與生俱來的態度，只是近期才在戰場及戰俘營中發現其原始的樣貌。

文化的清洗勢在必行，包含重塑日本的藝術與大眾傳媒。除了描繪戰後孤兒，或是對美國及同盟國提出類似隱晦的批評會被告誡以外，歌舞伎表演和時代劇電影都因其封建的價值觀以

及暴力復仇的戲劇性故事而被針對。使用戰前及戰時都極具影響力的象徵，例如富士山和神道神社的紅色鳥居，都遭到限制。他們也不鼓勵鞠躬這個行為。一九四五年一部由新興電影導演黑澤明執導的電影《踏虎尾的男人》先是在戰時被日本審查員禁播，因為「過於民主」，接著又被美國人禁播，因為「過於封建」。

一九四五年的反戰派成員、現在的新日本自由黨領袖吉田茂，對於這種解讀日本近代史的方式大表不贊同。他認為明治時代及大正時代目標堅定、繁華又自豪，相較之下一九三〇年代及一九四〇年代早期則是悲劇性的偏差行為，而不是長期現代化失敗後不可避免的結果。他的暱稱是「袖珍邱吉爾」，因為他結合了親英、保守、固執等特質，又愛抽雪茄，於一九四六年至一九四七年及一九四八年至一九五四年兩次擔任日本首相。隨著美國占領日本的時間愈拖愈長，美軍基地與其說跟清洗日本文化有關，不如說與賣淫、犯罪的腐敗以及笠置靜子和美空雲雀令人不安的熱門布基烏基音樂有關，吉田甚至說出總司令部（GHQ）應該代表「趕快回家」（Go Home Quickly）。

*

在橫濱高檔的卡巴萊獵戶座歌舞俱樂部裡，燈光昏暗，穿著半正式西裝與晚禮服的客人，沿著表演廳的邊緣排成一排，當一支有小提琴、低音大提琴、薩克斯風和爵士鼓的樂團，穿著

燕尾服開始演奏些微感傷的曲調，並伴隨著輕柔的爵士搖擺樂時，客人們轉向舞台。一盞聚光燈瞬間點亮，照向俱樂部裡裝飾用的中央擺飾——一座華麗的噴泉，噴泉邊緣站著一個矮小的人影，身穿燕尾服，頭戴高禮帽。他以紳士的敬禮招呼觀眾，揮動手杖，並脫下帽子。這時「他」變成了「她」，一名十二歲的女孩，長長的頭髮往後紮了起來，露出燦爛、美好的微笑。她戴著白手套的手，用委婉的手勢拒絕了一杯別人遞出的清酒之後，開始以溫和低沉的嗓音唱起歌：

勝過晚上一杯杯的清酒，
那炙熱的深紅色閃耀著，
我的唇吻上愛情的花朵，
但……我給你的那朵玫瑰，
因為悲傷顫抖著，然後隨著我的夢想片片散落。

就這樣，女孩將一朵白色的玫瑰拋進噴泉池裡，接著隨著樂隊的演奏，她開始繞著表演場地，帶著手杖漫步、擺姿勢。從她身上可以看到佛雷·亞斯坦（Fred Astaire）的影子，迷人且文雅，還曾一度與一名比她年長兩倍以上的優雅女士在舞池裡跳舞，踮腳假裝親吻她的額頭，再依依不捨地揮別。這首歌以歡笑、寂寞及返璞歸真的傷感歌詞作結。

一個十二歲的孩子了解什麼叫失去純真嗎？以光子來說，她失去了不少。她是一個戰後流離失所的孤兒，大部分時間會在河邊與其他無家可歸的孩子玩在一起，旁邊還有臉上都是髒汙的日班工人們。那晚，她的夥伴們擠在俱樂部的窗外往裡面看，他們骯髒又粗魯，但是這個臨時的家庭對她來說就是全世界，她在表演的時候小心地對他們送了一個飛吻。

但光子不是真正的孤兒，她是重新包裝後的傑作，一個出自電影《悲哀的口哨》（一九四九年）的角色，這個角色交由美空雲雀來詮釋，以說服人們用不同的眼光看待她的早熟：不是看作受到剝削的產物或是未成年的性玩物，而是戰時得來不易的智慧與成熟。光子性格開朗而且精明能幹，有著歌唱才華以及凝聚人的能力。在她表演電影的主題曲時，觀眾席坐著她的哥哥賢三，是光子以為早已死於戰爭的哥哥。他們終於重逢了，光子幫助他讓無望、放蕩的生活重回正軌。最後顯示戰後孤兒不是只能當戰爭或是總司令部時期放蕩生活的被動受害者，他們也大有可為。成人對兒童摧殘，有時恰巧給了他們道德清明和獨立能力，許多美國及日本的早期戰後思想家都同意，這對於日本的復興十分重要。

光子身上有些許雲雀本人的影子，這也是日本戰後最重要的文化中間人特質；製作電影的松竹株式會社，以及簽下雲雀的日本哥倫比亞唱片協助管理她的形象，呈獻給觀眾的，是傳統日本家庭價值與新興民主力量構成的完美、自然的綜合體，而民眾非常喜歡。這部電影十分賣座，歌曲〈悲哀的口哨〉的銷量也突破五十萬，創下戰後最高記錄。一九四九年對雲雀來說是個轉捩點，讓她開始在全日本甚至超越日本的電影與音樂世界聲名大噪。一九五〇年，她接受

美空雲雀像

創造歷史的美軍第四四二步兵戰鬥團之邀前往夏威夷，這支步兵團幾乎都是日裔美籍士兵，他們剛結束二戰期間在歐洲戰場的服役，表現出色。雲雀在檀香山和其他地方都被當作真正的明星，她一抵達就受到戴著花圈的歌迷及警察車隊熱烈歡迎，甚至還跟一個模仿雲雀的夏威夷藝人一起穿著草裙表演。她在當地為新電影《東京的孩子》拍攝一些場景，在同年稍晚上映，並且在美國巡演的途中一邊宣傳，這趟旅途讓她從夏威夷一路到西岸洛杉磯與舊金山等地表演。

笠置靜子在一九五〇年稍晚也展開她的美國巡演。儘管她與雲雀在日本頗為要好，當她們同場表演時，有時候會在休息室玩在一起，但她有些

擔心這個小女孩在美國的知名度會掩蓋過她。她不需要擔心的。〈悲哀的口笛〉重塑雲雀的形象，當中的絕妙做法之一就是在歌曲中使用了四七拔音階（yonanuki），做法是從西方小調音階中拔除（nuki）第四音（yo）和第七音（na）。這種做法在戰前的日本流行音樂中是常態，也讓雲雀可以與低級墮落的美國音樂拉開關係，並向她的聽眾保證至少在音樂這塊不是隨著戰敗而去。

端看〈悲哀的口笛〉的銷售數據就足以說服她的經紀人這是正確的做法。他們在一九五〇年進一步推出了〈越後獅子之歌〉，結合了四七拔音階與受到日本越後地區民謠啟發的歌詞。他們使用了西式樂器，但演奏方式卻類似傳統日本三味線、尺八與太鼓。

兩年後，雲雀以〈蘋果花〉（一九五二年）完成了她的轉型。這首歌以日本東北腔演唱，追憶戰時的憂傷，並且為雲雀的成年生涯定調，其特色包含了講述故事、心痛、沙啞的口白，以及包含了顫音與裝飾音（即以多個音符演唱單一音節的技巧）的歌唱技巧。

山巔之上，
飄浮的雲朵白的彷彿棉花。
桃花開了，
櫻花開了，
接著是早開的蘋果花。

對我們來說，每年的這個時候都美得無與倫比。
然而當狠心的雨落下，
打落了白色的花瓣，
我想到了我的母親，
在約莫這個時節的東京過世了。

此後數十年間，大部分的日本流行音樂都跟隨著西方從鄉村搖滾、搖滾進展到龐克，但是雲雀塑造了一種感傷的情歌類型，在一九六〇年代成為「演歌」，時間似乎在這裡靜止了。四七拔音階的旋律與歌詞編排成一句五個和七個音節，這麼做的靈感來自於古詩而非現代流行音樂，這種編排方式能夠觸發「真實」日本的思古憂傷以及小鎮價值。

〈蘋果花〉發行後賣了七十萬張，創下另一次戰後的記錄。現在雲雀發現自己要面對一批新的評論家。一九四九年不只對她而言是轉捩點，對於整個日本來說也是；隨著美蘇的關係惡化，共產黨的「人民共和國」在中國建國，在美國人眼裡，日本的未來從自由民主實驗轉變成強大的太平洋盟友。日本現在被視為一個可靠的保守國家，在東亞為資本主義樹立旗幟，並為美國企業提供一個有利可圖的貿易和投資夥伴，而不是一些投資者擔心的渴望援助的社會主義失敗國家。隨之而來的是工會受到約束，日本的財政隨著信貸、薪資水準、公共支出的限制而緊縮，抵制大財團的措施放寬，且開始對政府、公會、企業界及廣大社會中的左派分子進行

「紅色肅清」。

一九五〇年爆發的韓戰加速了這項轉變。在日本戰敗後，這座半島就被分裂成美國占領的南方以及蘇聯占領的北方。一九四八年分裂的國家分別宣布獨立成南方的大韓民國，以及北方金日成的朝鮮民主主義人民共和國，自此本該是暫時的分裂變得更像是永久的狀態。一九五〇年六月金日成攻打南韓的決定，促使聯合國組成軍力前來協防，麥克．阿瑟則受命領導。占領當局隨即要求日本人建立自己的重裝「警察預備隊」（NPR），在大批美軍前往韓國時，協助維持日本國內安全。同時，每年約八億美元的美國軍事採購訂單開始湧向日本，幫助其經濟大幅成長，卻也加深了人民的不安，害怕日本將長期淪為美國軍事工業的僕役。

杜魯門總統發現麥克．阿瑟希望將半島戰爭升級成與共產中國的全面戰爭後，在一九五一年四月解除了他在韓國與駐日盟軍總司令的指揮權。與此同時，美國外交官約翰．福斯特．杜勒斯（John Foster Dulles）正廣泛諮詢與日本的和平協議，旨在為美國對日本日益增加的要求提供持久的法律形式。在戰時蒙受「大東亞共榮圈」重創的東南亞國家要求賠償。一九四七年失去印度這個殖民地的大英帝國還在適應，希望可以限制日本的出口競爭力；身為務實的國際主義者，首相吉田茂願意默許在擺脫盟軍占領後，與美國不可避免的結盟，只要日本的經濟行動自由不受限制。還有其他五個（國家或勢力），他們各自有自己的要求，卻沒有參與這些討論。蘇聯決定抵制會談，因為他們對即將和平協議一同簽署的《美日安保條約》（*US–Japan Security Treaty*）深感懷疑。兩個韓國的戰爭正如火如荼進行中，而中國合法政府的爭議仍然懸

而未決，中華人民共和國在大陸鞏固地位，蔣介石戰敗的國民黨則退守至日本殖民者才剛撤退的台灣。

一九五一年九月，在一九三〇年代晚期與四〇年代早期和日本發生戰爭的四十八個國家簽署了《舊金山條約》（*Treaty of San Francisco*）。吉田可以聲稱這是一場勝利，它比預計的更不具懲罰性，還讓日本恢復完整的主權。同時簽署的《安保條約》就較具爭議性了，它規定美國可以在日本保留軍事基地，使得日本蒙受美國的敵人攻打的風險，而且允許美軍在日本官員的要求下，可以鎮壓日本的暴動。

日本的自由派人士擔心占領政策在一九四九年後開始「走回頭路」，再加上這兩項新的協定，預告了極權主義將在中止了幾年以後重返日本。他們擔憂地注意到同時在「走回頭路」的還有流行文化，爬回集體主義與廉價的多愁善感構成的安全毯之下。部分的新時代劇把傳統日本浪漫化，同時電影公司開始製作賺人熱淚的戰爭電影，主題包含神風特攻隊的飛行員，著重在悲劇、義務以及痛苦，而非咎由自取、誤入歧途的領導階層。

雲雀就是受牽連的人之一，她時常出演武士電影，並且錄製〈悲哀的口哨〉和〈越後獅子之歌〉等由萬城目正創作的歌曲，他是一名成功的戰時作曲家，現在再次被指控「讓大眾沉浸在無望的感傷與頹喪中」。整體而言，雲雀的表演似乎反映了美國想把日本和其鄰國區隔開來的期望。她繼續唱一些布基烏基和曼波，對太平洋的新盟友示好，同時用四七拔音階歌曲特別強調日本歷史和困境，將引人回憶的曲調從暗示「亞洲」作為文化整體，轉移到只代表「日本」

本身。在經歷戰爭的悲劇，並且正需要與亞洲鄰國連結時，雲雀似乎幫忙焚毀了這個交流機會。

*

美空雲雀在一九五二年四月二十七日首次現場演出〈蘋果花〉，那一年，一個大學畢業的銀行行員起薪大約是七萬兩千日圓，而雲雀一年賺的錢大約是一千兩百萬日圓。一九五三年時，她為自己蓋了一棟豪宅「雲雀殿」，在橫濱的黃金地段，占地三千平方公尺，有十五個房間和一座游泳池。觀光巴士開始從旁駛過，乘客們希望可以一睹這個女孩的風采，她極其成功的電影作品都在一九五七至一九六〇年間拍攝，每年售出超過十億張電影票，奠定了她傳統、孝順的日本女兒形象。

雲雀繼續產出大約一百六十部電影及一千五百張唱片，持續表演到一九八〇年代，成為日本公認的「演歌女王」。她認真工作也好喝酒，雖然出了名的直率，卻能因歌曲需求潸然淚下，流露感傷，成為了戰後日本最重要的文化偶像：穿著和服、頭髮整齊地盤起，手中拿著麥克風，歌頌著失去的愛、破碎的夢想、清酒與家鄉的呼喚。隨著卡拉ＯＫ的技術在一九七〇年代和八〇年代傳播，雲雀成為歌單上必備的藝人，她仍然與一九四五年早期日本的韌性畫上等號；那是一段形塑她人生的日子，但在日本很快就被視為「昔」，即「往日」之意。

雲雀第一次表演〈蘋果花〉的日子，也是占領正式結束的日子，日本的美國十年從戰爭轉

向對美國有利及占領計畫開始，現在終於畫下句點。如同雲雀，日本正處於相當富裕的階段，但以雲雀的狀況來說，她的富裕根植於占領時期的政治決策與文化妥協，評論家會說已經到達停滯不前的程度了。數以萬計的美國士兵在往後的好幾十年裡，會繼續駐紮在日本，尤其是在沖繩，一九七二年以前都全然在美國的掌控中。日本將不會有任何獨立外交政策，而且這個國家會努力發展出可行的兩黨政治體系，部分原因是中央情報局（ＣＩＡ）在早期就開始著手阻礙立場偏左的對手，以滿足美國東亞盟友的需求，建立保守、堅定反共產主義的政治。

然而「停滯不前」的說法並不公允，美國人在一九四五年夏天抵達時，決心要重塑日本人，當他們於一九五二年四月離開時，任務已完成大半。這七年間的焦慮與紛爭，可說是塑造了雲雀的事業生涯，但一切都尚未結束。對於日本人而言，「挾帶著文化邁向進步」——要由誰帶領，走向何方，為了什麼目的？其意義還需要好些不斷變化、令人驚嘆的年頭才能展現出來。

18 手塚治虫——織夢者

西元一九二八年至一九八九年

一九五二年四月，美國占領來到了尾聲，美空雲雀的事業更上一層樓，而日本的洗澡時間也永遠改變了。愈來愈多孩子不願意離開浴缸，除非父母幫他們用洗髮精的泡泡把頭髮塑形成新的標誌性造型：兩根大角，一根在前，一根在後。他們裹著肥皂泡泡的手臂堅定地向前推送，握緊拳頭彷彿要飛去救人，他們短暫地變身成機器人男孩「原子小金剛」，那個月裡，這個暢銷漫畫裡的角色由「漫畫之神」手塚治虫介紹給世人。

原子小金剛是日本有史以來製作過最厲害的視覺影像作品之一，他有著迪士尼角色的圓潤輪廓，與太空飛鼠頗為神似。他有著貝蒂娃娃的大眼，閃亮、塑膠感的黑髮有著兩個明顯的尖角，這是手塚根據自己兒時在洗澡間做的髮型所設計。他穿著黑色短褲，繫著綠色腰帶，腳穿紅色靴子。他由胸前的原子反應爐提供動力，並由電腦控制，他的手臂與腳上內建了噴射器，眼睛是探照燈，聽力經過強化，精通六十種語言，臀部還巧妙地藏了一對機關槍。

美國的漫畫英雄，例如蝙蝠俠和超人，通常都是強壯陽剛、遙不可及的角色，相較之下原

子小金剛可愛、中性，而且情感豐富，會交朋友也熱切地尋求和平。後者成為在後來的幾十年裡成為老掉牙的觀念，但是在一九五〇年代，許多日本兒童成長的過程中少了父親或是哥哥，夜裡因為回憶中的炸彈爆炸聲響以及建築物燃燒的景象與味道而醒來。手塚於一九二八年十一月三日出生在大阪，他本人曾經看過城市中的淀川裡滿是焦黑的屍體。「和平」在他們的世代只是單純的信仰，他們對成人世界的現實也沒有幻想，這個世界危險、令人沮喪且充滿失敗。這個世代在手塚身上找到了一個說書人、織夢者，能夠用出色的創意應對戰爭施加在他們身上的成熟，並且幫助他們應對這個由戰敗與美軍占領開啟的未知世界。

在他的職業生涯中，他創造了大約五百件傑出的作品，長度超過十五萬頁的漫畫，手塚把日本幾世紀之久的諷刺與講故事的藝術傳統，轉變成當地及全世界都能輕易辨認的視覺新語言，可愛、圓潤、有著大眼與複雜個性的角色踏上奇幻冒險，密切反映了現實世界的問題。原子小金剛是戰後第一個紅到國外的日本角色，它觸發了一股在二十一世紀之交達到巔峰的風潮，「挾帶著文化邁向進步」的推進已經超越描繪日本自身的文化，甚至涵括人性與現代生活等更宏大的反思，在世界各地引起共鳴。

*

手塚治虫和深受緬懷的明治天皇同樣於十一月三日出生，所以他的父母，手塚粲與文子，

以天皇顯赫名字的第二個漢字「治」給他命名為手塚治，意思是「統治」或「管理」。手塚家並不是政治世家，而是醫生、律師的後裔，文子的娘家則與著名的劍客「鬼半藏」服部半藏有些淵源。服部半藏和手下曾經在十六世紀晚期替德川氏打天下，守護江戶城的西城門，該地也因此以他的名字命名為半藏門。建於一八八〇年代的新宮殿還留著這部分的歷史，甚至到手塚之後的年代，西邊的進出都一樣要通過半藏門。

白天時，手塚的父親粲是住友金屬工業的經理，到了晚上和週末，他就成為攝影師、俳句作家和外國電影迷。他自豪且喜愛的事物是一部手搖的九．五釐米百代小型電影放映機，因為這台機器，小時候的手塚和他的弟弟妹妹手塚浩與美奈子得以在家庭放映並觀賞卓別林、米老鼠、菲力貓（Felix the Cat）、卜派（Popeye）與貝蒂娃娃（Betty Boop）。在當地百貨公司購買的電影捲軸，有些附有可以用留聲機唱片播放的配音，訣竅是在開始播放電影後，數到三然後放下唱針，如果影像和聲音太過不同步，就加快或是放慢轉動放映機的把手。

文子則是熱愛音樂，她教孩子們彈鋼琴，並充分利用大阪住所附近的寶塚溫泉勝地，時常帶他們去看寶塚歌舞劇。劇團成立於一九一三年，以其全員皆為女性的劇團、豪華的戲服、異國布景著稱，其中布景包含了巴黎與阿拉伯、中世紀的歐洲，以及中國宮廷。手塚深受他日後稱為「甜蜜奢華」的華麗奇幻世界所吸引，以至於一九三二年時，在祖父由神道的神官主持、半隱蔽地在簾幕後進行的喪禮上，他錯把這個場合當作布簾沒有成功捲起的日場表演。

父母會在他床邊留下紙筆，以防手塚在夜裡躁動，而他則用紙筆把年少時體驗到的景象和

聲音轉化成圖像。他狂熱地塗鴉，以至於他的母親必須把畫擦掉，讓他可以重複使用紙張。手塚的老師很快就注意到他不尋常的美術及敘事天分，當他在校外教學的報告上加上奇幻轉折時，老師偶爾也會氣急敗壞。不幸的是，手塚的同學只注意到他蛋形的頭、凌亂的頭髮以及嚴重不足的運動能力。

手塚被迫要改放學回家的路線以避開霸凌者，在藝術與昆蟲上尋求安慰。他會在寶塚附近的山丘上搜集昆蟲，然後畫下來，編入目錄。他開始在名字的最後多加一個「虫」字，後來還在字中間的長方形裡面加上兩點，讓它看起來像是一對眼睛從厚重的鏡片後方看出去，就像他從十一歲就開始配戴的眼鏡。一九三七年時，手塚把頭髮剪成比較不容易被取笑的短髮，稍微改善了他在操場上的命運，但是更大的問題很快的就出現了。戰爭爆發，而手塚發現他的父親和他珍愛的漫畫藝術都被徵召用來為國效力了。

「漫畫」，或是「異想天開的圖畫」起源於中國和日本的繪卷物，上面的情節以及偶爾會有的文字由右至左展開。日本最早的繪卷物畫家是天台僧鳥羽僧正覺猷（一〇五三年至一一四〇年），據信創造了部分或是全數的《鳥獸戲畫》。這份卷軸描繪了青蛙、兔子等多種動物進行著仿若人類的活動，包含宴飲、遊戲，甚至還有猴子身著僧袍主持喪禮。除了諷刺社會和他自己的職業，鳥羽喜歡更坦白直接的幽默，包含人們大啖地瓜，為「放屁大戰」貯存能量。

手繪的繪卷物對一般的日本人來說太珍貴而難得一見，然而到了井原西鶴時代，雕版印刷開始盛行，把這個世界推給普羅大眾。第一個使用「漫畫」（manga）這個詞彙的人是葛飾北齋

（西元一七六〇年至一八四九年）。世界各地的藝術愛好者因為其標誌性的版畫而景仰他，例如〈神奈川沖浪裏〉，畫中一艘小小的划艇受到爪子般的巨浪威脅，背景則是平靜的富士山。在他其他的作品中，一名武士坐在馬桶上，帶著微笑開心地解放，同時三名家臣蹲在外面的地板上，摀住他們的鼻子。

當一八六八年的領導者們開始進行國家建設時，北齋對於德川幕府社會秩序的辛辣評論尚未消散。他們很快就擁有了自己的諷刺作家，這次綜合了日文與西方的平面藝術傳統。英國的《笨拙》雜誌（*Punch*）和紐約的《帕克》（*Puck*）啟發了《日本Punch》（*Japan Punch*）與《東京帕克》（*Tokyo Puck*），後者於一九〇五年由日本首位自稱「漫畫家」的北澤樂天（西元一八七六年至一九五五年）創立。他突破性的多格連環漫畫包含了一個系列故事，主角是兩個鄉下土包子，田吾作和杢兵衛，他們對現代大城市的生活驚嘆連連。這樣的東西最先出現在報章雜誌上，接著從一九一〇年代到二〇年代開始出現在針對少女、少年及兒童的專門刊物。

如同詩詞和音樂，漫畫也有一樣的境遇，一九三〇年代到四〇年代的戰爭所帶來的產物，結合了審查制度與為了新目標而扭曲的藝術娛樂。手塚最喜歡的漫畫角色野良犬黑吉，一隻黑白相間、在猛犬連隊服役的流浪狗，開始把中國「豬」當成敵人。另一個受歡迎的角色冒險彈吉，則是用日本文明開化的學校教育馴化「野人島」的原住民，讓他們改信神道並且教導他們如何對抗壓迫他們的白人。

在大螢幕上，大日本帝國海軍授權製作兩部宣傳卡通，由日本古老民間傳說中的英雄桃太

郎擔任主角。《桃太郎的海鷹》（一九四三年）講述的故事是由一群全副武裝並頭戴旭日頭巾的可愛動物，執行珍珠港式的大膽空襲。電影《卜派》中的布魯托（Bluto）則代表了刻板印象中的美國人：肥胖、醉醺醺，船沉了只會驚慌失措。《桃太郎：海的神兵》（一九四五年）成為日本有史以來第一部動畫長片，描述一支毛茸茸小傘兵突擊隊員組成的精銳部隊反抗英軍。

美國的卡通畫家也在做類似的事，嘲諷日本從一九四二年開始反轉的命運。《東京情況》〔樂一通（Looney Tunes），一九四三年〕的其中一幕中，一名被畫成暴牙、戴著黑色粗框眼鏡的日本人穿著晨禮服，在使用燃燒彈煮香腸的時候被炸飛；在另一幕中，一名長相類似的主廚用一小疊配給證快速做出「美味的日本總匯三明治」。

手塚很快地迷上這一切，為了娛樂自己與朋友，畫了一個知名的日本連環漫畫角色福仔駕駛轟炸機飛過美國的城市，同時米老鼠攻擊了大阪。後者不完全是幻想的，因為手塚很清楚這事。一九四五年的春天，他坐在一間大阪的劇院裡看《桃太郎：海的神兵》：

> 這部電影的觀眾，也就是孩子們，都被撤離到鄉下，我坐在躲過轟炸、冰冷的松竹座劇院裡看著電影，看著看著，我深深被打動了，開始不由自主地流淚，這些影片裡抒情、天真的精神，就像溫暖的燈光，照亮了我耗盡希望與夢想的乾枯靈魂。當時我發誓：「有一天我會做出自己的動畫電影。」

手塚在大阪遭到轟炸的時候成功全身而退，但是他卻患了嚴重的皮癬感染，差點導致他的手臂截肢。他因此受到啟發決定從事醫學工作，為了達成這個目標，他在戰爭結束前的最後幾週，在大阪大學的醫學院註冊入學。他求學階段仍然繪畫不輟，接著在一九四七年他為一部突破性的漫畫《新寶島》畫了插圖。

當時的漫畫多數會用一格描述一個場景，但是從開頭的幾頁開始，《新寶島》就完全不一樣。手塚使用一格接著一格的繪畫表現跑車快速開過城鎮，用各種角度描繪跑車，一度還把鏡頭拉近到駕駛嚴肅、專注的臉龐，針對這樣刺激、令人屏息的情節給人一種緊湊的感受。一名十三歲的讀者澈底感到瞠目結舌：

> 整整兩頁，你只看得到一輛車在馳騁，為什麼可以讓我這麼興奮？我覺得彷彿是我在開著那輛車，加速開向碼頭。這是靜止的漫畫，印在紙上，但是這輛車「正在」奔馳，馬力全開！我彷彿在看電影！

手塚不是第一個在作品中使用電影手法的日本漫畫家，但是沒有人像他這樣做，他結合了大量來自德法電影、劇場表演以及美日新舊平面藝術家的元素。他將卡通化的主角們放在仿真的場景中，暗示了他可能受到了《丁丁歷險記》（*The Adventures of Tintin*）的作者艾爾吉（Hergé）的影響。若真是如此，這是全球影響鏈中最新的連結點。十九世紀歐洲的日本主義運

動讓艾爾吉受到北齋的影響，而北齋的漫畫素描，被認為是由楠本稻的父親西博德引薦到歐洲。北齋則是受到了法國及荷蘭藝術的影響，這些藝術透過出島來到十八世紀的日本。

早期戰後日本人被迫在有限的預算裡娛樂自己，這是傳統單口故事類型「落語」、稱為「紙芝居」的紙戲，以及漫畫的興盛期。上千間店鋪提供書籍和雜誌供租借，花大約十日圓可以租兩天，或者你也可以花大約十五或二十日圓買下來，然後與朋友們交換閱讀。大阪在井原西鶴的時代就是出版創新中心，現在則是「赤本」的中心。這些書使用粗糙的紙張節約製造，鮮豔的封面以紅色及橘色印製，目標族群是會省下買糖果的錢來買漫畫的孩子。《新寶島》在僅僅幾個月內銷售了破記錄的四十萬本，成為赤本類別中突破性的作品，反過來協助創造了以長篇複雜的故事取代短篇漫畫的趨勢。

手塚的名聲開始傳開來，直到一名東京的編輯注意到他；這名編輯看過美國大兵閱讀的《超人》和《蝙蝠俠》等作品，而他在尋找屬於日本的做法。這一時期對於「原子」的談論以及用原子能量革新日常生活的願景啟發了手塚，他提出了一個靈感來自於《木偶奇遇記》（*Pinocchio*）的故事（他曾經在寶塚歌舞劇團看過這個故事），並且將背景設置在二〇〇三年超乎想像的未來時空中。一名因為喪子而悲痛的科學家創造了一個機器男孩來取代他，但是這個機器人不會長大，所以他那幻想破滅的父親最後把他賣給了一個馬戲團，他在那裡得到了他的名字「小金剛」。一名慈愛的科學家，御茶水博士，救出了他，幫助他融入人類社會，甚至讓他去上學，並且培育他成為一名打擊犯罪的英雄。

事實證明，《原子小金剛》漫畫一推出就造成轟動，證明手塚在母親協助下做的決定是對的：他要以漫畫家的身分在世界上立足，而不是醫生。一九五二年夏天他搬到東京後，著手規畫了一套漫畫製作系統，這套系統將在未來數十年裡影響整個產業。其核心元素就是低薪、不人道的工時、對編輯做出誇張的承諾後，躲避憤怒的編輯或是偶爾被編輯鎖在房間裡，並且僱用新興的畫家當助手，以幫助他保持理智繼續創作。作為職業訓練的回報，他們會完成圖畫中黑色區塊的塗色並且填補背景細節，讓老師可以繼續畫下一格。早期和手塚一起工作的人包含了安孫子素雄，他就是數年前那位為了《新寶島》興奮異常的少年讀者，並在之後共同創作了日本最偉大的漫畫主角之一：藍色、無耳的機器貓哆啦Ａ夢。

手塚的系統讓他得以在一九五〇年代產出將近兩百五十件作品，包含雜誌連載到完整的漫畫書。他成為日本最知名的漫畫家，也是少數高收入的漫畫家，收入豐厚的程度得以讓他在一九六〇年代的東京西北部，為自己及妻子悅子建造家庭工作室樓房。他們的兒子手塚真於下一個夏天在這個房子裡出生，但手塚一開始很少看到他。《原子小金剛》十年來益發成功以後，新的富士電視台委託他在一九六二年秋冬製作動畫版本。讓戰後的漫畫步上軌道以後，手塚接著要對動畫下一樣的工夫。

手塚的偶像是華特．迪士尼，他的電影公司首創以符合真人電影影格率的方式製作動畫，相當於卡通裡每一秒要有二十四張圖。每幅畫拍照兩次一下子就讓工作量減半，而「膠片」的使用（透明賽璐珞片彼此疊加）代表一個場景中只有新的動作元素需要重新繪製。迪士尼最大

手塚治虫像

的挑戰是成本，而手塚的挑戰在於人事，這個時期日本全國沒有足夠的動畫師可以製作出媲美迪士尼品質的動畫。手塚新的動畫製作公司株式會社製作，被迫要研發自己的「受限動畫」技術，停留在同樣的一幅圖上長達五秒，拉近、拉遠，甚至要在照相機下滑動影像，用單一一幅畫製造出移動的錯覺，在說話的場景裡只製作嘴部動畫。

後來的日子裡，手塚樂得看著知識分子焦頭爛額，試圖用高級藝術解釋這些簡單的實際情況，有些人還聲稱在他的作品中找到受歌舞伎影響的戲劇化停頓。這時候隨著《原子小金剛》預定要在一九六三年的新年播映，他和製作團隊發現自己要承受極大的壓力。許多人每週工作七天，睡在自己的桌子下，因為不斷繪圖導致破皮，使得圖都被血塗汙了。儘管如此，他們還是成功在期限內完成，日本觀眾都熱烈歡迎動畫版的《原子小金剛》。

同年稍晚美國全國廣播公司（NBC）與他們達成協議，讓原子小金剛登上美國的螢幕，變成「宇宙男孩」（Astro Boy）。日本的媒體欣喜若狂，戰後花了將近二十年

的時間爭論美國文化的影響，日本首次把一個自家產的動畫系列作品反向輸入。對於手塚和虫製作來說，這是喜也是憂。電視上的成功帶來的成果之一就是產生了大量的周邊商品需求，尤其是原子小金剛玩偶。因為動畫製作的預算與勞力成本相比始終很低，為此後世動畫師相當詬病手塚立定的範例，也因此周邊商品的銷售對於平衡收支很有幫助。不過隨著《原子小金剛》走向國際，手塚發現自己的政治思想與人生哲學前所未有地受到審查。

從第一部《原子小金剛》漫畫開始，少部分的日本家長就抱怨這些荒謬的想法影響了缺乏判斷力的孩子。會說話的機器人，你在開玩笑吧？人類旅行到月亮上？別胡扯了。有些漫畫甚至在街上被焚燒。對此，手塚的出版商辯駁道《原子小金剛》是一部嚴肅的「科學漫畫」。但是手塚本人覺得將各種大人生活中遭遇的挑戰呈現在兒童面前更有興趣，像是恐懼、誤會、歧視；依他所說，這些挑戰創造了條件，讓政府可以「改變人民對現實的概念」，從而將他們拖入戰爭。太多人都活得像他們的「設定」，就是服從。手塚發現《原子小金剛》激發日本研究仿真機器人技術時感到十分喜悅，但是他故事中的瘋狂科學家和邪惡發明家顯示他對科學和技術的用途感到矛盾，甚至質疑明治時代的口號「文明開化」是危險的天真行為。

手塚有時候會使用逼真的暴力場面來表明自己的觀點，但是這對日本兒童的震撼比不過他們在戰爭時的殘酷經驗。然而另一方面，NBC擔心美國兒童沒有能力應對，因此一名NBC的製作人佛瑞德．拉德（Fred Ladd）負責將《原子小金剛》的劇集修改得不那麼露骨，使之在文化上更好理解。劇本被重新寫過，角色的名字也改掉了，悄悄夾帶了美式幽默，而且主題曲

的英文版歌詞也減少了軍事內容。

即便如此，第一批由虫製作送往ＮＢＣ的十二集動畫中仍有半數不被採用，這對手塚的公司來說是一場財務災難。佛瑞德．拉德在一九六四年秋天前往東京，與手塚當面商討，了解可以怎麼做。在虫製作公司裡，拉德與手塚隔著桌子對面而坐，他以美國兒童電視最簡單的規則起頭：沒人會死。所以其中一場戲裡，當小金剛跨站在一個躺在街上的人身上，說出「他死了！」，宇宙男孩只能簡單宣告他「失去意識」，並補上「送他去醫院！」另一場令人無法接受的場景發生在一名罪犯拿槍管抵著一個人的太陽穴時，一群動畫師開始聚集在兩人周圍，正如拉德向他們解釋的那樣，你可以演出亮槍，但不能直接威嚇別人，只要提前把這個動作剪掉，這集也可以挽救。

還有三集仍然無法挽救。其中一集包含活體解剖的畫面，另一集涉及一幅牆上的裸女肖畫，一名再度畫了整晚睡眠不足的助手，在手塚不知情的情況下加了一個細節，讓它變成玩笑。最後一集則是演了一名躲在教堂裡的惡徒，在十字架上的基督像眼球上刻字，留下給同伴的祕密訊息。涉及宗教萬萬不可，日本動畫師對少數民族粗糙描繪也有同樣的問題。同時，宇宙男孩的機關槍大部分的時間都是閒置的，省了ＮＢＣ勢必會接到的家長來信或是來電。

這場在虫製作的會面平和作結，有不小的原因在於拉德本人感覺是站在製作公司這邊的。然而他們對ＮＢＣ審查員就不那麼友善了，手塚的一名年輕員工指出美國西部片裡的大量死亡人數，其他人，包含手塚，都想到了正在進行中的越戰，手塚自己還依稀記得十多年前被一群

喝醉的美國大兵痛毆的過往。他之後寫到「美國人對於幻想世界裡的暴力場面很敏感，但是對於飛到東南亞殺人倒是沒什麼障礙。」這裡再次顯示了手塚對於戰爭的深惡痛絕，這種感受在一九五〇年代晚期到六〇年代成為日本人生活中最大的分歧；有些人對於占領時期以來美利堅治世帶來的繁榮感到滿意，而另一些人對於日本人可能要付出的代價感到憂心。

*

從一九五三年到七〇年代早期，日本的國民生產毛額（GNP）以前所未見的速度成長，平均每年成長超過百分之十。在後來稱作「高度成長期」之初，日本經濟落後每個西方主要國家；到了期末，只剩下世界上的兩個強權，美國及蘇聯，仍然跑在日本前頭。

《經濟學人》（*The Economist*）雜誌所稱的日本「經濟奇蹟」，大部分必須歸功於明治式的做法，即由國家干涉調配稀有資源。政治家、商人與官僚之間舊有的三角關係在一九五五年得到原子噴射式的推進，當時日本的兩個保守政黨，吉田茂的日本自由黨以及民主黨，兩者結合成為自由民主黨（LPD，簡稱自民黨）。他們在接下來的四十幾個年頭中幾乎連續執政，與此同時，通產省（MITI）的官員在一九五〇年代開始鼓勵成立稱為經連會的企業組合：公司圍繞著單一一家銀行作為依然稀少的資本來源，集體談判（包含與外國公司談判），並且匯集他們的技術研究與全球經濟樣貌的情報。澀澤榮一可能不會贊同，因為股東的力量極小，而且

新的系統實際上使得三菱與三井等舊財閥得以重組，但他已經不可能對結果提出異議了。

美國在這之中發揮了重要的作用，占領時期的協定解除了日本國防支出的需求，同時馬歇爾計畫（Marshall Plan，一九四八年）幫助西歐復甦成商品市場，促進全球經濟成長。日本關稅和有利於出口的美日匯率都被寬容以待。美國甚至監督日本重新進入國際社會，從一九五二年的國際貨幣基金（IMF）與世界銀行（WB）、一九五五年的《關稅暨貿易總協定》（GATT）一直到一九五六年的聯合國。

隨著戰前的生產能力與戰時的技術專業，全都投入在創新且獲得商業成功的戰後投資案中，日本成為愈來愈多國際認可品牌的所在地。早在世界上大部分的人都還沒聽過漫畫或動畫以前，他們就已經很熟悉索尼（Sony）了。這間公司由兩個大日本帝國海軍的前職員成立，因為生產了世界上第一個「口袋」收音機而聞名（儘管這種說法要在他們的銷售員襯衫上加上一個加大口袋才能成立）。老公司現在也重新包裝，加入他們成為歐洲和美國家家戶戶都認識的名字：松下、佳能、日產。日產在戰時以日本產業之名生產戰車，現在則改組成為汽車製造商。

對新日本來說最美好的一年就是一九六四年了，一組戰時在三菱零式艦上戰鬥機（Mitsubishi Zero）及海軍信號情報部門工作的團隊，想出了一個被日本國有鐵道高級主管描述為「這個瘋狂的程度……注定會失敗」的點子，不知怎的卻成功了。新幹線，更為人所知的名字是「子彈列車」，在同年十月亮相。流線型的未來感列車，由彷彿來自太空時代的控制中心引導，以前所未聞的速度載著人們在日本的大城市之間往返。在澀澤的年代，從大阪到東京搭

火車要花上十六個小時，同樣的一趟路現在只需要四個小時就能抵達。

新幹線的通車時間排定於同一年在東京登場、也是日本主辦的亞洲首場夏季奧運。事實證明是劃時代的成功，除了日本高科技方面的新興聲譽，還有良善的體育愛國主義錦上添花。對於日本人而言，此次運動賽事的亮點來自於女子排球隊。這是另一種戰時專業轉應用的例子，他們的教練大松博文（外號「魔鬼」）將他擔任陸軍排長的經驗轉換成訓練方式，其嚴苛程度被稱為「殺人訓練」，而一份俄國報紙將他的球隊稱作「東洋魔女」。大松的球隊最終在決賽對上蘇聯隊，並在最後階段展開戲劇性的反擊，贏得歷史性的奧運金牌。

長遠來看，最重要的是在一九六四年的奧運中，三個爭議性的軍國主義及戰爭象徵恢復了名譽，它們的地位從一九四五年開始就曖昧不明。憲法並未清楚定義天皇是否為日本元首，所以他以贊助人的角色為奧運開幕，達到了類似國家元首的效果。當時日本不再擁有國旗。對於一九四一年在珍珠港的一些美國人來說，看到戰鬥機機身的日之丸（白底配上紅色圓形）時，才意識到周遭的混亂不是一場出了差錯的軍事演習。《時代》雜誌在一九四五年為了慶祝美國勝利，在日之丸標誌上打了一個簡單又充滿情緒的叉。現在，這面旗幟的顏色被貼在最無辜的日本年輕人胸口：出生在廣島原子彈爆炸當天的坂井義則拿著奧運火炬跑上一百六十階，點燃聖火台為比賽拉開序幕。日本也缺少一首官方國歌。因此〈君之代〉這首一八八八年到一九四五年間的國歌被當作和平之歌，其演奏時間與釋放白鴿的時間一致，而奧運隨之圓滿閉幕。

世界各地的訪客，以及透過NHK與NASA合作的衛星收看賽事的觀眾，都能夠藉此更新他們心中早已過時的日本形象。奴隸主、屠夫、《東京情況》裡的暴牙小丑都已經成為過去。取而代之的，這些他們所見過最乾淨城市中的住民，給了他們記憶裡最熱烈的歡迎，並投入一名評論員敘述的「努力、謙遜與魅力」以呈現出「國際體育界有史以來組織得最出色的一場表演」。

這一切都發生在日本人逐漸覺得富裕之時。在一九五九年四月，天皇的兒子明仁皇太子與平民正田美智子舉行電視轉播的婚禮前夕，電視機的銷量大增。許多人都買了電視。擁有一台電視機是成功的象徵；與此同時，上頭播放的美國節目鼓勵觀眾追求更高標準的物質享受，包含擁有各種電視上的美國人視為理所當然的電器，例如冷氣機和冰箱。

然而即使是在一九六四年，也並非一切都很順利。除了對奧運潑冷水的人質疑破記錄的二十億美元花在別的地方是否會更好，還有一些人擔心日本剛取得的和平與繁榮所附帶的更高代價。沒多少人相信《舊金山和平條約》和附帶的《安保條約》會為國家帶來真正的獨立；相反地，這些條約似乎把日本與美國戰後崛起的帝國力量緊緊綁在一起，儘管令人不安，但一般日本人根本莫可奈何。

十萬人在一九六〇年走上街頭，抗議續簽《安保條約》，但是雖然日本的自民黨首相岸信介因為這場騷亂被迫下台，但新約還是簽訂了，繼任的池田勇人迅速地採取行動，用「所得倍增計畫」安撫國民的情緒，承諾在十年內讓國民生產毛額翻倍，結果這個目標只花了七年就達

成了。批評者認為這是試圖用繁榮取代國家目標，一種令人沮喪的政治冷漠態度似乎正成為常態。

工時長的上班族只有追求酒精飲料的力氣，有些人只想要休息或是短暫地放個假。學童逐漸受制於狹隘的功能性教育，即津田梅子和與謝野晶子當年極力反對的做法。尋求教育現在主要是因為對經濟民族主義有利。但是在占領結束後的幾年間，文部省快速採取行動，以重新集中管控教育內容。一版舊式道德教育被放回課綱，這是全面或至少部分回歸傳統教育環境的要素之一。教育委員會批准可選擇使用的課本首先必須由部會官員審查，篩選掉保守派認為偏頗、喪志的美國觀點，尤其是一九三〇年代至四〇年代早期的事件。同時也有一股推力希望恢復戰前的日本「家庭」這個古老且深受喜愛的日本制度，占領時期的當局曾試圖透過婦女投票權、離婚權性以及繼承權讓女性從家庭制度解脫。女性候選人在一九四六年的國會選舉中出色的表現，注定要有許多年都無人匹敵了。

身為熱門漫畫與動畫的創作人，手塚治虫有影響他人的想像力並左右他人意見，這些都是許多知識分子與政治人物夢寐以求的。他從未過度涉足政治，有一度甚至聲稱他認為「任何沉浸在左派或是右派意識形態裡的人都是傻子」。但是他的確利用了自己的平台，替當時與主流趨勢相左的意象和想法創造了文化空間。

他最早的少女漫畫之一是《寶馬王子》，英文名稱為《公主騎士》（*Princess Knight*）。這本漫畫於一九五〇年代開始出版，在一九六〇年代晚期做成動畫。主角藍寶出生在女性的身體

裡，但是天堂的靈魂植入過程出錯以後，使得她同時擁有男性和女性的靈魂。她的父母，銀國的國王與皇后，指望她成為繼承人，所以他們把她當作男孩撫養長大，每天只有清晨一個小時可以打扮成女孩。儘管如此她還是被揭穿了，而且被敵人囚禁起來，她逃脫後展開一連串的奇幻歷險，同時努力讓她的王國擺脫邪惡勢力，並且與法蘭茲王子談戀愛。

《寶馬王子》在日本引領了主要的視覺潮流。眼睛閃閃發亮的藍寶石就像貝蒂娃娃塞進迪士尼、寶塚歌劇團和理想化的古老歐洲啟發的裝備裡：粉紅緊身連身褲和白雪公主的洋裝、短劍和深紅色的披風，還有絲滑的白馬與壯觀的城堡。這套系列作品幫助日本從歌舞伎到寶塚歌劇團悠久的變裝與跨性別歷史走向戰後主流文化，同時提供日本女孩們一個強大且冒險犯難的模範。一九七〇年代女性畫家手裡的少女漫畫持續提供內心生活豐富的角色，對愛情與關係有新的看法，以及漫畫的重要成分「美少年」，即中性美、纖細敏感、沒有威脅性的男孩。

一九六〇年代對手塚來說仍然是苦甜交織的十年。他是廣播及電視上的熱門評論員，一九六四年他與他的偶像華特．迪士尼在紐約會面了，而原來他十分欣賞《宇宙男孩》。另一名《宇宙男孩》的戲迷是史丹利．庫柏力克（Stanley Kubrick），並邀請他協助《2001太空漫遊》（*2001: A Space Odyssey*）的美術設計（手塚太過忙碌而無法答應，只能滿足於在工作的時候播放原聲帶）。然而手塚受到迪士尼影響的風格，讓日本評論家以一世紀前美國傳教士的罪名指控他是「奶油的臭味」，亦即過於西化導致怠慢了日本文化。

其他人則覺得手塚對這個時代來說太過溫馴。此時右派獨攬政治，只能靠示威者和文化產

業嘗試改變國家的路線。一九六〇年代晚期，許多大學生參加激進且時而暴力的校園運動，抗議極度枯燥的教育的成本、內容以及社會脈絡；前衛電影製作人、劇場導演、舞者和表演藝術家都試圖將觀眾從令人昏昏欲睡的「日常」中驚醒。大島渚等「新浪潮」導演們著手製作用來「控訴」的電影。《日本之夜與霧》（一九六〇年）就是最好的例子。它幽閉且充滿政治意味，與《哥吉拉》（一九五四年）和《太陽的季節》（一九五六年）等熱門大片千差地遠，而是關於青少年暴力與放蕩生活的故事。甚至像是小津安二郎等備受推崇的導演都受到了批評。《東京物語》（一九五三年）在國際上被追捧為龐大又寧靜的傑作，但對於大島而言，小津過於「好相處」。

手塚在一九五〇年代的漫畫界和一九六〇年代早期的動畫界是領頭羊，然後現在的他看起來有些過時的危機了。其他漫畫家面對日本逐漸升溫的政治局勢，以新的流派「劇畫」（戲劇性的圖畫）作為回應，劇畫更能反應實情，而且比手塚天真的世界視覺上看起來更寫實。白土三平的《忍者武藝帳》（西元一九五九年至一九六二年）成為早期的經典，受到大島的認同而於一九六七年用翻拍漫畫並加上音樂與對白的方式，將之製作成電影，白土也協助在一九六四年創辦漫畫月刊《Garo》，作為「劇畫」流派實驗性作品的討論平台。

作為應對，手塚在一九六七年自己發行一本全新的實驗性雜誌：《COM》，代表「漫畫、社會與溝通」（Comics, Community and Communication）。他開始製作更多給成人看的漫畫，對日本的消費主義與男性中心文化提出諷刺，然而他卻無法抗拒在更大的畫布上揮灑，《COM》

的首刊納入了手塚未完成的史詩漫畫系列《火之鳥》的第一部曲。手塚成長於戰亂、燃燒彈空襲及漂浮在淀川的屍體之間，他不相信政治甚至人性，但他最終把自己的信念放在「生命」上，真實、神祕、「無所不在」，而且在此以鳳凰作為象徵。手塚認為人類是生命的一部分，卻執著於擁有生命，追求個人永生。這場悲劇在《火之鳥》廣闊的時空中展開，從貪婪而嗜財的卑彌呼女王試圖捕捉鳳凰飲下牠的長生不死之血，一直到三十五世紀，最後僅存的人類社會在核子災難後掙扎求生。

藉由這麼做，手塚成為第一批將日本歷史從古代到現代的特殊元素融入作品，並思考它們對日本人和全人類意義的藝術家之一。對批評他的人而言，他從國內高風險的社會與政治戰爭中逃開了；對於崇拜他的人來說，他的成就超越國界與民族，因為他親眼見過種族主義可能會帶來的後果。《火之鳥》系列作品中的主角之一是雅人，他成為最後一個活著的人類，在人類以科技毀滅地球後，鳳凰任命他監督地球的重生。手塚的想像力如此之強大，啟發後世的漫畫與動畫家創造出自己宏大的宇宙觀或是末世觀，包含了吉卜力工作室的宮崎駿。

*

一九七一年，漫畫雜誌《週刊少年 Jump》的出版商集英社設立了手塚賞。這對手塚來說是苦樂參半的一刻，他對產業的貢獻獲得了認同，但言詞卻令人窘迫地大量使用了過去式，彷彿

在確認他的榮耀已經成為過去。《COM》差不多在同時停止發行，同時員工在負債累累的虫製作組成了工會，導致手塚卸任總裁一職，公司之後就破產了。同時，手塚面對了新一代漫畫家的競爭，他們受到他的早期作品啟發，但是試圖想要超越他的作品，並且走出他的陰影。

然而手塚的原創力如此源源不絕，主題如此有普遍性，使得他不會隨著時間進退於流行之間，而是不斷開創能夠引領潮流的新角色。一九七〇年代最出色的角色之一就是黑傑克，他是一名有著黑白頭髮、穿著黑斗篷和誇張領結的天才外科醫師，在被醫院一腳踢開以後，獨自展開一連串振奮人心的醫學冒險。手塚用這部作品重回一九五二年的人生岔路，在豐富的幻想中探索他當初可能會成為的那種醫生。他確保黑傑克的冒險不只是在解剖學上是清晰的，也是準確的，他利用愈來愈挑剔的日本讀者對於知識性主題漫畫的需求，開發了各個領域，包含歷史與運動到哲學與廚藝。

手塚彷彿是要強調他的作品不受時間限制，在他的想像中，他的主角和其他小角色不只是侷限於某部故事的人物，而是能夠演出不同角色的「演員」，每次會換上稍微不同的裝扮，但永遠可以認出來是誰。這個「星系」靈感來自於寶塚歌舞劇團的劇場導演做事的方式，可以讓小金剛和他的導師御茶水博士出現在《怪醫黑傑克》裡，同時一個名為蘭普的壞人會在《怪醫黑傑克》、《火之鳥》與其他漫畫中徘徊。藍寶喜歡出現在自己的專屬漫畫以外，而另一個國際吸引力可以與原子小金剛媲美的角色也一樣。一隻失去雙親的非洲獅金巴，是深受喜愛的系列漫畫《小獅王》的主角，在一九六〇年代中期成為日本首支彩色電視動畫系列，並很快地以

《白獅金巴》（*Kimba the White Lion*）之名外銷到美國。

手塚或多或少持續工作，直到他在一九八九年過世的那一天。他作為「日本迪士尼」以及「漫畫之神」的地位，以及他那好認的貝雷帽和厚眼鏡代表了重拾的國族驕傲，所以當日本觀眾在一九九四年坐下來觀賞一部關於非洲小獅子的迪士尼電影時，他們的反應交雜了困惑和憤怒。這一切都是這麼的熟悉，主角是天真的小獅子？一樣。主角叫做「辛巴」而不是「金巴」。反覆無常、控制狂成年獅子？一樣。一隻狒狒、一隻犀鳥、一群鬣狗，分別擬人化成聖人、丑角和惡人？一樣。不切實際的場景——岩石地貌而不是大草原？一樣。大約有五百個日本漫畫家和動畫家在一封寄給迪士尼的抗議信上簽名，信中的潛在訊息就是不尊重手塚即是汙辱日本。

迪士尼的回覆是拒絕承認《小獅王》的任何角色給了《獅子王》靈感（暫定片名是《森林之王》）。處理版權的手塚製作——虫製作倖存的子公司——決定不處理這個問題，他們或許是想到了生命的循環。迪士尼影響了手塚，他看了上百遍的《小鹿斑比》據說影響了《小獅王》，而現在手塚似乎是在回報這個恩惠。這裡生動地展現了戰後「與文化共同前進」造成的兩種趨勢之一：早期美國娛樂文化的深刻影響帶來了日本在文學、視覺藝術上的成就，其對於人生的洞見充足，足以吸引全世界的觀眾並且發揮創意性的影響力。

手塚傑出的同代人之一是黑澤明，他以《羅生門》（一九五〇年）和《七武士》（一九五四年）讓日本電影世界知名，《豪勇七蛟龍》（一九六〇年）製作方甚至承認他們故事發展基礎

是受到後者的影響。黑澤在這些年間也製作了許多電影，反映美軍占領時期與占領結束後的生活。《酩酊天使》（一九四八年）講述一名醫生與一名流氓之間的關係，在美國審查員能夠允許的範圍內展示了戰後東京的慘況。笠置靜子出現在其中一幕，唱著一首名為〈叢林布基〉的歌，由服部良一作曲，黑澤填詞，這首歌諷刺了美國人帶給東京的自由的混亂面，有著彈坑、廢墟、流氓和娼妓。《生之慾》（一九五二年）則藉由講述一名衰老政府官員的人生，探討戰後日本的目標；這名官員的絕症診斷促使他把取得兒童遊樂場的建造許可當作自己人生中最後一個有意義的行為。

手塚的時代第二個重要人物是小說家暨劇作家，同時也是狂熱的雲雀歌迷——三島由紀夫，他的作品在一九五〇年代到六〇年代間開始有英文譯本。但是三島同時也是第二種「與文化共同前進」趨勢不幸的展現：娛樂明顯與政治脫節，不論高雅還是低俗。以三島的例子而言，這在一九七〇年的某一天在「自衛隊」（即接替一九五〇年警察預備隊的機關）的東京軍營以悲喜劇的方式呈現。三島與軍營的指揮官約好碰面後，他在一小群右翼民兵的幫助下將指揮官綁在椅子上，接著在指揮官的陽台上向下方的士兵發表充滿慷慨激昂的懇求。三島呼籲他們「以身體對抗憲法」，並讓天皇重新掌權，以填補他所認為的日本戰後的心靈空洞。他的話遭到訕笑與嘲弄後，這位文化巨擘退回指揮官的辦公室切腹自盡，他切開腹部的同時，一位民兵成員站在他身後介錯取下他的首級。

在其他地方，為了對政治發揮決定性的影響而相對失敗的日本創造性藝術不那麼戲劇化，

卻也同樣真實。他們可以諷刺。他們可以提出別的願景。他們可以把日本過往的英雄呈現在觀眾面前，暗地裡指責現在的領袖。但他們做不到的似乎是讓一個意見眾多的保守集團下台，這個保守集團甘心讓日本人沉溺在他們所想望的幻想裡，只要國家的政治與經濟特色不受影響。手塚生前從未看過自民黨成為在野黨。在威權主義與戰爭結束後，他再次協助解放了日本人的想像力，但是他沒辦法把日本人從他們的政治束縛中解放出來，這是戰前時代受限的政黨政治、戰後美國的利己主義與自民黨塑造並玩弄體系出奇成功的遺毒。

19 田中角榮——影子將軍

西元一九一八年至一九九三年

一九七二年七月五日。年事已高的田中富美（暫譯）身體傾向電視機，用手帕擦拭螢幕。此舉在她的家鄉——本州西北海岸新瀉縣，可能會被認為（或至少希望）是施行一種超現代的巫術，試圖將螢幕上的自民黨政客從現實中抹去。他們聚集在南方幾百公里外的首都，選擇新的黨魁——以及隨之而來的新首相，持續他們的統治地位。

武士血統、家族的從政傳統、東京大學的法律學位，以及主要政府部門的高階服務經歷——如今皆是日本首相所需的出身背景。對住在群島寒冷、偏遠一角的富美來說，既不熟悉，也不可能積極關注，一直以來都是如此。在過去幾世紀裡，新瀉被稱為越後國，由於三面環山的地理環境，每年十一月到三月，從日本海對岸吹來的西伯利亞風會在當地滯留環繞，使期間的大部分景觀和人口都被冰雪籠罩。一二〇七年，親鸞被流放到這裡。一四三四年，世阿彌也被放逐到海岸邊的佐渡島。現代日本人把這個地區稱為「雪國」。新瀉先後在川端康成的經典小說《雪國》（一九四八年），以及美空雲雀的《越後舞獅之歌》（一九五〇年）中被描寫

為浪漫的天堂，是鄉村度假的理想之地，實際上卻曾是罪人遭受懲罰的地點。近幾十年來，因一波波絕望的向外移民潮而傳遍千里。

田中富美自己也相當清楚這一點。但是，她拿著手帕，並不是要把 日本的政治階層抹除，而是滿懷愛意地照料著其中一個人的鮮眉亮眼。在自民黨選舉接近尾聲並宣布結果時，他矮胖的身軀坐在那裡閉目養神，雙手合十。這是她的兒子，角榮，排除萬難地成為了首相。

日本人似乎對新事物總是興味盎然。長期以來，首相總是安穩且沉悶，被訓練成官僚的模樣，不適合大眾傳播的時代，未能解決整個繁榮六〇年代所衍生出的問題：大人、小孩皆過於勞累，城市過於擁擠，環境被汙染，並且缺乏穩定富裕之外的國家目標。而田中也許能改弦易調，他是一個充滿魅力、自食其力的建築業巨頭，在自民黨內不斷晉升，並於一九七二年早期採取了罕見的措施，發表一篇冗長、高度哲學化的宣言，以建設一個新的日本。

富美看著他從座位上站起來，舉手示意回蕩在大廳裡的掌聲平息。田中是戰後日本最年輕的首相，其獨特之處就是沒有接受過大學教育，誓言要跨越日本「重重障礙」。圍繞在周圍的自民黨代表們為他的承諾高喊「萬歲」，然而呼聲之下，仍潛藏著對新領袖的複雜情緒。人民對未來的發展持樂觀態度；許多人認為該感謝他擔下沉重的政治任務；同時也因為這位最高領導人即將著手處理最重要的工作而備感緊張。

*

田中角榮出生於一九一八年五月四日，是家中唯一的男孩，另外還有六個女孩——兩個姐姐，四個妹妹。他的父親角次是一小康人家，在二田村擁有約十平方公里大的森林和稻田。只要管理得當，便可以過著種植稻米、畜牧的舒適生活。不幸的是，角次的管理能力十分糟糕。他甚至他想像自己是新瀉縣的澀澤榮一，進行了一系列大膽的投資，最後都只能災難性收場。他甚至賣掉了家族的森林，從荷蘭進口了三頭乳牛，皆不堪長途航運之苦，其中兩頭荷蘭牛在海運途中死去，第三頭乳牛則是走到田中的家門口後，在草坪上斷了氣。從澳洲進口賽馬的投資也同樣有去無回，角次自此過上了酗酒、賭博和忽視家庭的生活，只剩富美獨自在稻田裡耕作；為了賺取額外的微薄收入，她幫別人把米搬到山坡上，同時還要向丈夫的債主不斷道歉。

這種不被看好的人生開端，隨著田中角榮慢慢長大，並沒有因此而好轉：他兩歲時，差點死於白喉。四歲時，頭部受到重擊，是祖母用鏟子把他從雪崩中挖出來時造成的。他在學校因為口吃而受到同學們的欺負，逼不得已在操場上大打出手。家裡沒有錢讓他在十四歲以後繼續接受教育，最後只能在政府的建築專案中工作，推著載滿石頭和泥巴的重車。

一九三四年，田中決心拋下一切，到東京尋找他的財富。他發現這裡是一個「舉步維艱的城市」，一旦得知你是容易上當的鄉下人便拉高收費的計程車司機，還有在街上靠棋局詐騙為生的小販，田中與他們玩了一場後輸掉了手錶。儘管如此，田中還是堅持了下來，念了三年的夜校，期間靠一些瑣碎的工作來養活自己。他在十九歲離開時，已經掌握足夠的工程和建築知

識，於是成立了自己的建築公司。

一九三九年，田中被徵召入伍，派往滿洲國，期間在軍營遭到毆打，原因是他冒失地留鬍子——這是軍官階級的象徵，不容許充當砲灰的鄉下人效仿。在珍珠港襲擊的前幾週，田中因一次幸運的肺炎和胸膜炎被送回了日本，並從軍隊退役。回國後，他獲得了理研工業集團的建築合約，該集團專門為池田菊苗協助建立的理化學研究所（RIKEN），其科學發現開發商業應用。一九四二年三月，他與坂本花結婚，繼承了她父親的建築公司，掌握政府和私人客戶。

日本投降那天，田中正在朝鮮談一項利潤豐厚的合約，將工廠設施從東京（不斷有空襲風險）遷至相對安全的南部半島。隨後幾週內，當多數日本人在難民營等待被遣返時，田中提前搭上了一艘海軍渡輪返回本州。他後來聲稱因職員疏失的關係，將原本留給名叫「菊榮」女士的船位，寫成了「角榮」，只是鮮少有人相信。八九不離十，是這份巨額朝鮮合約的一小筆金額——大約一千五百萬日圓，已經入了某人的口袋。

回到東京後，田中發現他大部分的財產在毀滅性的空襲中倖存下來，也讓這筆財富為進入政治界打開了大門。他參加了一九四六年戰後的第一次選舉，雖然沒有成功，但從無數次錯誤中吸取了教訓，並在一九四七年的投票有更優異的表現。第一次選舉，田中穿著晨禮服參加競選會議，而競爭對手則穿上了沾滿泥土的工人靴。這一次，田中把自己打扮成一個工人，畢竟他比多數對手更熟悉這個角色，並僱用了一百名競選工人，成功發揮了效果。這位曾被母親認為頂多只能靠打車票為生的男孩，如今要進軍東京，在新的國家議會中占有一席之地。

戰後的日本政治與田中的才能十分吻合，畢竟戰前沒有偉大的基層政黨傳統可供借鑑。相反，在爭取地方支持方面，重要的是與個體戶、公司和利益集團進行交易，希望透過完成特定要求，換取他們的選票和競選獻金。藉此，這種被稱為「後援會」的個人支持組織應運而生，圍繞著有前途的候選人。田中靠著向新瀉選民保證，絕不再忽視他們的意見，建立了自己的後援會。他和自己的越山會自此便名聞遐邇。

後援會的政治模式是鼓勵各黨派廣納意見，避免對大方向的想法或問題作出明確的承諾，因為同個方針在不同地區會有不同效果。自民黨於一九五五年成立後，便維持其溫和的政策綱領，以及專注於重點經濟選區的需求，因此在早期就取得了優秀的成績。農民得到了價格的保障，工人得到了更好的薪資和條件，包括醫療保健和有津貼的假期，以換取他們投入生產發展。小企業主得到了最低的課稅優惠，並禁止超市和百貨公司等大規模競爭企業進入他們的社區。當競爭對手出現，自民黨會效法對方受歡迎的政策，與官僚和商業盟友密切合作，以找到雙贏的解決方案。

儘管如此，這些努力似乎都無法贏得日本大眾的長期好感，他們雖然對繁榮發展心存感激，但傾向歸功於自己的辛勤工作，而不是有啟發性的政治領袖。在多數的國家選舉中，社會黨成功複製了過去的做法，儘管並不亮眼，但都取得了可靠的成績。日本共產黨在較小的程度上也是如此。從以九六四年開始，一個新的政黨——公明黨，逐漸成為日本政治的新興勢力，在中部地帶開疆拓土。與佛教改革團體創價學會（「創造價值的社會」）建立連結，在一九六〇

年代末擁有約七百萬名成員，協助建立了選民基礎，但也因此被指控違反戰後禁止政教合作的規定。即使公明黨在一九七〇年正式宣布與創價學會分道揚鑣，批評者仍然抱有疑慮。與此同時，自民黨雖然在選舉中不斷獲勝，但獲得的選票比例卻持續減少。

一九五七年，在這個與其說是單一聯合組織，不如說是派系相互競爭的政黨中，田中找到了機會嶄露頭角。他交給剛成為首相的岸信介一個小背包，裡頭裝著好不容易塞進去的三百萬現金。田中因此得到了生平第一個內閣職位，郵政大臣，他開始投入工作，挪用公款充實新潟和自己的荷包。

整個一九六〇年代，大部分經濟收益都流向了「太平洋帶」（Pacific Belt）沿線的城市和工業地區：從東京到橫濱，穿越名古屋、大阪到神戶，再到北部的九州城市福岡。農村人口開始湧向這些地區，到了一九七〇年，日本一半的人口，即大約五千萬人，都生活在從東京到大阪的城市走廊。在日本農村為數不多的快速發展區中，新潟是其中之一。不僅鋪設了新的鐵軌、將舊鐵路的服務改善升級，還修建了新的公路，包括一條穿過三國山脈的公路——縮短了前往東京的路程，但成本相當高。

田中在這段期間勤於邀功，把自己塑造成一個典型的當地男孩，以罕見的動力和熱情與新潟人民溝通——他們稱他為「角先生」，並接連不斷地宣揚他艱苦奮鬥的故事，就像他家裡的荷蘭牛一樣，如果牠們還活著的話。一九六〇年代中期曾出版一本暢銷自傳，並鼓勵媒體多著

墨家庭背景：溺愛的農村母親和美國化的都市女兒真紀子（一九四四年出生），因過度酗酒和胡言亂語而備受剛從費城學校返家的女兒責罵——藉由聚焦這兩件事，幫助更多選民發現田中的樸實魅力。

自民黨內的貴族同事們基本上對田中的伎倆不感興趣，他們看重的是他的交涉技巧、對日本選舉形勢的出色掌握能力、經年累月的研究成果，以及曾贏得「電算推土機」的稱號。田中也深受媒體關注，有利於資深內閣成員的發展，但一九七二年前的日本則認為這種特質不適合擔任最高職務。時至當時，日本選出過三位首相，沒有一個特別熱情或富同情心，都是從部委官僚起步：岸信介（任期西元一九五七年至一九六○年）、池田勇人（任期西元一九六○年至一九六四年）以及岸信介的弟弟佐藤榮作（任期西元一九六四年至一九七二年）。日本大眾，或至少新聞界，都在尋找一個更有活力的國外代表，以及更鼓舞人心的國內領袖。

田中下定決心要滿足人民的需求，竭力著重對國家情勢的及時批判。在《日本列島改造論》（一九七二年）中，他哀嘆城市裡的過度擁擠、汽車與鐵路車廂的壅塞、汙染問題以及不斷攀升的物價。他暗示，櫻花無聲地見證了這一切——每年盛開的花瓣變得愈來愈小、愈來愈薄，勉強綻放出病態般的粉白色。同時，鄉村地區因人口向城市流動而日漸空洞化，進一步加劇了地區發展的不均衡。這種落差對田中而言再熟悉不過：繁榮的太平洋沿岸聚集了政治、外交與觀光產業，擁有索尼、日產，也是音樂、漫畫與電影的重鎮；而日本海沿岸則日漸衰落，與前者的差距愈來愈大。

田中主張，需要新的城市和工業基地，以減輕都市的壓力。農村地區必須透過高科技農業、更高的收入，並提供社會和文化娛樂來振興發展，讓孩子們毋須跑往都市尋找同伴或樂趣。日本享譽世界的經濟成長，其帶來的收益應更公平地分配，尤其是提高老年人的福利。在國內由此而生的「精神富足」，將與海外更明確的主張相得益彰，其中包括更慷慨的海外援助制度。

許多日本人都對田中的分析深感共鳴，有些遷移至日本都市的居民最終實現了夢想，住進了新建的公寓大樓，家裡放滿最新的消費產品：洗衣機和冰箱，「袖珍」收音機和電視機。婚姻、事業和家庭接踵而至，滿足了中產階級的身分；到了一九七〇年左右，百分之九十的人口都聲稱是中產階級。但在繁榮時期建造的一千一百萬套新房中，大多為狹窄簡陋的房屋，有不合標準的汙水處理系統，以及由匆忙連接的電線和電話線構成的厚格網。汽車沿著擁擠的交通中緩緩行進，造成了大規模的汙染問題，在一九六〇年代末和一九七〇年代初，一家名為窒素株式會社的公司正是這種可怕現象的代表，該公司因水俣病而被成功起訴。水俣病是一種嚴重且多半會致命的神經系統症候群，由工廠汙水中的高濃度汞所引起，起因是窒素公司長年將汞排放至九州的水俣灣。由於這一事件加上其他醜聞，政府被迫在一九七〇年通過一系列反汙染措施，成立了環境廳並建立了「汙染者付費」的協議。官僚們在幕後建議企業減少排放的方式，從而避免成為下一個窒素。

田中對農村的看法也是正確的。繁榮的發展、優質的醫療保健和機械化耕作的引進，意味

著現在的農村生活，大多數比田中的母親富美養育家人時要輕鬆許多。大眾娛樂拉近了城鄉間的關係，但村裡的學校卻因為缺乏學生而關閉，季節性的慶典也因缺乏參加者而漸漸被取消。到了一九七〇年，日本勞動人口只有不到百分之二十從事農業。

此外，他作為外交主力也毫無閃失，尤其當美國總統尼克森（Richard Nixon）在白宮發表經濟政策：「對抗日本人。」一九七一年，尼克森提高日本產品的進口稅，並威脅要對紡織品進行制裁（這方面的競爭同時也打擊了他的南方選民基礎）。同年，他在沒有提前通知日本的情況下，透過電視直播宣布，將於一九七二年前往北京，尋求與中華人民共和國建立新關係。日本面臨著被冷落的風險：美國不再迫切需要他們作為東亞的平衡勢力，而且過去二十五年來，日本在美國的指示下，基本上沒有主動重建它在東亞地區的外交關係。

一九七二年七月，田中在自民黨選舉中獲勝，成立了一個委員會，研究如何實現「改造列島」，同時準備造訪北京，追隨尼克森的腳步，實現與人民共和國的和平關係。同年九月，田中在懸掛的日本國旗和〈君之代〉的歌聲中受到熱烈歡迎。儘管美國一直試圖將日本與共產中國分開，但許多日本人長期以來都企盼與他們重修舊好。同時，中國的領導人希望得到日本的投資，並在外交上削弱美國與日本、韓國、台灣、菲律賓等亞洲國家建立的紐帶。

在田中造訪之前，雙方都有各自的底線。對日本人來說，美日安全關係是不容爭辯的；對中國人來說，日本必須承認其舊殖民地台灣是中華人民共和國的一部分。後者在田中於九月二十五日抵達時仍未得到解決，

在第一天的晚宴上，儘管他準備了一段話為一九三一年至一九四五年的戰爭道歉，但對他的總體事業卻絲毫沒有幫助，因為當晚的中文（錯誤）翻譯，將一場造成中國兩千萬人死亡的悲劇，形容成微不足道的麻煩。田中使用的詞彙是「多大のご迷惑」，意思是「巨大的困擾」，譯者卻選擇了普通話中的「麻煩」，使周恩來和毛澤東都極為不滿。

但毛澤東發現田中有很多地方與他有共鳴：他的農村根基、風溼病、出色的戰略頭腦，以及對傳統東亞文化的興趣。兩人發現在談論佛教、孔子和香道的過程中，可以暫時把台灣問題放在一邊。九月二十九日，在全世界的鏡頭前，田中和周恩來拿起了亞洲的毛筆，簽署了一份和平協議。中日關係從此穩定發展，兩國貿易額從一九七二年的十億美元左右上升到一九七五年的四十億美元。日本成為中國最密切的交易夥伴，石油從大陸運往這個資源常年匱乏的群島，日本的商品和工業技術則流向中國。

回到日本，田中享受了幾個月的高漲人氣，他的支持率超過了百分之六十，《紐約時報》（*New York Times*）將他的遠大抱負小羅斯福總統的野心相比。田中在一九七三年宣布這一年是日本的「福祉元年」，並將養老金福利翻倍，與生活費用掛鉤。他為老年人提供免費醫療，還推出全民兒童津貼。

但同一年，石油危機來襲，由於中東地區動盪，油價幾乎翻了三倍。同時，在田中的宏觀計畫下，被指定用於開發的土地價格也開始急劇上升，雙管齊下造成通貨膨脹飆升，人們必須囤積必需品以免供應短缺。田中曾承諾要建設閃亮的新城市，讓人們在精神上得到滿足，但人

們卻為了衛生紙而爭吵。這一次，田中發現自己與民眾的情緒脫節，對「改造列島」計畫毫不動搖，並對治理的細節感到沮喪，

就連全球政治家的光環似乎也迅速消退。日本依照一九五二年《舊金山和平條約》的條款，向緬甸、菲律賓、印尼和南越支付了賠款，主要皆由日本公司提供商品和服務，並由政府提供補貼。一九六五年簽署了《日韓基本條約》後，還向南韓支付了數億美元的賠款。但是，這裡所涉及的經濟自利因素，加上某些日本公司在隨後幾年提出的嚴厲貿易條件，讓人有種以其他方式建立帝國的感覺。日韓關係依舊緊張，而田中在一九七四年一月造訪泰國和印尼時，發現自己在曼谷被譴責為「醜陋的經濟帝國主義者」，並在雅加達成為反日暴亂的焦點。數以萬計的當地人抗議日本的經濟競爭和自己國家領袖的缺點，不僅放火焚燒日本汽車，還把銷售豐田汽車的展示廳燒毀。田中不得不搭乘直升機到機場，以便提前離開。

當中最具破壞性的傳言是那些令人起疑的交易，自田中首次當選以來，向新瀉投資的大量財富似乎都落入了他的口袋。他的建築公司協助建造了一些新基礎設施，而新道路代表著他的巴士公司有了新路線，同時房地產價格的上漲也讓他龐大的投資組合受益匪淺——其中有一部分是以詐騙的手法取得，包括在文件上使用一名藝伎情婦的名字。

除了這些中飽私囊的故事外，田中於一九七四年提出的計畫也引發了反彈聲浪，該計畫鼓勵企業和利益集團積極選定他們想討好的議會候選人，負責讓這個人當選，而該候選人將為他們的利益奔走作為回報。長期以來，這一直是政府、企業和公民社會之間合作的基本運作模

式，豐田、日立、牙醫和自衛隊等各種組織都在當年的上議院選舉中接受了田中的提議。但如此赤裸裸地展示客戶至上的做法，令大眾十分不滿，而違反選舉法的數量也因此創新了記錄。

田中的政治和媒體敵人前所未有地對他進行抨擊，兩年前在領導人競選中被田中擊敗的福田赳夫，虔誠地呼籲自民黨進行「改革」，結束金錢政治。同時，一本名為《文藝春秋》的日本雜誌，詳細披露了田中的財產交易、「空殼公司」的利用，以及他奢侈的生活方式。這一切都發生在普通日本人還在為石油衝擊金融和心理而備受困擾時——最重要的是，他們清楚地認識到日本的經濟奇蹟不會永遠持續下去。田中的支持率下降到只有百分之十二，健康狀況開始惡化，於一九七四年十一月決定引咎辭職。

*

目白（Mejiro）是怎麼想的？從一九七〇年代後半期到八〇年代，每當日本政治出現一些新的難題或機會時，大家都會問這個問題。「目白」不是一個人，它是一個地方——東京的一個街區，是目白庭園的所在地：有一座豪華的莊園、雕刻精美的花園、一片鬱金香花田、養滿珍貴鯉魚的池塘，以及絡繹不絕的請願者正在會見主人田中角榮的路上。

田中的職業生涯並沒有因為他交出首相職位而結束。和其他許多國家相比，日本首相一直是不太活躍的角色。通常是由官僚們制定政策，而且自民黨對於推動重大措施的態度十分謹

慎。此外，憲法規定行政權屬於內閣，而非首相，因此資深黨員傾向於輪流擔任這一職務，只要時間一到就被推派出去，換個面孔便能在短期內促進選舉。

由幕後掌控真正的實權，幫助自民黨成員建立個人的贊助網路，將這些成員聚集成一個足以支配內閣和重要政府委員會的派系。這種工作正是田中的專長，辭職後幾年間，即使面臨排山倒海的新一波貪腐指控，仍重新接手這項任務。一九七六年，日本民眾震驚地發現，身為首相的田中，竟接受了美國航空航太巨頭洛克希德公司（Lockheed）的賄賂，說服全日本空輸（ANA）選擇洛克希德巨型噴射客機，而不是競爭對手麥克唐納－道格拉斯公司（McDonnell Douglas）的機型，從價值數億美元的合約中獲得可觀的分潤。田中在兒玉譽士夫（一位具有影響力的極端民族主義黑幫分子）協助下，派他的豪華轎車巡遊東京周圍，在各地區收集裝滿現金的紙箱。

田中之後於一九七六年七月被捕並從自民黨辭職，成為日本第一個被指控濫用首相職位的人。審判於次年一月開始，持續了長達約七年的時間。每星期三，他都會到場向檢察官提供公開證詞，當週其餘時間則在目白接待來訪者，有時一天多達三百人，包括連夜從新潟趕來求助的農民，以及日本自民黨「鐵三角」（政客、官僚和商人）中的前輩。田中坐在一張被稱為「首相位」的椅子上，安逸地聆聽每個人發言。手邊放著一隻小金龜，上面刻著星星、花卉和鳥兒。按一下它的頭，就會響起鈴聲，從等待區擁擠的人群中傳喚下一個請願者。

一九七八年十月，有一通來自鄧小平的重要來電，他自一九七六年周恩來和毛澤東去世

田中角榮像，出自日本內閣官房內閣廣報室

後就一直掌握著中國的實權。《中日和平友好條約》於一九七八年夏天簽署，鄧小平隨後的訪日之行，使他成為歷史上首位於任職期間訪日的中國領導人，成就一次外交上的勝利。鄧小平讚揚了日本的現代化成就，包括新幹線與日產車廠的機器人技術，並承認中國還有很多需要學習的地方。而日本人則帶他參觀了京都，強調京都的輝煌有部分是源於中國的靈感。在目白庭園與田中聊天時，鄧小平感謝他為實現兩國和平所做的努力。「喝水不忘掘井人」，他說。

過沒多久，田中就恢復了昔日的政治影響力。新瀉縣的選民對田中不離不棄，不僅相信他是遭到政治迫害而被官司纏身，還一次又一次地選他為代表，讓他繼續收取基礎設施回扣——包括兩條國家高速公路、一所國際大學，以及一條據說因地形複雜而每公里花費六十億日元的新幹線。自民黨成員也受他慷慨的捐助所誘惑，甚至給田中一個新綽

號：「日本的私人銀行」。他的派系成員，不管是現任還是繼任者，都曾去目白拜訪過他，並把厚重如磚的一萬日元紙鈔，用傳統的日本布包裹或塞進袋子裡帶回家：一億日元以「彈丸」的形式分裝作為選舉費用。有抱負的議員候選人還得到了其他形式的幫助，從資深派系成員為他們選區進行的拜票訪問，到「影子將軍」本人提供的競選技巧和選舉分析。

到了一九八三年，超過四分之一的自民黨國會議員是田中派的成員，接著他還參與了三位首相的黨內領導。其中最後一位首相中曾根康弘（一九八二至八七年執政），其執政期間曾為超過八名田中派成員提供職位，媒體甚至稱他為「田中內閣」。田中派最終也控制了黨內一半的政策制定小組委員會，除了個人支援網路（後援會），自民黨內的政策「族」從一九七〇年代開始，即成為日本政治不可或缺的勢力。成員們與相關部門和產業合作，並以此照顧他們的選民與後援會成員的利益，其中最有影響力的是「道路族」，與建築業有著深厚的關係。

一九八三年十月的有罪判決對田中來說影響並不大，首席法官宣判他「嚴重損害了公眾對政治的信任」，裁罰五億日圓，並判處四年監禁。田中立即提出上訴，令首相和國會陷入了困境。由於他掌握著中曾根的未來，因此無法強迫他放棄議會席位。同時，國會針對是否譴責他的意見也有很大的分歧，以至於國家被迫在十二月舉行大選。後援會也在此一展政治乾坤，儘管全國民調顯示有百分之九十的民眾希望田中下台，但他的派系只失去了兩個席位，而田中本人贏得了比以往更多的選票。

幸運的是，對於那些比以往更傾向對領導人感到絕望的日本人來說，國家政治並不是解決問題的唯一途徑。在一九六〇和七〇年代，出現了一波市民行動主義的浪潮，舉凡總體的政治問題到日常生活的細枝末節，都能得到解決。

一九六五年至一九七四年間，一個名為「市民聯盟：實現越南和平！」（Citizens' Federation: Peace to Vietnam!，日文簡稱「ベ平連」）的臨時團體誕生，有數百萬人參與抗議美國利用日本領土作為他們在東南亞戰爭的中繼基地。街區和公寓大樓協會清理街道，抵制不合理的設施收費，並對貪腐或頑固的地方官員施加壓力。社區針對個人基本的「日照權」問題，與大樓開發商和建築監管機構進行鬥爭，並取得了勝利。人們密切關注環境汙染，確保國會在一九七〇年通過的措施產生實際效果，有助於將日本推往環保主義最前線。消費者在新的二十四小時便利商店和有頂棚的步行商店街，發揮他們的消費力，對兜售劣質或危險產品的公司進行懲罰。愈來愈多的人成為志工，幫助日常生活中的弱勢群體。

在市民的帶領下，政客和公務員也時常緊隨其後。社會主義政客美濃部亮吉，因認真參考選民意見而推出的政策，讓他從一九六〇年代末到一九七〇年代一直擔任東京都知事，並根據他們的建議，制定了「市民最低生活標準」：保障其工作人員的生活標準，進而要求他們遵守承諾。為有迫切需求的人提供免費的健康保險，由於全國對自民黨的不滿，日本大部分都市均被左翼政黨所控制，迫使自民黨領導人不得不採納他們的一些政策。田中角榮的新日本藍圖在很大程度上受到這波公民運動的影響，導致在他上台初期的樂觀情緒，最終被隨後的失望所取

代。

雖然公民社會的社運人士可以彌補政客的一些缺點，但必須從菁英階層的內部著手，才能澈底實現變革。變革運動於一九八四年開始，當時田中的三個門徒，竹下登、金丸信和小澤一郎開始策畫推翻他。即使這個體系即將告終，他們都很清楚田中的能耐，安分地扮演好各自的角色。一九八五年二月，連田中自己的身體也開始不聽使喚，一次中風使他的右半身癱瘓，失去了語言表達能力。儘管如此，他們還是花了兩年的時間才確信田中不會發動可怕的報復性反擊。以九八七年七月，他們脫離田中派系，開始推舉下一位繼任者。田中的職涯以及自民黨無可爭議的統治地位，開始一步步走向結局。

日本富足的理念在國內外面臨了重要的挑戰，中日關係持續加深，政府開發援助增加，且大都投入亞洲地區。一九八四年，裕仁天皇會見了來訪的南韓總統，並對過去的戰爭表示遺憾。第二年，中曾根首相在聯合國發表了類似的評論。然而在亞洲，人們仍然將日本的經濟實力解讀為一種帝國主義的形式。不論是有些自民黨員公開表示想擺脫「麥克．阿瑟憲法」中的限制性和平主義，還是中曾根擔任首相期間所爆發的一系列爭議，都對日本發展沒有幫助。

一九八二年，有消息稱，日本文部省希望歷史教科書的編寫者可以淡淡帶過一九三〇和四〇年代的報導，避免用「侵略」一詞形容一九三七年在亞洲大陸發生的事件。雖然文部省的建議對出版商的影響有限，但中國和南韓還是提出了強烈抗議，三年後，中曾根就在紀念戰爭結束四十週年時，帶領其內閣穿上整齊的喪服，前往東京的靖國神社。主要向那些自戊辰戰爭以

來，在戰爭中犧牲的所有人致敬，中曾根自己的兄弟也是其中之一，和二百四十六萬名亡靈一同被供奉在神社中。但是一九七八年的十四名甲級戰犯，其牌位最初也被祕密地供奉在靖國神社。中曾根起初為那次悼念活動辯解，後來則改口說不會再參拜該神社。

厭惡一九八〇年代日本的美國人，當時也有自己的理由。到了八〇年代中期，一個他們先是打敗了而後又幫助其重振旗鼓的國家，現在正對他們進行經濟打擊。儘管在一九七〇和八〇年代，為了保護美國工業免受日本的過度競爭而達成了一系列協議，特別針對汽車和彩色電視機方面，日本對美國的出口仍是進口價值的兩倍。一九八九年，索尼公司收購了哥倫比亞電影公司，三菱公司也於同年收購了紐約洛克菲勒中心的控股權，不斷加深美國的焦慮和反感。隨著蘇聯在該年開始解體，美國似乎也不再需要對他們的太平洋盟友表現出放任的態度。

在國內，田中在擔任首相期間的慷慨解囊，包括一九七五年的社會保障支出增加到十年前的十倍，使中曾根不得不努力解決嚴重的經濟問題。中曾根借鑑雷根總統（Ronald Reagan）和柴契爾夫人（Margaret Thatcher）在西方樹立的榜樣，並將他的行動塑造成國際趨勢的一部分，放鬆了對日本經濟的管制，將重要的國有企業私有化——最著名的實例如一九八五年的日本電信電話（NTT）和一九八七年的日本國有鐵道，後者因田中大舉建設新瀉新幹線而深陷債務困境。

這些決定性的措施為自民黨在一九八六年選戰贏得出色的成績。到一九八七年，年度赤字幾乎減半，而日本的生產力和中產階級生活，例如賺錢、消費、出國旅遊，持續羨煞世界各

國。但一九八八年，同時是田中的門徒和中曾根的首相繼任者竹下登開始矯枉過正，為了解決因人口老化和出生率銳減所帶來的日本人口危機，威脅到未來較小的稅收基礎以及不斷擴大的健康和福利成本，推行了百分之三的消費稅政策。該稅法因排除土地和證券等資產買賣而不得人心，民眾也在一九八八年和一九八九年期間發現，竹下和他的一些派系成員確實參與了這些大額交易，接受一家名為瑞可利（Recruit）大集團的現金捐獻和未上市的股票（一旦上市就可出售，利潤相當可觀）。竹下目睹其投票率下滑至百分之四以下，打破日本政治的新低點，因此於一九八九年六月辭職。

由於反對派處於混亂狀態，自民黨仍成功在一九九〇年二月的選舉中獲勝。但在一九八〇年代末，投機性泡沫持續增長，部分原因是政府不斷刺激國內的進口需求，以安撫美國等外國競爭對手。股票價格節節飆升，據傳東京的土地總價值超過了整個美國，抵押貸款條件甚至跨越了三代。政府試圖以收緊信貸來緩解泡沫膨脹，反而導致了全面崩盤。到了一九九二年夏天，日經指數已經從一九八九年十二月的最高點下跌了百分之六十五。房地產大公司紛紛申請破產，銀行因多筆貸款成了呆帳而陷入困境，資產價值變得一文不值，前景看好的新建築計畫也停滯不前。愈來愈多行業都被捲入其中，直到這個因戰後經濟奇蹟而聞名的國家逐漸陷入衰退。

當自民黨長期賴以生存的基本經濟能力的聲譽開始下滑，其腐敗的名聲也開始廣為流傳。一九九二至二〇〇三年，有消息稱，一家名為佐川急便的私人快遞公司在這二十年間，向大約

兩百名國會成員支付了數十億日圓，好協助他們規避威脅其利潤的政府法規（包括勞動法）。

田中的第二個門徒，綽號「閣下」個金丸信，被嚴重牽連。據傳，佐川的員工會將一疊相當於五億日圓（約四百萬美元）的現金放在推車上，送到他的辦公室——「皇家宮殿」，他每天都會從東京高級地段的元麻布住家中，乘坐一輛黑色賓利車前往這處富麗堂皇的辦公地點。當他同意接受僅二十萬日圓的罰款，並申辯因為喝醉而無法回答大部分的相關交易問題時，群眾抗議終於爆發，他被迫離開國會和他的派系。一九九三年三月，他因涉嫌逃稅而被捕，政府搜查他的住家和辦公室時，發現了一百公斤的金條、數千萬日圓的現金，以及另外三十億日圓的債券憑證。同年末，他的案件開始進行審判，直到三年後他去世時，審判仍在進行。

導致自民黨最後潰堤的事件發生在一九九三年，是田中第三位偉大門徒所為。二十多年前，田中把日本扭曲的都市化理念化作人民的號召；如今，小澤一郎把矛頭指向日本政治缺乏公開競爭和真正的問責制。他在《日本改革計畫》（一九九三年）中宣稱，改革必須從自民黨本身開始：黨派最終應盡其所能幫助日本打造真正的兩黨制。甚至威脅，如果自民黨拒絕，他將把個人的派系帶出黨外。不久後，他確實退出另成立了新生黨，其著作賣出了五十萬冊，並在七月選舉結束後，共同組織了一個八黨聯盟。他們將不可能結盟的政黨聚集在一起：社會黨、公明黨、小澤的政黨，以及另一個由細川護熙所領導、名為日本新黨的新改革派組織。這樣的勢力已足以影響社會，歷經近四十年不間斷的統治，自民黨總算被打入冷宮。

*

細川護熙被寄予厚望地擔任首相，認為情況將會有所不同。他年輕有為、風度翩翩，母親是近衛文麿的後裔，並聲稱其父親的血統可從中世紀的源氏家族一直追溯到桓武天皇以前的血脈。一九九三年的耶誕節，他握有超過百分之七十的支持率，與八位前首相在青山葬儀所向田中角榮做最後的告別。田中自一九八五年後就大勢已去，無力挽救他的派系或龐大的自民黨，他在十二月十六日因肺炎逝世。大廳周圍的街道上擠滿了數千名哀悼者，有許多人從新瀉一路趕來——感謝角榮先生做出的許多貢獻與承諾，讓他們享有比前一代更便捷、更舒適的生活。

對某些人來說，一九九三年就像是一個時代的結束，而另一些人則認為早在四年前就已經結束了。一九八九年一月，昭和天皇駕崩，同年二月，手塚治虫去世；六月，美空雲雀也去世了。戰後日本失去了三位重要人物，再加上田中的離世，以及自民黨與國民經濟的坎坷命運，形成了一股強烈的氛圍，即日本正在進入未知的水域。

至於誰會來掌舵？也許是莊嚴地坐在青山葬儀所裡、受菊花簇擁、香爐環繞的細川。也許，隨著自民黨如今的謙卑態度，政治將更容易受到外部影響，如名人和民間社運人士、記者和學者、新世代的商人——甚至在可靠的多黨競爭下感到滿腔熱忱的選民自己。抑或日本最古老的機構——皇室，仍然對日本人的生活有著決定性的貢獻？

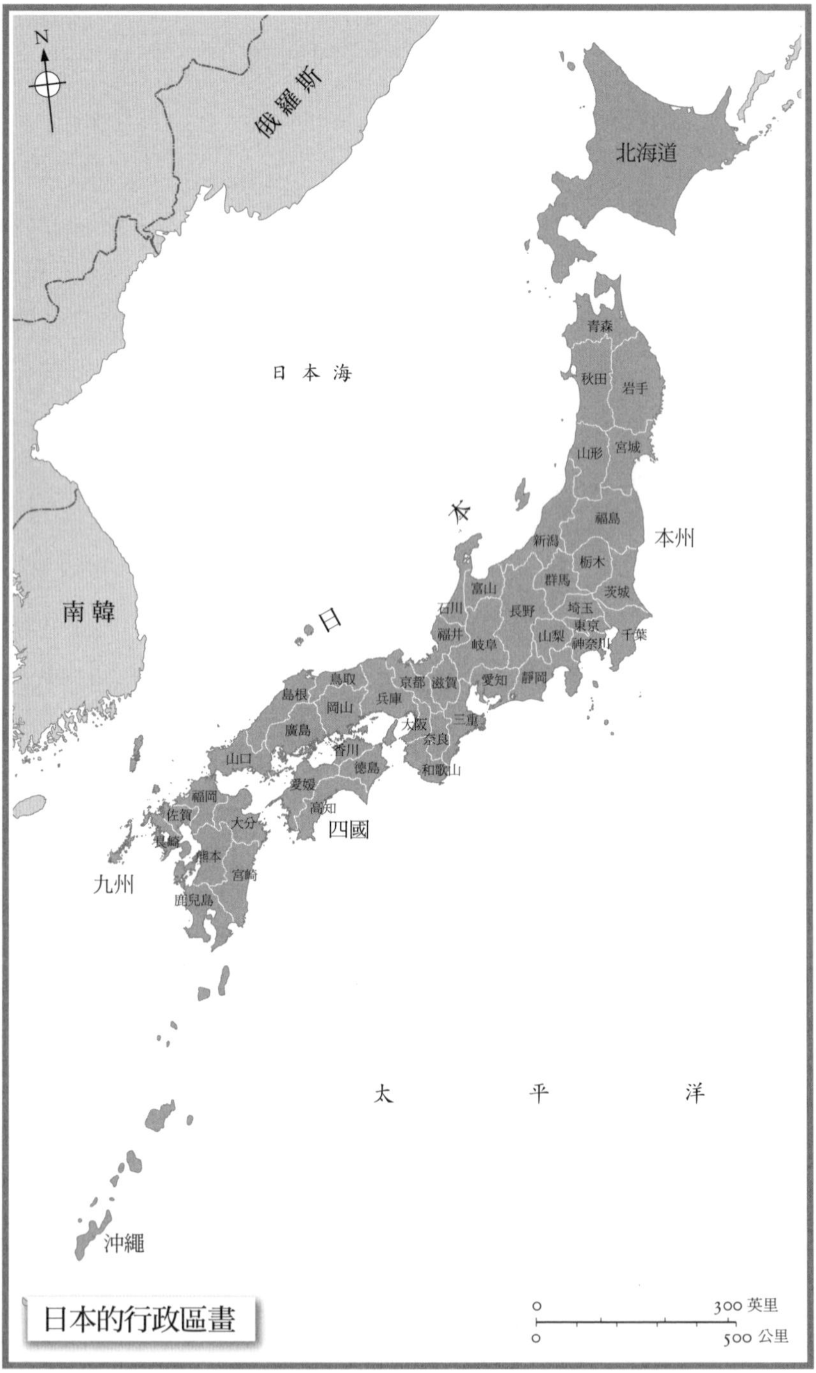
N
俄羅斯
北海道
日本海
南韓
日
本
本州
青森
秋田
岩手
山形
宮城
福島
新潟
栃木
群馬
茨城
富山
石川
長野
埼玉
東京
千葉
福井
岐阜
山梨
神奈川
鳥取
京都
滋賀
愛知
靜岡
島根
岡山
兵庫
廣島
大阪
三重
奈良
山口
香川
德島
和歌山
愛媛
高知
四國
福岡
佐賀
大分
長崎
熊本
宮崎
九州
鹿兒島
太
平
洋
沖繩
0
300 英里
0
500 公里
日本的行政區畫

20 小和田雅子——動盪時代的象徵

西元一九六三年至今

一九九三年十二月，田中角榮的盛大葬禮是日本權貴在一年內第二次聚集在一起舉行莊嚴儀式的場合。第一次是在一九九三年六月九日，當時約有八百名貴賓擠在一個特製的觀禮台上，鄰近一座雪松搭建、隱藏在樹林中的簡單神社。早上的小雨使樹林間濛上了一層薄霧。皇室聖地（賢所）位於東京市中心的皇居內，是日本最神聖的建築之一，祭祀天照大神。

皇太子德仁於上午十點進入神社，身著橘紅色的絲綢長袍，手持一根扁平的儀式權杖，向神靈獻上了一根神聖的榊樹枝，鞠躬四次，並誦讀了一遍莊嚴的誓言，表示將永遠珍惜坐在身旁的女士。這位女士剛沐浴完畢，穿著一千年前的紫式部時代的服飾：一件十二層的服裝，重約十四公斤，最外層以綠色和金色的絲綢製成。女僕們花了兩個半小時為她著衣，給她的頭髮上油，並梳成流傳幾世紀歷史的「大垂髮」宮廷風格，只用一把金色的梳子固定住。她的臉撲成白色，嘴唇塗得赤紅，在十五分鐘的儀式上，新娘只需要說一句話，用一杯神聖的清酒完成儀式。她說出了自己的名字：雅子。

當小和田雅子念出這三個音節時，意味著即將放棄大好的人生規畫：日本外務省前途似錦、有朝一日成為大使的職涯；套裝和豐田雙門轎車，還有她的護照、駕照以及投票權；甚至連與親朋好友愉快見面的機會都得放棄。她的名字很快就會從小和田家族的戶籍塗抹掉，轉而入籍到皇室血脈，其可追溯至六世紀聲稱是天照大神後裔的大和氏族。

這是一場豪賭，而非犧牲，雖然代價不菲。戰後憲法規定君主制為「國家象徵」，作為皇太子妃以及未來的皇后，雅子也許能夠藉此角色轉化為屬於她的外交力量。即使身在國內也可以完成很多任務，日本的皇室成員如同另一個多雨島嶼上、比歐亞大陸遠西地段稍稍落後的貴族成員（指英國皇室），不斷承受著「現代化」的壓力。身為在牛津、哈佛和東京大學受過教育的有志之士，雅子也許能給皇室增添一點色彩和信譽，有助於重新與大眾建立聯繫。她也許能夠說服日本男性對女性在社會中的角色有不同的觀點，以及說服日本女性對自己有不同的看法。對於一個經濟停滯不前、政治階層難以突破的國家來說，雅子甚至能夠為舊式制度提供現代化的指導。

*

小和田雅子於一九六三年十二月出生在東京，她的母親優美子是慶應義塾大學的文學院畢業生，父親小和田恆是日本外務省的外交官。由於父親工作的緣故，雅子大部分的童年都在海

外度過。一九六五年，一家人連同女傭先是搬到了莫斯科，爾後於一九六六年為雅子帶來了兩個雙胞胎妹妹：節子和禮子。雅子有機會在克里姆林宮附近的公立托兒所學了一點俄語，之後全家於一九六八年搬到紐約的河谷鎮。當時的她不會說英文，在幼稚園的前四個月裡幾乎不太說話，直到有一天老師打電話回家，非常興奮地說雅子終於開口問可不可以去廁所。

不久後，英語知識對她可說是福禍參半，與一個世紀前的津田梅子一樣，雅子也被一些美國當地的年輕人欺負。在紐約八十一號公立學校念書時，有個男孩對她說，日本人令他感到「噁心」，因為他們會用手吃飯——當時雅子正在享用午餐便當的壽司卷，甚至還有人嘲諷她是「黃皮猴子」。一九七一年，雅子一家再次因恆的工作關係返回東京，結果還反被日語欺負。小學男同學都叫她「アメリカ帰り」，字面意思是「回去美國」，但也有文化出賣者的意思。有一天，雅子在操場上被迫否認自己吃過漢堡。「我沒吃過！」她回答。「因為我是日本人！」另一方面，女孩們反而很羨慕她的外國衣服和文具。

一九七三年，雅子進入競爭激烈的田園調布雙葉小學就讀，生活逐漸有所改善。這所學校由法國天主教修女在二十世紀初建立，位於東京綠樹成蔭的田園調布——這處高級社區在澀澤榮一的幫助下開發，呈現出日本理想中的英美「花園城市」。當時日本的基督教學校教育往往具有明顯的國際主義色彩，與津田時代的教學風氣相去不遠。不僅雅子的老師有些是西方人，許多同學也都是近期才從國外回來。她得以在學校茁壯成長，特別喜歡數學、科學、躲避球和照顧學校的寵物——也因此有「動物教授」的綽號。就讀雙葉中學時，她的興趣轉向了棒球，

東京的讀賣巨人隊是她的愛隊，還會和父親一起守在電視前收看比賽轉播，成為體育主題漫畫的狂熱讀者，一有機會就去多摩川河畔觀看巨人隊的訓練。在遊說學校成立棒球部未果後，雅子只好改打壘球。她在球隊時穿的是八號球衣，以紀念她最喜歡的巨人隊球員高田繁。

雅子從未在一個地方待過很長時間，當父親於一九七九年在哈佛大學取得客座教授的職位時，又再度搬回了美國。她在波士頓上高中，學習法語和德語，並為學校的壘球隊打球，而後接受獎學金到哈佛大學經濟系學習。一九八五年畢業後，雅子拒絕了華爾街的工作，並在東京大學法律系就讀了一段時間，準備在第二年參加日本競爭最激烈的甄選。一九八六年夏天，約有八百名候選人參加了外務省的入學考試，最後只有二十八人通過，其中只有三位是女性，其中一位就是雅子。

雅子的成功使她脫穎而出。結果公布後，雅子被邀請接受媒體採訪。不久後，她的名字被匆匆寫入電腦列印的邀請名單中，參加一九八六年十月的皇室茶會。這次茶會是為了西班牙公主艾蓮娜（Infanta Elena）而舉行，也是給昭和天皇的二十六歲孫子德仁親王與未來新娘交流的機會，而這些新娘人選是由宮內廳（ＩＨＡ）挑選的。這種煞費苦心又公開的必要手段，根植於七世紀漢化後的日本宮廷生活，在美軍占領時期便改為現代化形式。日本的貴族制度在戰後被廢除，皇室規模也隨之被裁減，宮內廳則作為一個外部機構，設立於新的首相官邸內。其作用包括監督皇室財產和陵墓，並為日本碩果僅存的皇室成員安排每日行程。英國的皇室成員享有獨立的財產，以及可以一起享受假期、娛樂的廣闊人脈，而日本皇室在經濟上則得依賴國

家，在憲法上需與國家緊密相連，從各方面來看都相當孤獨。

宮內廳根據嚴格的標準為德仁尋找良配，萬中選一的候選人必須比親王年輕、身材嬌小、受過良好教育，以及身體健康。不能來自政治世家或有犯罪記錄的家庭——這兩類人在當時的日本愈來愈常重疊。有紋身的女孩絕不能列入考慮，因為這些紋身容易讓人聯想到山口組。外國人與神道教以外的宗教信徒均無法申請，因為入選作為皇后的中選人有朝一日要進入神聖的宮殿，舉行神聖的儀式。最後，私家偵探小組必須調查對方有沒有不可告人的祕密，並盡可能鎖定她們的浪漫史。

宮內廳的評選者們其實也相當辛苦，困難之處不在於德仁，他是一個善良又聰明的人，喜歡音樂和爬山。假如女士能夠忽略他對運輸系統歷史的小眾興趣，獲選機率甚至還會大幅提升。主要問題在於他的母親，更準確地說是因她在一九五九年嫁給時任天皇的兒子明仁皇太子後所發生的狀況。正田美智子來自天主教家庭，在東京市中心的雙葉小學接受教育（與雅子的學校是姐妹校），成為第一個嫁入世上最古老君主制的平民。當時人們為這對「童話般的夫婦」喝采，稱這是一場「愛的配對」，而不是一場被安排的婚姻，非常適合新的平等主義國家在經濟上的發展。然而，有些人從一開始就反對這種非常規的結合，三島由紀夫擔心會破壞皇室的神祕性。明仁的母親似乎也不贊同這樁婚事，後來還被譴責是造成美智子壓力過大和抑鬱的原因，這件事在一九六〇年代曾被大幅報導過。

雅子和她的父親應該很清楚這些狀況。儘管如此，一九八六年十月十八日星期六，他們還

是一起出發前往德仁的住所：東宮御所，位在皇居以西的數公里處。他們發現那裡竟都是年紀與雅子相仿的日本女性，現場共有大約四十個人，而親王正來回巡視。走到雅子跟前時，他祝賀她金榜題名，詢問她想成為什麼樣的外交官後，便以禮貌性的日語鼓勵她：「祝你好運，請加油！」後迅速巡視下一位。一次非常簡短的交流，德仁就被深深迷住了。宮內廳安排好了一系列進一步的會面，雅子最後被日本媒體「曝光」，成為皇太子妃的競爭者。排山倒海的關注隨之而來，她的父親懇求宮內廳給予「考慮的時間」——這已經是靠外交手段拒絕進一步接觸的極限了。雅子本人決定向外交部申請學術休假，於一九八八年離開日本前往牛津大學攻讀碩士學位。

雅子在牛津大學貝里歐學院（Balliol College）就學期間，起初沒有受到媒體的關注。但到了一九八九年秋天，德仁和雅子的戀情可能會重新浮上檯面的傳言四起。長期在位的昭和天皇於該年一月去世，隨著皇太子明仁繼位為天皇，這一年從「昭和六十四年」變成了「平成元年」。到了九月，德仁的弟弟秋篠宮親王訂婚了：在法定繼承人的哥哥未婚時做出此舉十分不尋常。現在，德仁皇太子計畫前往離牛津不遠的布魯塞爾，不久後，牛津部分地區看起來就像遭遇了襲擊。一群日本人正在入侵：直升機在頭頂盤旋，少數特勤人員正悄悄穿過貝里歐學院的前庭。第二支分隊被部署到貝里歐學院北部附近綠草如蔭的巴德韋爾路（Bardwell Road），他們在一輛沒有窗戶的箱型車內嗑著可憐的英式三明治，等待著他們的目標：一名學習國際關係的二年級研究生。

雅子終於出現了，她短暫停頓了一下，駁斥了新的傳言後，迅速穿越混亂的記者、電視錄影機和閃光燈，到圖書館尋求庇護。但是，她的否認在國內報導中說服力薄弱，反而她那件米色風衣和時髦的波浪髮型引來了許多不屑的關注。一九九〇年六月，她在完成學位之前突然被外交部召回，並在媒體的攻擊事件後，因壓力過大而病倒，但有些人相信，事實不只如此。皇室成員被嚴格限制在無趣的嗜好和消遣中。昭和天皇的消遣是海洋生物學，而明仁天皇也是曾出過書的魚類學者（魚類科學家）。由於皇太子德仁堅持只娶雅子，傳言宮內廳有人為了保留她作為未來皇太子妃的身分而否決了雅子的論文題目：日本近年對美國戰機之購買。

回到日本，雅子開始在外務省的北美事務局工作：這是一個有聲望、高風險的職位，但她很快就嶄露頭角，長時間的加班、鉅細靡遺地關注貿易的枝微末節，加上在美國出差時為一些國家高層政客擔任英語翻譯。與此同時，她的父親再次被施壓，要她同意與德仁再次會面。雅子最終默許了，但當一九九二年十月，皇太子終於在東京東部的皇室鴨場向她求婚時，她禮貌地詢問是否可以拒絕。

德仁對這樣的回答早有準備，他表示，皇室在外交方面的工作並不比外務省少。考慮到他母親作為家族新成員時的痛苦，他在下一次見面時補充說，將「用我所有的力量」保護雅子。一九九二年十二月，雅子心軟了。有些人稱，她與全知的宮內廳談妥了協議，保障自己擁有更多的自由。朋友們則聲稱她只是改變了主意。

不管是什麼原因，德仁終於得到了他等待六年的答案。一九九三年一月一日，他在每年新

年皇居舉行的歌會始（第一次詩歌朗誦）儀式上的發言，經宮內廳描述，內容提到他最近的北海道之行，是一次特別愉快的觀光旅行。有些人懷疑詩歌的靈感和成家有關：

我欣喜若狂地注視著
隨著鶴群飛向藍色的天空。
自童年就珍藏的夢想
已經實現了。

雅子懷著複雜的心情期待著一九九三年的到來，她最終接受了德仁的求婚，但語氣中似乎夾雜著謙遜與保留：「我……」她說，「真的是最好的選擇嗎？」那年她給家人的聖誕賀卡也是類似的內容：

經過深思熟慮後，我決定邁出新生活的第一步。這可能是我們最後一次一起慶祝聖誕節了，感謝你們讓我在一個溫暖快樂的家庭中長大。相信之後的路會變得更加艱難。祝您們一切幸福安好。

*

雅子在接受所有新皇室配偶的「皇妃教育」時，並沒有遇到什麼困難，包括日本與朝廷的歷史、書法與和歌詩，以及現代君主制的相關法律、儀式和典禮。然而，在應付媒體方面則完全是另一回事。皇室成員在發表意見上受到很大限制，但大眾仍期盼他們能時常在記者會上遵從嚴格的民主訴求。他們需要保持三島由紀夫所重視的神祕感，但如果表現得不友善，就有可能顯得不恰當，特別是對年輕的日本人來說。為了成功化解這些矛盾，很大程度上取決於日本的報紙、電視、大學等文化評論大軍如何解釋他們的言行舉止。

一九九三年一月，雅子與德仁舉行第一次官方記者會，宣布訂婚，親身體驗了身為皇室成員的負擔與為此付出了代價。她坐在未婚夫身旁，瀟灑的套裝換成了賈姬．甘迺迪（Jackie Kennedy）式的樸素黃裙、藥盒帽（pillbox hat）和搭配的黃色錢包。她的服裝和意見都不完全出自於自己，兩者都具有爭議。

觀看電視的作家林真理子感到十分驚訝，她看到雅子「低垂的眼睛和僵硬的表情」，並在聽到她表示希望對皇室「有點用處」後開始哭泣。一九七〇年代出現了新一波女權主義浪潮，激勵日本婦女從戰後扎根於家庭主婦和母親角色的思想中走出來，正視剝奪她們與男性平等地位的制度。隨著一九八五年《男女僱用機會均等法》通過，取得了某種程度的勝利。一九八六年外務省考試結束後，為了在新的法律框架下增色自己的資歷，雅子接受了他們安排的新聞採訪。了解他們的目的後，雅子溫和地譴責媒體對她的成就投以令人窒息的好奇心。她表示，在哈佛大學念書時，很少有人視婦女工作為革命性的想法，並補充說，「我在日本卻被視為特

例，還針對我外貌品頭論足，簡直是一種恥辱」。

到了一九九三年，撇開立法上的進展和特殊情況不談，日本勞動人口中的多數婦女仍屬於「辦公室女職員」，或稱「ＯＬ」：薪資低的文職工作者，預計在結婚後就會辭職。林也是希望雅子能促進改革的人之一，有人稱她為「日本的希拉蕊．柯林頓（Hillary Clinton）」：她是個受過教育且思想進步的世界主義者，注定要讓現代世界更進一步地認識君主制度。然而現在的她，穿著指定服裝在錄影機前畏畏縮縮的表現，只能避重就輕地回答關於廚藝和想生幾個孩子等冒犯性問題——包括巧妙表示雖然她的丈夫喜歡音樂，但他可不想組自己的管弦樂團。

記者會的內容還透露日美之間長期存在著文化斷層，並且對日本近幾年作為經濟競爭者崛起有些微不滿的情緒。美國評論家的看法則是，一個在美國成長、聰明而「時髦」的職業女性，如今被一個不合時宜的體制，囚困在在粉飾過的牢籠中，還得拿著「英國女王最愛的呆板小皮包」。他們似乎對這齣悲劇感到十分興奮，雅子將生活在與世隔絕的宮殿裡，被思想落後的日本朝臣用陳舊的日語訓斥，在公共場合還必須走在皇太子身後三步。《浮華世界》（*Vanity Fair*）將他們的報導定標為「雅子的犧牲」，《新聞週刊》（*Newsweek*）則以「不情願的太子妃」為標題。

相關評論激怒了日本的保守派，他們聲稱，從一八五三年馬修．培里准將的威脅，到占領時期的文化破壞，這段期間一直是西方國家（尤其是美國）在對日本發號施令，試圖以他們自己的形象重新塑造日本，並證明現代西方價值觀的普遍性和適用性。某些保守派，包括宮內廳

的人員，認為雅子是日本的第五縱隊：她穿著顯眼的美式服裝向媒體發表言論，有人指出，全程總共九分三十七秒——據他們觀察，她毫無顧忌地比未來天皇多說了二十八秒。

鄉村地區對皇室的問題存在著各式各樣的歧見，有些人對自己的稅收被用來支持不受歡迎、過去不光彩的機關感到憤怒。另一些人則表示自豪，同時考慮到這一角色的難處，感到有些同情。企業方面，他們殷切期盼著皇室婚禮能媲美一九五九年明仁和美智子的婚禮，甚至是一九八一年查爾斯和黛安娜的婚禮，讓日本衰弱的經濟藉此回升。不僅開始製作特殊的硬幣、郵票、香菸、茶葉、火車票和啤酒標籤，還發明了「太子妃雞尾酒」和「太子妃拉麵」。小和田家族長期不堪其擾，就連在戶外如廁都會被直升機的噪音和照相機的閃光燈所影響——如今雅子的過往生活引發了關注，還因此刺激了愛馬仕（Hermès）圍巾、珍珠項鍊、帕洛瑪·畢卡索（Paloma Picasso）皮包，甚至約克夏犬的銷售。

一九九三年六月九日迎接大日子的到來，從皇宮到東宮御所的遊行路線上，所有電話亭都被漆成了金色，飲料販賣機也被移走，以免某些憤怒的共和黨員臨時將機台砸過去，另外安排了三萬名員警值班。因為預期會有數千萬名觀眾收看，電視台準備了電腦模擬的賢所儀式，並用結婚蛋糕裝飾攝影棚，還特地以實際比例複製了雅子在哈佛大學住的宿舍。有位外國觀察員在攝影棚現場的觀眾中，發現一隻訓練有素、名叫鶴助的猴子，牠注視著一顆水晶球，預測這對夫婦將有三個孩子。

當天下午，大約有二十萬名支持者在雨中的車隊路線旁，排起了長長的隊伍，當新婚夫婦

的黑色敞篷勞斯萊斯駛過（車牌換上了皇室菊花），紛紛揮舞著雨傘和日本國旗。雅子和德仁當晚在東宮御所享用了他們第一頓正式晚餐，到了晚上九點時，便以洞房儀式結束這一天。習俗上，要將二十九塊彈珠大小的糯米蛋糕（雅子往後每一年都會有一個）放進紅木盒子裡，擺在四個銀製托盤上。他們會將盒子放在床邊三夜，祈禱皇子的誕生，之後把盒子埋在宮殿花園的吉祥之處。

至少對宮內廳來說，皇子是這場婚姻中最緊迫的任務。雅子和德仁之後幾天將出席六場官方宴會，會見來自日本和世界各地近三千名的政要。他們將參觀雅子剛加入的皇室傳統源起：奈良古城和伊勢神宮。但由於皇室近三十年來一直都沒有男丁出生，雅子的外交野心無疑被擱置一旁。這一點在一九九三年七月為歡迎G7（七大工業國組織）領導人造訪日本而舉行的宴會上，體現更加顯著。雅子坐在比爾・柯林頓（Bill Clinton）的一側，另一側是以G7貴賓身分出席的葉爾欽（Boris Yeltsin）。她以廣博的遊歷、流利的英語，加上熟悉兩種舊意識形態極端的罕見特點，讓兩位領導人當晚都受到很好的招待。後來卻有報導說她受到了宮內廳的訓斥。那次宴會是由天皇主持，而不是她，她冒犯了天皇陛下，今後需要注意自己的舉止。

隨著雅子開始適應新生活，天皇明仁也逐漸適應了自己的角色。他是第一位由民選政客選擇年號的天皇——「平成」意為「內外與天地能夠平和」——他以令人印象深刻、平易近人的方式開始履行責。一九九二年，他成為第一個造訪中國的日本天皇，並藉此機會對戰爭期間

「我國給中國人民造成的嚴重痛苦」表示「深切的哀悼」。

時機至關重要，一九八〇和九〇年代，日本有少數人否認或淡化戰爭造成的悲劇事件，如南京大屠殺和七三一部隊在滿洲的生物戰研究，其中包括人體解剖。一九九一年，日本反對修正主義的人則支持三名前韓國「慰安婦」向法院提出賠償要求。儘管修正主義者聲稱這些婦女是有償的志願者，且日本帝國軍沒有參與建立所謂的「慰安所」，但經法院查證卻非如此。一九九二年，日本政府正式道歉。

這些延續至二十一世紀的「歷史戰爭」，只有一部分與歷史相關。隨著冷戰結束，日本未來幾十年內國際地位充滿了不確定性，隨時會發生變化。在東北亞，新的俄羅斯聯邦承認了一九五六年的《日蘇共同宣言》，該聲明恢復了基本的外交接觸，但全面性的和平條約還沒有簽署，日俄關係因千島群島問題持續惡化，自第二次世界大戰結束以來始終存在著爭議。而與北韓的關係則因日本在半島上的殖民歷史、北韓的導彈計畫以及一九七〇年代末到一九八〇年代，在日本沿海地區綁架了數量不詳（不計其數）的日本人（其中有些是為了訓練朝鮮特務），導致兩國的關係降到冰點。

與中國和南韓的交涉，是該地區最困難卻也最重要的外交關係。日本在中韓兩國的觀望下，於一九九〇年代逐漸開始發揮長期被荒廢的外交手腕與政策能力，同時在緒方貞子身上發現類似雅子的潛質——具開拓性的外交官。作為一九九〇年代聯合國難民署的第一位女性負責人，緒方飛往伊拉克北部、土耳其和伊朗，協助為一九九一年波斯灣戰爭後逃離海珊（Saddam

Hussein）的庫德族難民尋找解決方案。在國內，日本的政治領導人為波斯灣戰爭援助了一百三十億美元，但科威特人在《紐約時報》上刊登感謝救援者的廣告時卻忽視了他們，使政府轉而進行金援以外的貢獻。日本自衛隊開始到聯合國維和行動中擔任非軍事角色，並駐紮在非洲和拉丁美洲。除了對該區域可能爆發的衝突感到緊張外，中國共產黨領導層仍對一九八九年的天安門廣場示威活動心有餘悸，正忙著將日本和歐洲對中國造成的歷史苦難，作為新的「愛國主義教育」的重點。韓國政客在對日立場上也有類似的動機，包括對真實歷史的不滿、對修正主義解釋的憤恨、對日本戰略意圖的擔憂，以及在適時抨擊日本時，可能對國內社會產生的正向情緒。

日本政客則總是令國民失望，每當談論到戰爭，不時會出現外交上的失誤。一九九〇年代的經濟成長，在百分之一或甚至更低的水準上蹣跚前行，而被寄予厚望的新任首相細川護熙，卻只在崗位上堅持了八個月。他的命運為未來的反自民黨叛亂分子提供了重要的教訓：確保你的聯盟擁有討厭自民黨之外的更多共同點；在演講時不要妖魔化部委官僚，因為如果當選了，將需要他們的支持；如果曾將手伸進過錢袋，就不要宣揚清廉政治了。細川於一九九四年四月辭職，原因是他從佐川急便得到了一筆巨額貸款，而這間捲入貪腐醜聞的私人快遞公司，正是「閣下」金丸信目前仍在受審中的原因。

一九九四年，自民黨重新執政，經過不太可能結成的聯盟影響，日本選出近半個世紀以來的第一位社會主義首相。村山富市在紀念戰爭結束五十週年時，為日本的「殖民統治和侵略」

所造成的「巨大破壞和痛苦」表示「衷心地道歉」。但仍有某些資深政客隨後發表了較為激進的評論，幾年後，東京的靖國神社再次成為外交爭端的中心。這次的起因是一位富有魅力的自民黨政客，他有一頭灰色的波浪長髮，十分欣賞貓王，並且在政治口號的發想上有著過人的天賦。從二〇〇一年到二〇〇六年，小泉純一郎的首相任期超越以往，但在此期間，他仍堅持參拜靖國神社，次數不下六次。

小泉在國內政治方面做得相當出色，且能夠對批評言論無動於衷。除了將日本銀行從呆帳中解救出來，還強行將該國的郵政儲蓄和保險系統私有化，削減公共開支並放寬對勞動市場的管制——鼓勵僱用短期的約聘勞工，因為這些人通常能接受較少的就業權利。做法與前輩不同的小泉，似乎也願意與日本強大的建築業對抗，該行業被指責為腐蝕國家政治，同時透過耗資龐大且毫無意義的政治分肥專案，用混凝土覆蓋了大片美麗的自然景觀。

經濟才剛開始恢復成長，二〇〇七年至二〇〇八年的全球金融危機隨即出現，揭露了小泉追求高市場效率的弊端，迫使陷入困境的公司大量解僱約聘人員，讓那些一直住在公司宿舍的人突然無家可歸。政府為此於二〇〇九年一月在東京日比谷公園搭建了一處由帳篷和慈善廚房組成的「約聘人員新年村」，而鋪天蓋地的媒體報導嚴重打擊了戰後日本努力營造的形象——穩固且安定的終身就業地。當時有三百五十萬人失業，新年村引發的關注令政治和商業領袖蒙羞，因為他們在福利金、住房分配和職缺減少方面出爾反爾。同年晚期，自民黨再次被趕下台，這次改由中間派的民主黨（ＤＰＪ）領導，承諾拒絕新自由主義經濟、改善與中國關係，

並緩和對美國的奴性依戀。

然而，大眾對政治的熱情仍然處於低谷，政客的經濟管理政策失效，導致一九九〇年代「失落的十年」重蹈覆轍。同時，一九九五年發生的兩場災難，對人民的信心造成了長期的傷害，甚至影響政府保護民眾安全的基本任務。一九九五年一月，一場芮氏規模七．二的地震發生在神戶，造成了六千多人死亡，數十萬棟建築被毀，一般民眾趕去救援時，也揭露了政府準備上的不足。幾週後的三月二十日，五名末日邪教組織奧姆真理教的成員，在皇居南邊的霞關區附近，對五節地下鐵列車釋放沙林毒氣，直逼自明治時代以來就是日本中央政府各部門所在的皇居。隨著警方深入調查該邪教活動，加上一連串的假想敵（從梵蒂岡到中情局），其領導人麻原彰晃打算消滅並成立自己的政府。有十二位民眾在上班途中被毒氣毒死，數千人受傷。除了如此危險的組織崛起而揭露警察失職之外，人們還驚覺該邪教許多成員都是有前途的年輕學生和白領專業人士——體面且聰明，但對日本生活深感失望的人。

撇開政治觀點不談，日本有兩個值得關注的優點：第一，自一九六〇年代以來，多數民眾持續過著中產階級舒適的都市生活，犯罪率仍然低得令人羨慕。其次是穩步崛起成為文化超級大國。

文化外交對日本來說並不陌生，自一九六〇年代以來，日本一直運用繪畫、詩歌、插花、歌舞伎和能劇、武術、和服製作和茶道等方面的成就，致力於向國外宣揚累積了數世紀的文明和精緻形象。雅子曾在哈佛大學期間，協助創辦了「日本文化俱樂部」，在音樂會上用鋼琴演

奏民歌「櫻花」，為文化付出一份心力，並製作新鮮的天婦羅和「素麵」（小麥麵）。另一方面，「日本人」的形象，在宮崎駿的吉卜力工作室、任天堂等電子遊戲巨頭，以及村上春樹和大江健三郎等作家（後者在一九九四年成為繼一九六八年川端康成之後，日本第二位諾貝爾文學獎得主）等知名作品的貢獻下，逐漸享譽國際。日本的食品、流行音樂和消費趨勢，加上豐富多彩的動漫人物都前所未有地在全球傳播。

日本領導人很快就發現在二〇〇〇年代被稱為「酷日本」的潛力。二〇〇八年，外務省甚至招募了藍色機器貓哆啦A夢作為日本的「動畫大使」。如今的問題和手塚時代一樣，即文化和政治是否可以建立深入的連結。前者是否有能力挑戰和激勵後者，還是注定只有安撫失望情緒的作用？

在那些強大的既得利益者中，能夠了解這個問題甚至給出答案的，也許只有皇太子妃雅子了。她放棄了外務省的職務，某部分是出於丈夫承諾皇室是一個獨立的外交團體——儘管只是軟性、象徵性的功用。但皇太子德仁在一九九〇年代和二〇〇〇年代，成功兌現他對雅子的另一個承諾，即保護她這位即將加入家族的成員。在宮內廳的催促和媒體對他們夫婦生育能力的追問下，他開始在記者會上逐漸突破禮儀的界限。一九九四年二月，他感嘆新聞界對社會的「巨大影響」，以及「公然捏造不實傳言」這種「令人反感」的方式——尤其是在雅子執行公務時觀察其身材輪廓，捏造與懷孕有關的無止盡謠言。

兩年後，德仁發表了「鸛」喜歡「安靜環境」的尖銳言論：這是對新聞界和宮內廳的斥

責，由於一九九六年雅子對記者發表的非正式言論，加劇了某些人對她是否適合擔任皇太子妃的質疑，而這些言論不知為何最終被刊登了出來。當雅子被問及現在在讀什麼書時，她提到小說家大江健三郎最近拒絕了日本最高藝術獎——文化勳章，因為該獎是由天皇授予。「我不承認，」他表示，「任何權威和價值高於民主。」他的拒絕和言論招來日本極右翼的致命威脅，而被揭發為書迷的皇太子妃，處境可說是非常為難。

雅子本人在一九九六年的生日記者會上，暗示她可能會為日本人成就的象徵。措辭相當謹慎，指出日本社會目前正處於變化當中，並存在著「各種思考婦女角色的觀點」。她表示，自己仍在學習如何「將皇太子妃的傳統生活方式與自我相協調」，並補充說，「這是一場拉鋸戰」：

我既不是極端現代的人，也不是保守的人……相反地和許多人一樣，內心深處兼具傳統和「前衛」的想法，重點在於如何根據不同情況活出各自的特點。

這種領導風格（可能）與一般政治風格截然不同，不著重在承諾或頒布命令，而在於同理心並且不時借鏡於社會。但現在，生育能力是要務，雅子終於在二〇〇一年十二月生下了愛子內親王。儘管過去曾有過女天皇，但根據明治時代的規定和占領時期的法律，只有男性可以登上皇位。愛子永遠不會執政，而雅子還不能鬆懈。宮內廳主席向媒體說明，「還需要一個」，彷

佛在討論如何為圈養的瀕危物種進行人工繁殖（也可能這就是他的看法）。

確實又有一個生命誕生，不過是在德仁的弟弟秋篠宮親王的家裡。二〇〇六年九月，他的妻子紀子親王妃生下了一個兒子悠仁親王，這是四十多年來第一個出生在皇室的男性。短短幾年來，有關是否應修改皇室法律，以允許愛子公主有朝一日成為女天皇的爭論持續升溫。日本大眾曾以壓倒性優勢贊成，如今都平息了下來，在現行法規下，皇位的未來似乎還安穩無慮。明仁天皇將由德仁繼任，秋篠宮親王和悠仁親王則在排隊候位。

此時，雅子已經進入自己的失落十年，在整個一九九〇年代很少公開露面，並患有國際健康協會堅持稱之為「適應障礙症」的疾病；對絕大多數皇室觀察者來說，屬於一種憂鬱症。德仁這段期間一直幫妻子積極辯護；有一次，他採取了史無前例的舉動，公開指責宮內廳對雅子外交願望的否定，壓制了其真實的「個性」，導致她「精疲力盡」。百姓仍具有同情心，有數百人曾寫信給宮內廳，表示不贊成他們對待皇太子妃的方式。

儘管雅子很少有機會、可能也沒有意願公開討論自己的情況，也逐漸體現出日本生活的某個才剛開始被公開討論的層面：心理困擾。在日本，長期以來一直存在著某些文化理想，包括浪漫的悲傷、崇尚堅忍克制力，以及至少在某些情況下，將自殺理解為一種有尊嚴的責任承擔——所謂「有決心的自殺」，最具體的例子就是「切腹」。和世上許多地方一樣，精神病學已經與社會恥辱和具有潛在創傷的漫長住院治療連結在一起。憂慮來襲時，有人會因自己和醫生都深信是某種「睡眠障礙」而求醫。有人則尋求不同的方式，如文學、酒精、朋友、旅行、

催眠、特殊飲食、中醫、神社和寺廟的療法，以及受日本佛教遺產啟發的新形式心理治療。

近來這種情況不斷發生變化，阪神大地震後，志工和媒體開始談論倖存者對「內心關懷」的需求——這是一種巧妙的用辭，利用「心」的多重含義，如自我、靈魂、情感中心和身體各個方面，從而達到令人安心的效果。一九九八年，日本的自殺率急劇上升，自殺人數超過了三萬人，人們將開始注意到自殺和絕望之間的關係——後者大多與日本經濟繁榮時期的結束，以及隨之而來的社會穩定有關。第一批SSRI抗憂鬱藥在隔年送抵日本，透過將憂鬱症想像成「心的感冒」的方式進行銷售；換句話說，這是常見、單純且可治療的疾病。

隨著明星開始分享他們的憂鬱症經歷，雅子發現自己在隱遁期間被日本文化評論家用作案例研究，爭論這一切所揭示的國家狀況。有些人認為日本正逐漸跌至深淵，從「援助交際」——十幾歲且有些還在學的女孩，向中年男子提供性服務以換取金錢和奢侈品；到「單身寄生族」——年輕女性逃避生育責任的同時，住在免租金的家裡，將省下的錢投入路易威登（Louis Vuitton）等名牌。後一類人有時與「飛特族」（freeters）重疊：年輕男女只願意接受臨時工作，以免過多的責任妨礙到他們的愛好或社交生活。至於其他因應社會崩潰而生的特殊詞彙中，還有為了心愛的嗜好而犧牲工作和戀情的「草食男」，以及「繭居族」：多數年輕人把自己關在臥室裡（往往是在父母家），有時一關就是好幾年。對日本感興趣的外國人，最熟悉的是「御宅族」：漫畫、動漫、遊戲或流行偶像的粉絲，至於他們的癡迷傾向是悲慘又危險，還是可愛又討人喜歡，則取決於你的觀點。

批評者發現，在明治和戰後時代建立現代日本的公益精神和公民參與，都急遽下滑。他們認為，如果百姓不願意努力工作，把國家困境都歸咎於政客也是無濟於事的。這種觀點的反對者，指責媒體誇大了這些社會問題的性質和規模，而沒有深刻了解日本年輕人的真實生活。如今的世界比上一代的更加殘酷；與其說他們是自私地退出社會，不如說是被黯淡無光的前景所限制。「飛特族」愈來愈常被用來描述嚮往穩定收入卻根本找不到工作的年輕人。同樣地，許多被指責為太自私而不生小孩的人——顯然對國家急劇下降的出生率毫不在意——認為家庭已超出他們的經濟負擔能力。

那些對雅子沒有好感的民眾會把她描繪成某種罪犯，好似當時的一種破壞性自我陶醉的象徵。由於雅子尚未解決皇室的人口危機（親王妃紀子和她的丈夫正享受著知名度，不受這個問題所困擾），而天皇、皇后和自己的丈夫皆有繁重的公眾活動，使她只能利用這種定義模糊的疾病來逃避。二〇〇六年，她被發現與女兒在打網球，帶她去東京迪士尼樂園，同年又應碧翠絲女王（Queen Beatrix）的邀請前往荷蘭度假。當兩年後的全球金融危機衝擊日本時，雅子因在高檔的中國、法國和墨西哥餐廳吃飯，以及在東京時尚的青山和銀座區購物而受到批評。

德仁和雅子的心理醫生一直強調，憂鬱症的康復不僅靠藥物或治療（據信雅子兩者皆同步進行），偶爾還需要享受一些平靜和愉悅。丈夫和心理醫生都參與了雅子的荷蘭之旅，目的是為了幫助她康復——碧翠絲女王的丈夫本人也曾患有嚴重的憂鬱症。儘管如此，宮內廳還是被迫否認媒體針對雅子被婆婆（即皇后）指責其工作態度的傳言。媒體這樣的處理方式預示著那

些因憂鬱症而下班的上班族，很快就要面臨為了想休息而「裝病」、導致同事們因承擔他們的工作量而真正生病的指控。

*

在整個一九九〇年代和二〇〇〇年代的困難時期，日本人經常希望能出現一個能力強又有遠見的領導人，為民眾提供新的目標：一個新的伊藤博文，或是吉田茂。最終，這個國家得到的不是一個偉大人物，而是一場大災難。二〇一一年三月十一日，本州東北部海岸發生了地震矩規模九・〇的地震，使該島向東移動了二・五公尺左右。電視台的工作人員首先關注的是襲捲內陸的海嘯：部分地區高達四十公尺的巨浪，捲走了汽車和建築物，並將東北部大片地區淹沒。隨後也導致了福島第一核電廠事件，這場為防止三個反應爐熔毀的應戰措施也很快以失敗告終。

將近兩萬人身亡，大規模的人口無家可歸。大家對這次規模無法確定的輻射洩漏是否對農業和人類健康造成影響各執一詞，整個國家陷入了極度焦慮。最初幫助全國人民團結起來的是明仁天皇，他透過電視發表了言論，其絕望的內容和憂鬱的語氣讓人想起他父親在一九四五年八月的廣播。天皇呼籲日本同胞以同情心對待彼此，並互助合作「克服艱難的時期」。他後來與皇后美智子一起被拍到身著便衣，跪在疏散的避難所裡，安慰無家可歸的人。隨後幾個月，

德仁和雅子也緊隨其後，走訪一些最嚴重的受災地區。他們在宮城縣的大海前默默祈禱，如今平靜的海面曾是三月時可怕災難的罪魁禍首。民眾對皇室的舉動給予了等同自衛隊的高度認可，自衛隊的十萬名人員與兩萬四千名美軍一起工作，包括運輸緊急物資、清理道路和跑道，以及建立臨時設施。許多人佩戴著印有「東北加油」字樣的制服縫片或安全帽貼紙。

而日本政治階層的危機處理僅獲得百分之六的支持率，形成了強烈的對比。民主黨自二〇〇九年上台以來，在替代自民黨方面尚未給人留下深刻印象。首相鳩山由紀夫沒有聽從他的反自民黨前輩細川護熙的警告。不僅有權有勢的高級官僚對鳩山反感，他還陷入了財務醜聞，遭指控收取了數億日圓的不當競選捐獻。據說這筆錢大部分是由他母親提供，就此被冠上被溺愛的標籤，蒙上了汙點。二〇一〇年，他的繼任者是菅直人，作為民主黨領袖和首相，首要任務是處理二〇一一年三月一場前所未有的災難。菅直人建議成立一個民族團結聯盟，卻被自民黨拒絕，他和政黨想不到扭轉國內外信任的做法，特別是針對輻射危險的透明度。菅直人於二〇一一年九月辭職，二〇一二年十二月，他的政黨民主黨被安倍晉三領導的自民黨與公明黨聯盟趕下台。

安倍小時候曾短暫強烈反對過美日安全關係，他的祖父是首相岸信介，是開啟《美日安保條約》（其名稱的日文縮寫為「安保」）重新談判的負責人，並在一九六〇年說服了持懷疑態度的民眾。岸信介享受著難得的休息機會，在家裡爬行的晉三正騎在他背上，喊著當時在電視上看到的反對派口號：「反對安保！反對安保！」成年後的安倍與祖父的想法非常一致，重視美

日關係的同時，希望以保守的價值觀和有意義的主權名義，化解占領時期的部分協議。首先必須釐清天皇的憲法地位：他是不是國家的元首？接著需要深入探討憲法中所謂的「和平條款」這個舊時代的產物。

日本民眾目前只想要一個稱職的政府，二〇一〇年代在政治方面被定義為「安倍經濟學」，而「女力經濟學」是其中一個重要領域。前者旨在透過政府刺激支出、量化寬鬆和進一步的新自由主義改革來重啟日本經濟；後者是安倍的計畫，旨在解決日本的人口和經濟問題。自一九七〇年代初田中角榮擔任首相以來，國家的生育率一直下降，日本的人口預測甚至將從二〇一〇年的一．二八億高峰，下降到二一〇〇年的八千三百萬。二〇四〇年，銳減的人口中將有整整三分之一超過六十五歲，屆時則需要昂貴的勞動密集型護理。安倍期望能減輕婦女平衡家庭和成功職場生活的負擔，讓他可以支撐今天並保證明天的勞動力。

安倍的支持者讚揚他帶領日本重拾強勢政府的形象，並憑藉他強大的選舉實力，成為日本史上任期最長的首相，直到他在二〇二〇年因健康問題辭職。在外交方面，與中國這個日本的最大貿易夥伴、自二〇一〇年以來世界第二大經濟體之間的關係，似乎終於有了起色。與此同時，日本正與印度及整個東南亞地區建立遠大的新貿易關係。另一方面批評者對於「集體自衛」的新立場極力反對，僅憑安倍提到為世界「和平做出積極貢獻」的委婉說詞，若日本陷入危機，自衛隊將如何向盟友提供協援助？此外，安倍也面臨政治裙帶關係的指控，以及二〇一〇年代即將結束時，人民對他的政策只帶來了貧乏的經濟成長水準感到失望。日本的國債總額

接近國內生產毛額的百分之兩百四十，是工業化國家中最高的，而國際貨幣基金預測，在未來四十年內，其國內生產毛額將萎縮百分之二十五。

儘管日本的未來黯淡無光，但正是這些揮之不去的不確定性，才能在二〇一九年五月一日開啟了令和時代（令和意為「美麗的和諧」）。明仁天皇以年邁影響其履行職責的能力為由，宣布退位，德仁登基。近年來，雅子愈來愈常出現在大眾面前。二〇一五年，她參加了十二年來的第一次御花園聚會。二〇一八年，開始接管皇后美智子的部分職責，包括養蠶——這是皇后自明治時代以來的工作之一。二〇一九年五月，她首次以皇后身分單獨履行公務，接替美智子擔任日本紅十字會名譽會長，並出席了一場會議。二〇一九年十月下旬，她坐在皇居內紫色頂罩的王座上，身穿多層和服，而身旁的德仁則坐在他的王座上，穿著橘褐色的長袍，宣誓他必須履行的憲法責任，「作為國家和日本人民團結的象徵……為人民著想且為他們而戰」。

皇后和天皇：經過多年與媒體和宮內廳的鬥爭，雅子最初的選擇，是否終於能在正式登基那一刻得到回報？她的婆婆，現在的「上皇后」，認為皇后比皇太子妃擁有更多的自由和影響力。此外，雅子和德仁還有一些額外的優勢。他們是一九六〇和七〇年代的孩子，是第一對在戰後出生並接受大學教育的皇室夫婦——兩人也都曾在國外留學：德仁曾在牛津大學墨頓學院（Merton College）就讀，並宣稱這是他人生中最快樂的時光之一。他們和許多同年齡層的夫婦一樣，經歷過晚婚，以及輪流分擔換尿布、洗澡等父母職責。德仁勇於嘗試新科技，會使用智慧手機還與民眾自拍。這對皇室夫婦也能說流利的英語，當美國總統川普（Donald Trump）成

令和元年，在即位典禮上穿著十二單的雅子皇后
出自日本政府內閣府皇位繼承式典事務局

為首位會見新天皇和皇后的政治人物時，他們甚至暫時忽略禮節，在沒有官方翻譯的情況下進行交流。幾週後，在法國總統馬克宏（Emmanuel Macron）和他的妻子碧姬（Brigitte）造訪期間，他們又做了同樣的事情，雅子混合了英語和法語與碧姬交談。

在共同履行「國家和日本人民團結的象徵」這一角色上，主要取決於德仁和雅子的選擇，以及日本政治家、宮內廳和媒體如何看待。更準確地說，取決於德仁和雅子希望賦予它的意義。「象徵」的作用很容易被解讀為對個人權力的

限制，但也伴隨著主動責任。作為民族團結的象徵，要想取得成功，就必須跟上並支持國民不斷變化的期望和自我認知。雅子皇后天生就是一名外交官，不僅從成長經歷了解被當作局外人的感受，並且非常清楚日本在國際上的形象，因此作為民族團結的積極象徵，她極有可能打造一番成就。

在領導力甚至國家社會方面，日本拓展思維的時機毫無疑問已經到來。在過去的三十年裡，由政客、官僚和商人組成的日本傳說中的「鐵三角」，其貢獻與成效卻非常有限。澀澤榮一曾是明治黃金時期不可或缺的角色，當時只有少數幾個有權勢的人剛從一八六八年的革命中走出來，集結這三個群體，從頂層開始推行所謂「日本」的國家願景。美軍占領時期的特點是以類似的方式享有並部署權力，這些基本的權力結構依然存在，實則質聲譽已蕩然無存。

流行文化是日本在國外結交新朋友的一大助力。但很多中國和韓國的年輕人，可能在喜愛J-POP和動畫的同時，仍然對日本過去在亞洲的行為懷有敵意。同時，在與中韓的長期爭端中，哆啦A夢未能在動畫大使的任期內取得進展，包括中國的東海尖閣／釣魚台所有權，以及韓國在日本海的竹島／獨島所有權。

經歷了二〇一一年三月的三大災難，加上東京中央政府將微觀管理和糟糕的政策結合，國民仍希望看到地方政府的復興和非營利組織（NPO）的改善，以平衡中央無濟於事的作為。日本有數以萬計的小型NPO，範圍涵蓋了社會福利、殘疾人士和LGBT權利、農村再發展、促進地方經濟和鼓勵終身教育。從二〇一一年三月起，大批的年輕人前往東北地區建立社

會企業，包括食品、工藝品、住房、獨立的輻射監測和永續能源的生產與分配——當時日本所有的核反應爐都已離線進行安全測試，一些反核抗議者也希望永遠不會看到它們重啟。然而，公民社會也與流行文化一樣有其侷限性。如今就和一九七〇年代一樣，人民擔心政府官僚為了省錢，或為了輕易地發揮影響力，將NPO拉攏為自己的輔助機構，然後耗費他們的精力，損害其獨立性，並且只割捨些微的實質權力。

如果沒有一個脫穎而出的想法為日本未知的發展方向解答，那麼這個時代也許就和世上其他地區一樣，其領導力的形式包含了說服、建立共識，以及由群英薈萃的行動者樹立榜樣，其中有許多人透過社群媒體首次發聲。如果新的皇后與天皇，以及派系林立的宮內廳能夠找到合適的機會，那麼在這樣的環境下，精心挑選的象徵主義就有可能獲得前所未有的成功。

在國家認同問題上，沒有其他比這更必要或更有潛力的理念。對於日本巨大的人口挑戰，有三種基本的解決方案：更多的嬰兒、更多的移民或更多的機器人。第一個解決方案還沒有任何進展的跡象，至於第三個解決方案，日本公司正在競相開發「醫療保健機器人」技術：能夠兼任長者伴侶及護理人員的機器人，進而讓有血有肉的人類加入日益緊縮的勞動力市場。其中移民則最具爭議，全國無法達成共識，不久後，日本人的未來將取決於「日本人」的定義。

安倍晉三至少在他的著作和言論中，主張日本的公民民族主義勝過民族主義。早在一九八六年，安倍的導師中曾根首相就聲稱「日本只有一個民族、一個國家和一種語言」。但從那時起，一項試圖同化北海道愛奴人的明治時代法律，被《愛奴文化振興法》（一九九七年）

推翻了，其旨在恢復並振興古老地名，以及愛奴口傳文學和手工藝品的遺跡。愛奴代表與沖繩代表一起參加了二〇一四年由聯合國支持的世界原住民大會。兩年後，《仇恨言論法》通過，旨在保護日本的五十萬「在日朝鮮人」（住日朝鮮人後裔），並在總體上對抗法律文本所稱的「將外國居民及其子女排除在社區之外」的觀念。同年通過了一項法律，以消除對日本難民的歧視，自一九六〇年代以來，在政府的干預下，他們的生活條件得到了改善，但社會對他們的舊有偏見仍然揮之不去。

對於那些希望以公民而非狹隘民族的角度想像「日本人」的人來說，其挑戰在於如何將法律轉化成文化。在實際執行上，日本和世上其他地區一樣，知易行難。性別平等法已在案討論一段時間，在日本依舊很少看到婦女在政治或在商業領域擔任高級職務，儘管仍有一些特殊例外，包括聯合國難民署的緒方貞子、日本首位女外務大臣田中真紀子（前首相的女兒），以及首位女防衛大臣、後來為首位女東京都知事的小池百合子。二〇一九年，在世界經濟論壇的全球性別差距指數中，日本在一百五十三個國家中排名第一百二十一位。陪產假的提供十分大氣：最多可休一年，薪資近全額的百分之六十。然而，很少有新手爸爸敢申請，擔心會對職業名聲和升遷前景造成影響。同時，大量的少數民族工人仍然受到霸凌，被困在所謂的「3K」工作中——即其他人都不願意做的工作，因為「辛苦」、「骯髒」或「危險」。

沒有人能保證日本的皇室機構仍然具有影響力，或有機會協助解決此類問題。但明仁天皇樹立了一個有希望的榜樣：擺脫其父親的風格、與民眾接觸、修補海外關係，甚至為了擴大

「日本人」的概念，在二〇〇一年的生日記者會上做出了意想不到的貢獻，他表示自己與朝鮮有親屬關係，認為桓武天皇的血脈可能是從一位朝鮮國王傳承下來的。

如今是雅子皇后找回自我的時候了。有沉著堅毅的天皇在背後支持著，並在一個有十五個世紀之久的卓越機構中工作，力求從嚴謹的政治限制中，展現象徵性的潛力。擔任皇后的第一年，她的病情迅速恢復，還出席了每一場定期活動，即使在後來COVID-19大流行期間，仍戴著口罩出席。她和德仁聽完關於病毒及其對兒童影響的官方簡報後，對在前線的工作人員給予鼓勵，並向一間貧困兒童慈善機構和參與救災的NPO組織捐贈了數千萬日圓。

超越新冠疫情——正如所有人希望的那樣——二〇二一年夏天第二次在東京舉辦的奧運會和殘奧會是巨大的象徵性機會。早在一九六四年，這項賽事就被用來凝聚日本國民，並重建國際聲譽。新奧運會的願景與過去大致相同，要讓世界看見帝國外交的所有壓箱寶：盛典和儀式，非政治化的普世主義和全球觀眾。雅子和她的丈夫，以及全日本人民，都必須把握作為東道主的機會。

*

那些在雅子之前曾幫助日本質疑和推動自己的人，其地位早已穩如泰山。如無所不在的卑彌呼：在漫畫、動畫和電腦遊戲中，她交替扮演著女性力量的標誌、日本原始精神的象徵、可

愛的兒童角色和性感的女魔法師。就連美食家們也都在紀念她，從提供「卑彌呼米飯」（與海苔、洋蔥和醬汁等天然風味一起食用）的餐廳，到「卑彌呼飲食」的推廣者，剔除了加工食品和其他現代腐化元素。少數聲稱與她有關聯的城市甚至舉辦了卑彌呼比賽，並穿上自製的服裝。

很少有學生在離校時還沒聽過聖德太子的名諱，許多人甚至在校外教學參觀過法隆寺，這座寺廟可以追溯到聖德太子的時期，長久以來一直是崇拜聖德太子的信仰中心。這種校外教學往往會前往北方不遠處的奈良古蹟，包括偉大的東大寺——世界上最大鍍金青銅佛像的所在地，在桓武天皇童年時期就曾舉行過令人大開眼界的儀式。太子的面貌也是家喻戶曉——被印在五千日圓和一萬日圓的鈔票上。他在日語中的名字「聖德太子」，有一陣子甚至成為了「現金」的俚語。

二〇〇一年，明仁天皇提到了他的朝鮮母親，這使桓武天皇的知名度大大提升。他也被譽為京都的創始人：日本偉大的歷史和文化中心，並且在二十一世紀初成為日本蓬勃發展的旅遊重鎮，以至於有些京都人開始對這股觀光熱潮感到困擾，甚至為粗魯的外來者發起了「注意禮節」活動。

同時，紫式部的人格和著作依舊是平安時代高雅文化的代名詞：日本昔日引以為傲的時期，當時的人們無法想像現代的日本會面臨的諸多問題。此外，任何接受過歷史教育的日本人，都會在往後的生活中看見她的蹤影，包括書籍、電影或電視劇中，那些受到她事蹟啟發的女英雄：當酒醉、情緒化、無戰略思維或其他無能的男人，威脅要摧毀某個驕傲的武士家庭

時，堅強的女武將就會現身。

親鸞的遺風在日本和世界各地的佛教團體中蓬勃發展，為有政治才能的人提供平等主義的模式，並為那些試圖壓抑靈魂狀態的人提供安慰。他想傳達的訊息以現代用語來說，就是沒有人能夠靠自己的力量站起來：宗教生活中的進步指的是「他力」（「其他力量」）及恩典。而世阿彌對日本人生活的深遠貢獻，即使用「恩典」來形容也不為過。如今，很少有人擁有所需的文學素養來理解他所有能劇中的典故。然而，觀眾仍然可以流暢地欣賞劇中的微妙情感，這種含括廣泛傳統文化的作品，如繪畫、書法、園藝、茶道，甚至能夠與近幾年的流行文化一起順利發展。

織田信長是日本史上最受歡迎的人物：一位英勇又暴戾的統一者。種子島在過去象徵著第一批葡萄牙探險者和他們帶來的火器，如今則是另一種燃燒工具的奇蹟起源地：這裡是日本主要的太空港、太空中心所在地，火箭在這裡組裝、測試、發射和追蹤。許多地區在當地設立雕像以紀念支倉常長的偉大航行，包括日本東北部、墨西哥、古巴等，其中西班牙的科里亞德爾里奧，當地數百名居民的名字仍保留「Japón」（日本），代表他們是當時先驅代表團成員的後裔。

商人兼詩人的井原西鶴，經歷了數世紀的爭議——他是文學先驅、情色官能作家或資本主義先驅？——他終於成為「浮世」時代受人喜愛的象徵，這個時代的受歡迎程度可與平安時代相媲美。坂本龍馬和楠本稻以各自的方式，展示如何強勢又不失利益地應對外國文化入侵，樹立了令人振奮的表率。為了紀念澀澤榮一和津田梅子，日本政府在二〇二四年將他們印在新的

日圓紙鈔上。儘管「鮮味」超乎池田菊苗的預期，引發了眾多營養學家的批評，但在日本科學機構經常以天體物理學、幹細胞等科目獲得諾貝爾獎的情況下，他這樣的創造性和國際主義，反而對於科研機構的自我形象至關重要。

與謝野晶子除了晚年的政治理念和詩詞都相當出色，還是一名鼓舞人心的女權主義人物，以及國家最偉大的現代詩人之一。美空雲雀仍存在於卡拉ＯＫ酒吧、懷舊的電視記錄片中，後來還以４Ｋ的３Ｄ全像投影登場，並在人工智慧的輔助下，重現她那懷舊又具代表性的歌喉，為大家獻唱新歌。手塚治虫在日本國內被尊稱為國家文化超能力之父，持續激勵著日本和世界各地的新一代視覺藝術家。即便是田中角榮，除了在新潟的人民心中自然占有一席之地外，也有其他人會緬懷這位幫助中日和解邁出寶貴一步的魅力型領導人。

雅子在日本的歷史地位仍在創造中，目前仍然是人民心中一個充滿希望卻又難以定義的象徵，她正尋找自己的回歸之路，如同她的國家，正從艱難的幾十年中走出來。在寫給二〇二〇年的新年詩中，她同時為自己和日本國民朗誦：

年輕的力量
帶來了希望
致那些努力的人
從他們遭受的苦難中站起來。

年表

注：日本西元前七〇〇年的時代與事件時間回溯，多數仰賴仍在進行中的考古研究以及文本，其中重要事件的時間點可能不盡可信。目前可信的估計時間與範圍條列如下，並使用於本書中。除非另外說明，否則可預設為「約略」時間。進入西元後，省略西元二字。

日本舊石器時代（西元前三五〇〇〇—前一四五〇〇年）

- 西元前三五〇〇〇—三〇〇〇〇年　日本人類定居地最早的可靠證據。

繩紋時代（西元前一四五〇〇—前五〇〇年）

- 西元前一四五〇〇年　人類在陶罐中貯存並烹煮食物的最早證據。

彌生時代（西元前五〇〇年—西元二五〇年）

- 西元前五〇〇年　以鐵製與銅製物件栽種短粒米的技術開始從亞洲大陸進入日本。
- 約一七〇年　卑彌呼女王誕生。

- 一九〇年　卑彌呼開始統治邪馬台。
- 二三八年　卑彌呼遣使至中國。
- 二四八年　卑彌呼女王逝世。

大和時代（二五〇－七一〇年）

- 三〇〇－四〇〇年間　根據地在本州南部大和盆地的一支氏族，穩健地在鄰近的酋邦間鞏固霸權。
- 四〇〇年中期　建造百舌鳥古墳（位於今日的大阪），傳統上被認為大和領袖仁德天皇的安息地。
- 五五二年　來自朝鮮半島百濟國的使節將佛像與佛經帶來日本。
- 五七三年　帶有傳奇色彩的聖德太子誕生
- 六〇八年　聖德太子擔任大和朝廷的攝政，起草一封寫給中國天子的信，將日本稱作「日出之國」並將其君主稱作「天子」。
- 六二二年　聖德太子逝世。

奈良時代（七一〇－七九四年）

- 七一〇年　新的帝國首都奠基於奈良。

- 七一二年　《古事記》成書。
- 七二〇年　《日本書紀》成書。
- 七三七年　桓武天皇誕生。
- 七五二年　奈良新建的東大寺落成儀式。
- 七六七年　天台宗創辦人最澄誕生。
- 七七四年　真言宗創辦人空海誕生。
- 七八一年　桓武天皇登基。

平安時代（七九四—一一八五年）

- 七九四年　桓武天皇建立了新的帝國首都，平安京（今日的京都）。
- 八〇六年　桓武天皇駕崩。
- 約九七三年　紫式部誕生。
- 約一〇〇一年　清少納言的《枕草子》問世。
- 約一〇〇一年　紫式部開始撰寫《源氏物語》。
- 一〇〇五年、一〇〇六年　紫式部進入平安宮廷服侍彰子中宮。
- 一〇一四—一〇二〇年間　紫式部逝世。
- 一一五七年　北條政子誕生。

- 一一七三年　淨土真宗創辦人親鸞誕生。
- 一一八〇－一一八五年　源平合戰。

鎌倉時代（一一八五－一三三六年）

- 一一八五年　源賴朝在源平合戰中大勝。
- 一一九二年　賴朝成為鎌倉幕府的首位將軍。
- 一一九九年　賴朝逝世，北條政子對鎌倉幕府的影響力日增。
- 一二二一年　承久之亂。
- 一二二五年　北條政子逝世。
- 一二六二年　親鸞逝世。
- 一二七四－一二八一年　蒙古軍隊試圖入侵日本。
- 一三三三年　足利尊氏擊敗鎌倉幕府，將日本統治權交給後醍醐天皇。
- 一三三三－一三三六年　建武新政。

室町時代（一三三六－一五七三年）

- 一三三六年　足利尊氏從後醍醐天皇手中奪權，在京都郊外的室町建立足利幕府。
- 一三六三年　世阿彌誕生。

- 一四〇八年　備受愛戴的將軍及世阿彌的主要贊助人，足利義滿逝世。
- 一四四三年　世阿彌逝世。
- 一四六七—一四七七年　應仁之亂。
- 一五三四年　織田信長誕生。
- 一五四三年　首批踏上日本領土的歐洲人為一小群葡萄牙人，於種子島登陸。
- 一五六八年　織田信長得勝進入京都。
- 一五七一年　支倉常長誕生。

安土桃山時代（一五七三—一六〇〇年）

- 一五七三年　織田信長將足利義昭逼出京都，終結了足利幕府，並鞏固自己身為霸主的地位。
- 一五七九年　信長的安土城完工。
- 一五八二年　織田信長遭到暗殺。
- 一五九〇年　豐臣秀吉贏得了小田原一役後，確立了自己身為信長繼承人的地位。
- 一五九二—一五九八年　秀吉侵略朝鮮。
- 一五九四年　秀吉位於京都的伏見桃山城完工（與安土城共同為這個時代命名）。
- 一五九七年　秀吉下令在長崎處決二六名基督徒：「日本二六聖人」。

- 一五九七年　豐臣秀吉逝世。

江戶（德川）時代（一六〇〇－一八六八年）

- 一六〇〇年　德川家康打敗豐臣秀吉之子——秀賴的支持者，贏得劃時代的關原之戰。
- 一六〇三年　家康受封將軍，新的幕府位於江戶的德川家根據地。
- 一六一三年　支倉常長的使節團從日本出發。
- 一六一六年　德川家康逝世。
- 一六二〇年　支倉回到日本。
- 一六二二年？　支倉逝世。
- 一六三〇年代　頒布鎖國令。
- 一六四二年　井原西鶴誕生。
- 一六八二年　井原西鶴的作品《好色一代男》出版。
- 一六九三年　井原西鶴逝世。
- 一七二〇年　改革派將軍德川吉宗放寬進口外籍書籍的限制。
- 一八二七年　楠本稻誕生。
- 一八三五年　坂本龍馬誕生。
- 一八四〇年　澀澤榮一誕生。

- 一八五三年　海軍准將馬修・培里抵達江戶灣，尋求建立美國與日本之間的外交關係。
- 一八五三年　日本與美國簽訂《日美和親條約》，其他西方勢力紛紛仿效，與日本簽下和平貿易條約，即所謂的「不平等條約」。
- 一八六四年　津田梅子與池田菊苗誕生。
- 一八六六年　坂本龍馬協助建立薩摩町與長州藩地之間反幕府的聯盟。
- 一八六六年　坂本龍馬遭到暗殺。

▼現代日本（一八六八－一九四五年）

- 一八六八年　明治維新、王政復古。
- 一八六八－一八六九年　戊辰戰爭結束，擁皇派大敗德川幕府及其盟友。
- 一八七一－一八七三年　岩倉使節團；國內修訂一連串影響深遠的新律法，涵蓋經濟、教育、財產、徵兵以及社會地位。
- 一八七八年　與謝野晶子誕生。
- 一八八五年　日本組建內閣，伊藤博文成為第一任首相。
- 一八八九年　頒布《大日本帝國憲法》。
- 一八九〇年　日本首屆大選，國會首次開議，頒布教育敕語。
- 一八九一年　津田梅子共同撰寫《日本女孩與女人》。

- 一八九四－一八九五年　第一次中日戰爭（甲午戰爭）。
- 一九〇一年　與謝野晶子出版《亂髮》。
- 一九〇二年　英日同盟。
- 一九〇三年　楠本稻逝世。
- 一九〇四－一九〇五年　日俄戰爭。
- 一九一〇年　日本占領朝鮮。
- 一九一二年　明治天皇駕崩，明治時代讓位給大正時代。
- 一九一四年　第一次世界大戰爆發，日本向德國宣戰。日本提出《對華二十一條要求》。
- 一九一八年　田中角榮誕生。
- 一九二三年　關東大地震摧毀大部分的東京及橫濱地區，引發反朝鮮暴力行為。
- 一九二五年　男性普選制，頒布嚴苛的治安維持法。
- 一九二六年　大正天皇駕崩，昭和時代展開。
- 一九二八年　手塚治虫誕生。
- 一九二九年　津田梅子逝世。
- 一九三一年　澀澤榮一逝世。滿洲事變（九一八事變）。
- 一九三二年　滿洲國成立。日本國內發生多起極端民族主義分子發起的暗殺。
- 一九三六年　池田菊苗逝世。東京發生軍事政變未遂。

- 一九三七年　第二次中日戰爭爆發。美空雲雀誕生。
- 一九四〇年　日本宣告計畫打造「大東亞共榮圈」，並與墨索里尼執政的義大利和希特勒掌權的德國簽訂了《三國同盟條約》。
- 一九四一年　發動珍珠港空襲，日本對英美宣戰。
- 一九四二年　與謝野晶子逝世。中途島戰役。戰爭的風向開始對日本不利。
- 一九四四—一九四五年　同盟國以燃燒彈轟炸日本城市。
- 一九四五年　原子彈轟炸廣島。蘇聯對日本宣戰。原子彈轟炸長崎。日本投降。

戰後與當代日本（一九四五年—今日）

- 一九四五年　同盟國軍事占領日本開始。
- 一九四六年　第一次戰後選舉，女性有資格投票並在國會中任職。
- 一九四七年　《日本國憲法》生效。
- 一九四九年　美空雲雀突破性的電影作品《悲哀的口哨》發行。總司令部開始「走回頭路」。
- 一九五〇年　韓戰爆發。
- 一九五二年　《舊金山和約》與《美日安保條約》生效。美軍占領時期終結。手塚治虫出版第一部《原子小金剛》。

- 一九五五年　自由民主黨（自民黨）成立。
- 一九六〇年　大規模的示威抗議仍然無法阻止《美日安保條約》續簽。
- 一九六三年　《原子小金剛》在日本電視上首播，並在同年末在美國電視上播出，是第一部在美國播出的日本動畫。小和田雅子誕生。
- 一九六四年　東京成為第一個主辦夏季奧運的亞洲城市。新幹線通車。
- 一九七〇年　約有一半的人口此時居住於東京與大阪之間的城市走廊，百分之九十的日本人認為自己是「中產階級」。
- 一九七二年　田中角榮成為首相，與中國和解。
- 一九七四年　田中辭掉首相一職，但仍保有重要的政治影響力。
- 一九八五年　通過《男女雇用機會均等法》。
- 一九八九年　昭和天皇駕崩，美空雲雀、手塚治虫逝世。平成時代開始。
- 一九九〇年　日本股市大幅下跌，嚴重經濟問題的開端。
- 一九九三年　小和田雅子與德仁皇太子成婚。自民黨發現自己在一九五五年以後首次失勢。田中角榮逝世。
- 一九九五年　神戶發生嚴重地震。東京地鐵發生沙林毒氣攻擊。
- 二〇一〇年　中國趕過日本成為世界第二大經濟體。
- 二〇一一年　日本蒙受三重災難：地震、海嘯以及核子反應爐爐心熔毀。

- 二〇一九年　明仁天皇退位，德仁成為天皇，雅子成為皇后，令和時代展開。安倍晉三成為日本在位最久的首相。
- 二〇二〇年　傳播全世界的新冠肺炎病毒對仍然脆弱的日本經濟造成威脅。

參考書目

序章

引言：改編自Isabella L. Bird, *Unbeaten Tracks in Japan:An Account of Travels in the Interior, Including Visits to the Aborigenes of Yezo and the Shrines of Nikko and Ise* (John Murray, 1880)：改編自Christopher Dresser, *Japan:Its Architecture, Art, and Art Manufactures* (Longmans, Green, and Co., 1882).

1 卑彌呼——巫女王

關於卑彌呼的人生與時代，參見Walter Edwards, 'In Pursuit of Himiko:Postwar Archaeology and the Location of Yamatai', *Monumenta Nipponica* 51/1 (1996); Laura Miller, 'Searching for Charisma Queen Himiko', in Laura Miller and Rebecca Copeland (eds), *Diva Nation:Female Icons from Japanese Cultural History* (University of California Press, 2018), and 'Rebranding Himiko, the Shaman Queen of Ancient History', in *Mechademia* 9 (2014); William E. Deal, 'Religion in Archaic Japan', in Karl F. Friday (ed.), *Routledge Handbook of Premodern Japanese History* (Routledge, 2017); Conrad Totman, *A History of Japan*, second edition (Blackwell Publishing, 2004); J. Edward Kidder, 'The Earliest Societies in Japan', Matsumae Takeshi and Janet Goodwin, 'Early Kami Worship', and Okazaki Takashi and Janet Goodwin, 'Japan and the Continent', in Delmer M. Brown (ed.), *The Cambridge History of Japan, Volume 1:Ancient Japan* (Cambridge, 1993); Helen Hardacre, *Shintō:A History* (Oxford University Press, 2017).關於日本古代，參見 Junko Habu, *Ancient Jomon of Japan* (Cambridge University Press, 2010); Kōji Mizoguchi, *An Archaeological History of Japan, 30,000 bc to ad 700* (University of Pennsylvania Press, 2002).

'The people agreed' and 'They select'見於the *Wei Chih (Records of Wei)*, 日文稱之為《倭人傳》(*An Account of the People of Wa*), c.297 AD.英文翻譯以及本章其他來自《三國志・魏書》的節錄改編自Ryūsaku Tsunoda (trans.) and L. Carrington Goodrich (ed.), *Japan in the Chinese Dynastic Histories:Later Han through Ming Dynasties* (P. D. and Ione Perkins, 1951).

2 聖德太子——建國之父

聖德太子是否為史實在日本仍是辯論熱烈的主題。主要資料來源包含Ōyama Seiichi (*'Shōtoku Taishi ' no tanjō* [Yoshikawa K　bunkan, 1999]) and Morita Tei (*Suiko- chō to Shōtoku Taishi* [Iwata shoin, 2005]).關於太子的英文資料請參見Michael I. Como, *Shōtoku:Ethnicity, Ritual, and Violence in the Japanese Buddhist Tradition* (Oxford University Press, 2008), alongside a review of Como's book by W. J.Boot in *Monumenta Nipponica* 65/2 (2010); Akiko Walley, *Constructing the Dharma King:The Hōryūji Shaka Triad and the Birth of the Prince Shōtoku Cult* (Brill, 2015); Sey Nishimura, 'The Prince and the Pauper: the Dynamics of a Shōtoku Legend', *Monumenta Nipponica* 40/3 (1985).關於更廣泛的歷史脈絡：Matsumae Takeshi and Janet Goodwin, 'Early Kami Worship', Sonoda Kōyū and Delmer M. Brown, 'Early Buddha Worship', Inoue Mitsusada and Delmer M. Brown, 'The Century of Reform', Edwin A. Cranston, 'Asuka and Nara Culture', Naoki Kōjirō and Felicia G. Bock, 'The Nara State', and Okazaki Takashi and Janet Goodwin, 'Japan and the Continent', in Delmer M. Brown (ed.), *The Cambridge History of Japan, Volume 1:Ancient Japan* (Cambridge, 1993); Helen Hardacre, *Shintō:A History* (Oxford University Press, 2017); Toby Slade, *Japanese Fashion:A Cultural History* (Bloomsbury, 2009); Charlotte von Verschuer, 'Japan's Foreign Relations, 600 to 1200 AD:翻譯自Zenrin Kokuhōki', *Monumenta Nipponica* 54/1 (1999); June Teufel Dreyer, *Middle Kingdom and Empire of the Rising Sun:Sino-Japanese Relations, Past and Present* (Oxford University Press, 2016); Ezra F. Vogel, *China and Japan:Facing History* (Harvard University Press, 2019) and Karl F. Friday (ed.), *Japan Emerging:Premodern History to 1850* (Routledge, 2018).關於法隆寺・參見Walley, *Constructing the Dharma King*, and Kenneth Doo Lee, *The Prince and the Monk:Shōtoku Worship in Shinran's Buddhism* (SUNY Press, 2012).

「Delivered of him without effort（乃共立）」、「If we are now made to gain（假使一人）」、「Alas! for/ The wayfarer（嗚呼！）」and「In the middle of the night（夜半）」改編自W. G.Aston (trans.), *Nihongi:Chronicles of Japan from the Earliest Times to a.d.697*, translated by W. G.Aston (Kegan Paul, Trench, Trübner and Co, 1896).(NB. *Nihongi* is another name for the *Nihon Shoki*).「天子」出現於D. S.Fuqua, 'Classical Japan and the Continent'的英文譯文中，與Karl F. Friday (ed.), *Routledge Handbook of Premodern Japanese History* (Routledge, 2017).「This letter from the barbarians（蠻夷書）」出現於Dreyer, *Middle Kingdom and Empire of the Rising Sun*的英文譯文中。關於聖德太子給中國皇帝的知名信件，其文本複雜度請參見von Verschuer, 'Japan's Foreign Relations, 600 to 1200 AD'.

3 桓武天皇——開疆拓土的重要推手

關於西元七八九年的軍事敗筆以及該時代的戰事，參見Karl F. Friday, 'Pushing beyond the Pale:The Yamato Conquest of the Emishi and Northern Japan', *The Journal of Japanese Studies* 23/1 (1997).關於桓武時代的概述，參見Donald H. Shively and William H. McCullough, 'Introduction', William H. McCullough, 'The Heian Court, 794– 1070,' and Takeuchi Rizō, 'The Rise of the Warriors', in Donald H. Shively and William H. McCullough (eds), *The Cambridge History of Japan, Volume 2:Heian Japan* (Cambridge University Press, 1999).關於京都的歷史與文化，淺顯易懂的介紹參見John Dougill, *Kyoto:A Cultural History* (Oxford University Press, 2005).亦參見Ivan Morris, *The World of the Shining Prince:Court Life in Ancient Japan* (Alfred A. Knopf, 1964); Nicolas Fieve and Paul Waley (eds), *Japanese Capitals in Historical Perspective:Place, Power and Memory in Kyoto, Edo and Tokyo* (Routledge, 2013); Joan R. Piggott, 'From Royal Centre to Metropole', in Karl F. Friday (ed.), *Routledge Handbook of Premodern Japanese History* (Routledge, 2017); William H. McCullough, 'The Capital and Its Society', in Shively and McCullough (eds), *The Cambridge History of Japan, Volume 2*.平安京／京都南方的大片水域為巨椋池，現已消失。關於賀茂祭，參見Helen Hardacre, *Shintō:A History* (Oxford University Press, 2017).關於佛教，參見H. Gene Blocker and Christopher L. Starling, *Japanese Philosophy* (State University of New York Press, 2001); Jikō Hazama, 'The Characteristics of Japanese Tendai', in *Japanese Journal of Religious Studies* 14/ 2-3 (1987); Paul Groner, *Ryōgen and Mount Hiei:Japanese Tendai in the Tenth Century* (University of Hawaii Press, 2002); Naoki Kōjirō and Felicia G. Bock, 'The Nara State', and Sonoda Kōyū

and Delmer M. Brown, 'Early Buddha Worship', in Delmer M. Brown (ed.), *The Cambridge History of Japan, Volume 1:Ancient Japan* (Cambridge University Press, 1993); Stanley Weinstein, 'Aristocratic Buddhism', in Shively and McCullough (eds), *The Cambridge History of Japan, Volume 2.*關於佛教思想的日文經典著作之一為Ienaga Saburō, *Nihon Bukkyō shisō no tenkai* (Heiraku-ji shoten, 1956).

「To advance（而曾不進入）」和「Government losses（官軍之損）」見於《續日本紀》（一本日本編年史，成書於七九七年），改編自英文譯文Friday, 'Pushing beyond the Pale'。「Amongst these savages（其東夷之中）」改編自W. G.Aston (trans.), *Nihongi:Chronicles of Japan from the Earliest Times to a.d. 697*, translated by W. G.Aston (Kegan Paul, Trench, Trübner and Co, 1896).「sacred centre（神聖中心）」一詞見於Kōjirō and Bock,'The Nara State' in Brown (ed.), *The Cambridge History of Japan, Volume 1.*「Light green they shine（綠意淺淺，熠熠生輝）」出現在Morris, *The World of the Shining Prince*的英文譯文。「Black magic（下蠱頭）」來自桓武天皇的一系列政令，見於Weinstein, 'Aristocratic Buddhism'的英文譯文中。「There is room（道心之中）」出自Hazama, 'The Characteristics of Japanese Tendai'的翻印。

4 紫式部——宮廷記錄者

關於紫式部的人生與時代，參見Richard Bowring, 'Introduction', in Murasaki Shikibu and Richard Bowring (trans.), *The Diary of Lady Murasaki* (Penguin, 1996); Murasaki Shikibu and Edward Seidensticker (trans.), *The Tale of Genji* (Everyman, 1992); Felice Fischer, 'Murasaki Shikibu:The Court Lady', in Chieko Irie Mulhern (ed.), *Heroic with Grace:Legendary Women of Japan* (Routledge, 1991); Donald Keene (ed.), *Anthology of Japanese Literature, from the Earliest Era to the Mid-Nineteenth Century* (Grove Press, 1955), and *Seeds in the Heart:Japanese Literature from Earliest Times to the Late Sixteenth Century* (Columbia University Press, 1999); Robert Borgen and Joseph T. Sorenson, 'The Canons of Courtly Taste', in Karl F. Friday (ed.), *Japan Emerging:Premodern History to 1850* (Routledge, 2018); R. H.P. Mason and J. G.Caiger, *A History of Japan* (Tuttle Publishing, 1997); Helen Craig McCullough, 'Aristocratic Culture', and William H. McCullough, 'The Capital and Its Society', in Donald H. Shively and William H. McCullough (eds), *The Cambridge History of Japan, Volume 2:Heian Japan* (Cambridge University Press, 1999).

除了特別說明的部分，引用自紫式部的日記中的文句皆改編自Murasaki and Bowring (trans.), *The Diary of Lady Murasaki*（《紫式部日記》）.「Sad am I（傷心如我……）」見於 Edward Seidensticker (trans.) (1964), *The Gossamer Years:The Diary of a Noblewoman of Heian Japan* (Tuttle Publishing, 2011)的英文譯文中。亦見於Fischer, 'Murasaki Shikibu:The Court Lady'.紫式部與藤原道長之間的詩文往來，譯文見於Ivan Morris, *The World of the Shining Prince:Court Life in Ancient Japan* (Alfred A. Knopf, 1964).

5 北條政子——尼將軍

平安京及其統治者悲慘的命運描繪於William H. McCullough, 'The Capital and Its Society', and G. Cameron Hurst III, 'Insei', in Donald H. Shively and William H. McCullough (eds), *The Cambridge History of Japan, Volume 2:Heian Japan* (Cambridge University Press, 1999); Ivan Morris, *The World of the Shining Prince:Court Life in Ancient Japan* (Alfred A. Knopf, 1964); Helen Craig McCullough, 'Introduction', in Helen Craig McCullough (trans.), *The Tale of the Heike* (Stanford University Press, 1988), and Conrad Totman, *A History of Japan*, second edition (Blackwell Publishing, 2004).關於北條政子的人生，主要資料來源是the chronicle *Azuma Kagami* (*Mirror of the East*; late thirteenth century), available in English online via the Japanese Historical Text Initiative (University of California, Berkeley).亦可見Margaret Fukazawa Benton, 'Hōjō Masako: the Dowager Shogun', in Chieko Irie Mulhern (ed.), *Heroic with Grace:Legendary Women of Japan* (Routledge, 1991); Kimberly Ordel, 'Three Perspectives on the Hōjō:A Warrior Family in Early Medieval Japan', MA Thesis, University of Southern California, 2016; Marcia Yonemoto, *The Problem of Women in Early Modern Japan* (University of California Press, 2016); R. H.P. Mason and J. G.Caiger, *A History of Japan* (Tuttle Publishing, 1997); William McCullough, 'The Azuma Kagami Account of the Shōkyū War', *Monumenta Nipponica* 23/ 1– 2 (1968); Jeffrey P. Mass, 'The Kamakura bakufu', in Kozo Yamamura (ed.), *The Cambridge History of Japan, Volume 3:Medieval Japan* (Cambridge University Press, 1990); John Brownlee, 'Crisis as Reinforcement of the Imperial Institution:The Case of the Jōkyū Incident, 1221', *Monumenta Nipponica* 30/2 (1975).關於日本娛樂文化中復仇橋段，參見see Steven T. Brown, *Theatricalities of Power:The Cultural Politics of Noh* (Stanford University Press, 2002).關於源平合戰以及武士文化，參見Thomas Conlan, 'Medieval Warfare', in Karl F. Friday (ed.) *Japan Emerging:Premodern History to 1850* (Routledge,

2018); Takeuchi Rizō, 'The Rise of the Warriors', and Stanley Weinstein, 'Aristocratic Buddhism', in Shively and McCullough (eds), *The Cambridge History of Japan, Volume 2:Heian Japan;* Stephen R. Turnbull, *The Book of the Samurai* (Simon and Schuster, 1985), and *The Samurai Sourcebook*, new edition (Orion, 2000).

「What is wrong?（我的行為舉止哪裡錯了）」出自編年史《源平盛衰記》，adapted from the English translation in Royall Tyler, 'Tomoe:The Woman Warrior', in Mulhern (ed.), *Heroic with Grace.*「warrior worth a thousand（一人當千）」和「Take a look（瞧好了）」以及「The Nun of Second [court] Rank（二位尼）」開頭簡化及改編後的引用出自McCullough (trans.), *The Tale of the Heike*（《平家物語》）.「It was most praiseworthy（你執行了御台所的）」出自*Azuma Kagami*, via the Japanese Historical Text Initiative (University of California, Berkeley).「Since the days（自賴朝打敗朝敵）」and「No tidings（雲海茫茫）」出自McCullough, 'The Azuma Kagami Account of the Shōkyū War'中《吾妻鏡》的英文譯文。

6 親鸞——賦權於人

關於親鸞的人生及其宗教運動，參見Shinran, *Tannishō* ('Notes Lamenting Deviations'), 英文線上版 Taitetsu Unno (trans.), *Tannishō:A Shin Buddhist Classic* (Buddhist Study Center Press, 1984); James C. Dobbins, *Shin Buddhism in Medieval Japan* (Indiana University Press, 1989); Alfred Bloom, 'The Life of Shinran Shōnin:The Journey to Self-Acceptance', *Numen* 15/1 (1968), and *Shinran's Gospel of Pure Grace* (University of Arizona Press, 1965); Carol Richmond Tsang, *War and Faith:Ikkō Ikki in Late Muromachi Japan* (Harvard University Press, 2007); Amos Yong, 'Ignorance, Knowledge and Omniscience:At and Beyond the Limits of Faith and Reason after Shinran', *Buddhist-Christian Studies* 31 (2011); Dennis Hirota, 'The Awareness of the Natural World in *Shinjin* :Shinran's Concept of *Jinen*', *Buddhist-Christian Studies* 31 (2011), and 'Shinran and Heidegger on Dwelling:Reading Shinran as a Phenomenology of Shinjin', *Contemporary Buddhism* 15/2 (2014); Galen Amstutz, *Interpreting Amida:History and Orientalism in the Study of Pure Land Buddhism* (State University of New York Press, 1997).關於較廣泛的宗教及哲學背景，參見Stanley Weinstein, 'Aristocratic Buddhism', in Donald H. Shively and William H. McCullough (eds), *The Cambridge History of Japan, Volume 2:Heian Japan* (Cambridge University Press, 1999); Mimi Hall Yiengpruksawan,

Hiraizumi:Buddhist Art and Regional Politics in Twelfth-Century Japan (Harvard University Press, 1999).Fujiwara no Michinaga's death is recounted in the chronicle *Eiga monogatari* ('Story of Splendour'; completed around 1107), available in English online via the Japanese Historical Text Initiative (University of California, Berkeley).亦可見Elizabeth Ten Grotenhuis, *Japanese Mandalas:Representations of Sacred Geography* (University of Hawaii Press, 1999); G. Cameron Hurst III, 'Michinaga's Maladies:A Medical Report on Fujiwara no Michinaga', *Monumenta Nipponica* 34/1 (1979).

「Foodless monks of Hiei（比叡山的缺糧僧侶）」出自Weinstein, 'Aristocratic Buddhism'.「A priest who gives（說經師）」和「I must say（我必須說）」改編自Sei Shōnagon and Meredith McKinney (trans.), *The Pillow Book* (Penguin, 2006).法成寺的描述出自William H. McCullough, 'The Capital and Its Society', in Shively and McCullough (eds), *The Cambridge History of Japan, Volume 2:Heian Japan*.「Grasped（攝受）」、「the nembutsu is beyond description（念佛以無義為義）」和「knowledge is essential（知識對宗教生活是必需）」出自Shinran, *Tannishō:* see Unno (trans.), *Tannishōd:A Shin Buddhist Classic*.

7 世阿彌——藝術大師

關於世阿彌與能劇，參見Thomas Blenman Hare, *Zeami's Style:The Noh Plays of Zeami Motokiyo* (Stanford University Press, 1996); Zeami and William Scott Wilson (introduction and trans.), *The Flowering Spirit:Classic Teachings on the Art of Nō:A New Translation of the Fūshikaden* (Tokyo:Kodansha International, 2006); Royall Tyler (trans. and ed.), *Japanese Nō Dramas* (Penguin, 1992); Kunio Konparu, *The Noh Theatre:Principles and Perspectives* (Floating World Editions, 2005).關於世阿彌的年代，參見Ishii Susumu, 'The Decline of the Kamakura bakufu', and Martin Collcutt, 'Zen and the *gozan*', in Kozo Yamamura (ed.), *The Cambridge History of Japan, Volume 3:Medieval Japan* (Cambridge University Press, 1990); Stephen R. Turnbull, *The Samurai Sourcebook*, new edition (Orion, 2000); John Whitney Hall, *Japan in the Muromachi Age* (University of California Press, 1977).關於日本表演藝術傳統，參見Edwin A. Cranston, 'Asuka and Nara Culture', in Delmer M. Brown (ed.), *The Cambridge History of Japan, Volume 1:Ancient Japan* (Cambridge University Press, 1993); Benito Ortolani, *The Japanese Theatre:From Shamanistic Ritual to Contemporary Pluralism*, revised edition (Princeton University Press, 1995); Donald Keene, *Seeds in the Heart:Japanese*

Literature from Earliest Times to the Late Sixteenth Century (Columbia University Press, 1999); Noel J. Pinnington, *A New History of Medieval Japanese Theatre* (Palgrave Macmillan, 2019); H. Paul Varley, 'Cultural Life in Medieval Japan', in Yamamura (ed.), *The Cambridge History of Japan, Volume 3:Medieval Japan.*關於花之御所，參見Matthew Stavros and Norika Kurioka, 'Imperial Progress to the Muromachi Palace, 1381:A Study and Annotated Translation of Sakayuku hana', *Japan Review* 28 (2015); Hall, *Japan in the Muromachi Age.*

《井筒》的引用改編自Tyler, *Japanese Nō Dramas*中的英文譯文。「The origin of the art of Nō（能劇藝術的起源）」出自世阿彌的《風姿花傳》，見於Wilson, *The Flowering Spirit*中的翻印。「We, the Great Mongolian Empire（況我祖宗受天明命）」出自Ishii, 'The Decline of the Kamakura bakufu'的英文譯文。「Specks of dust（積沙成塔）」來自Pinnington, *A New History of Medieval Japanese Theatre*的翻譯。「I quite lost my heart（我簡直不敢相信）」以及「The shogun has shown（幕府將軍對他表現）」（改編版）出自Hare, *Zeami's Style*的英文譯文。「Can perform without criticism（心無旁騖地表演，不受批評影響）」以及「The actor himself（演員本身）」來自Wilson, *The Flowering Spirit*的翻印。《松風》的引用改編自Tyler, *Japanese Nō Dramas*。

8 織田信長——不成功，便成仁

關於織田與他的時代，參見 Jeroen Lamers, *Japonius Tyrannus:The Japanese Warlord Oda Nobunaga Reconsidered* (Hotei Publishing, 2000); N.McMullin, *Buddhism and the State in Sixteenth-Century Japan* (Princeton University Press, 1985); Mary Elizabeth Berry, *Hideyoshi* (Harvard University Press, 1982); Stephen Turnbull, *War in Japan, 1467–1615* (Osprey Publishing, 2002), and *The Book of the Samurai* (Simon and Schuster, 1985); R. H.P. Mason and J. G.Caiger, *A History of Japan* (Tuttle Publishing, 1997); Andrew Rankin, *Seppuku:A History of Samurai Suicide* (Kodansha International, 2012); John Whitney Hall, 'The Muromachi bakufu', Kozo Yamamura, 'The Growth of Commerce', and Nagahara Keiji, 'The Medieval Peasant', in Kozo Yamamura (ed.), *The Cambridge History of Japan, Volume 3:Medieval Japan* (Cambridge University Press, 1990); Kristen L. Chiem and Lara C. W.Blanchard, *Gender, Continuity, and the Shaping of Modernity in the Arts of East Asia, 16 th– 20th Centuries* (Brill, 2017); Wakita Osamu, 'The Social and Economic Consequences of Unification', and Asao Naohiro and Bernard Susser (trans.),

‘The Sixteenth-Century Unification’, in John Whitney Hall (ed.), *The Cambridge History of Japan, Volume 4:Early Modern Japan* (Cambridge, 1991); Carol Richmond Tsang, *War and Faith:Ikkō Ikki in Late Muromachi Japan* (Harvard University Press, 2007); Peter D. Shapinsky, *Lords of the Sea:Pirates, Violence, and Commerce in Late Medieval Japan* (University of Michigan Press, 2014). 關於當時的京都，參見Matthew Stavros, *Kyoto:An Urban History of Japan's Pre-Modern Capital* (University of Hawaii Press, 2014); John Dougill, *Kyoto:A Cultural History* (Oxford University Press, 2005).關於織田在其父親喪禮上的行為，這段傳聞可見於江戶時代關於織田人生的編年史《信長公記》，引用於Lamers, *Japonius Tyrannus*。
「He wore a short-sleeved shirt（身穿短袖襯衣）」及「When we consider（人生五十年）」出自McMullin, *Buddhism and the State in Sixteenth-Century Japan*的英文譯文。

9 支倉常長——航海家

關於支倉的年代，參見Mary Elizabeth Berry, *Hideyoshi* (Harvard University Press, 1982); Asao Naohiro and Bernard Susser (trans.), ‘The Sixteenth-Century Unification’, in John Whitney Hall (ed.), *The Cambridge History of Japan, Volume 4:Early Modern Japan* (Cambridge University Press, 1991); Matthew P. McKelway, *Capitalscapes:Folding Screens and Political Imagination in Late Medieval Kyoto* (University of Hawaii Press, 2006); Jurgis Elisonas, ‘Christianity and the Daimyō’, and ‘The Inseparable Trinity:Japan's Relations with China and Korea’, in Hall (ed.), *The Cambridge History of Japan, Volume 4:Early Modern Japan*; Yoshimi Orii, ‘The Dispersion of Jesuit Books Published in Japan:Trends in Bibliographical Research and in Intellectual History’, *Journal of Jesuit Studies* 2/2 (2015); James Murdoch (1903), *A History of Japan, Volume* 2 (TheClassics.us, 2013); Kitajima Manki, ‘The Imjin Waeran:Contrasting the First and the Second Invasions of Korea’, in James B. Lewis (ed.), *The East Asian War, 1592– 98:International Relations, Violence and Memory* (Routledge, 2014); Marius Jansen, *The Making of Modern Japan* (Harvard University Press, paperback edition 2002); A. L.Sadler, *Shogun:The Life of Tokugawa Ieyasu* (Tuttle Publishing, 2009); Michael Cooper, *The Japanese Mission to Europe, 1582– 1590:The Journey of Four Samurai Boys through Portugal, Spain and Italy* (Global Oriental, 2005); Reinier H. Hesselink, *The Dream of Christian Nagasaki:World Trade and the Clash of Cultures, 1560 – 1640* (McFarland, 2015).更廣泛的全球背景可見：Kenneth M. Swope, *A Dragon's Head and a Serpent's Tail:Ming China*

and the First Great East Asian War, 1592– 1598 (University of Oklahoma Press, 2013); James Kai-sing Kung and Chicheng Ma, 'Autarky and the Rise and Fall of Piracy in Ming China', *Journal of Economic History* 74/2 (2014); Marco Polo and Nigel Cliff (trans.), *The Travels* (Penguin, 2015); James B. Lewis, '*The Japan That Does Not Exist* and *The Ugly Korean*', in James B. Lewis and Amadu Sesay (eds), *Korea and Globalization:Politics, Economics and Culture* (RoutledgeCurzon, 2002); Jefferson Dillman, *Colonizing Paradise:Landscape and Empire in the British West Indies* (University of Alabama Press, 2015); Geoffrey Gunn, *World Trade Systems of the East and West:Nagasaki and the Asian Bullion Trade Networks* (Brill, 2017); M. Antoni and S. J.J. Ucerler, 'The Christian Missions in Japan in the Early Modern Period', in Ronnie Po-Chia Hsia (ed.), *A Companion to Early Modern Catholic Global Missions* (Brill, 2015); Ron P. Toby, *Engaging the Other:'Japan' and Its Alter-Egos, 1550– 1850* (Brill, 2019); Ronnie Po-Chia Hsia, *The World of Catholic Renewal, 1540– 1770* (Cambridge University Press, 2001); Christina H. Lee, *Western Visions of the Far East in a Transpacific Age, 1522– 1657* (Routledge, 2016); Donald F. Lach, *Asia in the Making of Europe, Volume 1:The Century of Discovery, Book Two* (University of Chicago Press, 1965); Cornelius Conover and Cory Conover, 'Saintly Biography and the Cult of San Felipe de Jesús in Mexico City, 1597– 1697', *The Americas* 67/4 (2011); Simon Barton, *A History of Spain*, second edition (Red Globe Press, 2009); Cornelius Conover, *Pious Imperialism:Spanish Rule and the Cult of Saints in Mexico City* (University of New Mexico Press, 2019); Grant K. Goodman, *Japan and the Dutch, 1600– 1853* (Psychology Press, 2000).關於此時代的藝術與全球化可見：David Bindman and Henry Louis Gates, *The Image of the Black in Western Art, Volume 3:From the 'Age of Discovery' to the Age of Abolition, Part 1:Artists of the Renaissance and Baroque* (Harvard University Press, 2010); Hugh Honour and John Fleming (eds), *A World History of Art* (Laurence King Publishing, 2005); Rie Arimura, '*Nanban* Art and Its Globality:A Case Study of the New Spanish Mural *The Great Martyrdom of Japan in 1597*', *Historia y Sociedad* 36 (2019); Opher Mansour, 'Picturing Global Conversion:Art and Diplomacy at the Court of Paul V', *Journal of Early Modern History* 17 (2013). 關於支倉的旅行，參見Gonoi Takashi, *Hasekura Tsunenaga* (Yoshikawa Kōbunkan, 2003) [in Japanese]; Nobuko Adachi, *Japanese and Nikkei at Home and Abroad* (Cambria Press, 2010); Ed Gutierrez, 'Samurai in Spain', *Japan Quarterly* (March 2000); James Lockhart, Susan Schroeder and Doris Namala (eds and trans.), *Annals of His Times:Don Domingo de San Antón Muñón Chimalpahin Quauhtlehuanitzin* (Stanford University Press, 2006); Robert Richmond Ellis, *They Need Nothing:Hispanic-Asian Encounters of the Colonial Period* (University of Toronto Press, 2012); Colyer Meriwether, 'Date Masamune', *Transactions of the*

Asiatic Society of Japan 21/22 (1892); Ikuko Torimoto, *Okina Kyūin and the Politics of Early Japanese Immigration to the United States, 1868– 1924* (McFarland, 2017); Gopal Kshetry, *Foreigners in Japan:A Historical Perspective* (Xlibris Corporation, 2008); Adriana Boscaro, Franco Gatti and Massimo Raveri, *Rethinking Japan:Social Sciences, Ideology and Thought* (Psychology Press, 1990).

「The 4th of the month of March（西元一六一四年三月四日）」出自Lockhart, Schroeder and Namala (eds and trans.), *Annals of His Times:Don Domingo de San Antón Muñón Chimalpahin Quauhtlehuanitzin.*「I have learned of the afterlife（我了解了來生）」來自作者的翻譯，出自Gonoi, *Hasekura Tsunenaga*中翻印的文件。

10 井原西鶴——好色男子

關於早期現代日本的概述：Elizabeth Lillehoj, *Art and Palace Politics in Early Modern Japan, 1580s– 1680s* (Brill, 2011); Asao Naohiro and Bernard Susser (trans.), 'The Sixteenth-Century Unification', Susan B. Hanley, 'Tokugawa Society:Material Culture, Standard of Living, and Life-Styles', Donald H. Shively, 'Popular Culture', and John Whitney Hall, 'The *bakuhan* System', in John Whitney Hall (ed.), *The Cambridge History of Japan, Volume 4:Early Modern Japan* (Cambridge University Press, 1991); James McClain, *Japan:A Modern History* (W. W.Norton & Company, 2002); Marius Jansen, *The Making of Modern Japan* (Harvard University Press, paperback edition 2002); Akira Hayami, *Population, Family and Society in Pre-Modern Japan* (Global Oriental, 2010); William E. Deal, *Handbook to Life in Medieval and Early Modern Japan* (Oxford University Press, 2007); Ning Ma, *The Age of Silver:The Rise of the Novel East and West* (Oxford University Press, 2016); Mary Elizabeth Berry, *Hideyoshi* (Harvard University Press, 1982).On Ihara Saikaku's life and his era's literary scene, see Ivan Morris, 'Introduction', in Ihara Saikaku and Ivan Morris (trans.), *The Life of an Amorous Woman and Other Writings* (New Directions, 1969); Herbert H. Jonsson, *Reading Japanese Haikai Poetry* (Brill, 2016); Christopher Drake, 'Saikaku's Haikai Requiem:*A Thousand Haikai Alone in a Single Day*, The First Hundred Verses', *Harvard Journal of Asiatic Studies* 52/2 (1992); Mary Elizabeth Berry, *Japan in Print:Information and Nation in the Early Modern Period* (University of California Press, 2007); Adolphe Clarence Scott (1955), *The Kabuki Theatre of Japan* (Dover Publications, 1999); James R. Brandon and Samuel L. Leiter, *Kabuki Plays on Stage* (University of Hawaii Press,

2002); H. Paul Varley, *Japanese Culture* (University of Hawaii Press, 2000); Howard Hibbett (1959), *The Floating World in Japanese Fiction*, new edition (Tuttle Publishing, 2002); Ihara Saikaku and Paul Gordon Schalow (trans., Introduction), *The Great Mirror of Male Love* (Stanford University Press, 1990).

「The waitress, taking off（女侍脫下）」、「Blow out the light（把蠟燭吹熄）」、「With his winning, cajoling ways（以他花言巧語的迷人手段）」、「Dead leaves pile up（枯葉堆滿）」及「What they saw（他們所看到）」改編自Ihara Saikaku and Kenji Hamada (trans.), *The Life of an Amorous Man*（《好色一代男》）(Tuttle Publishing, 1963)。「While you lived（妳活著的時候）」出自Drake, 'Saikaku's Haikai Requiem'的英文譯文。「The men wear women's clothing（男人穿著女性的服飾）」出自Shively, 'Popular Culture'。「 Which is to be preferred（你偏好何者）」出自Saikaku and Schalow (trans.), *The Great Mirror of Male Love*中的作品翻印。「I have gazed at it now（我現在已經凝望著它）」出自Saikaku and Morris (trans.), *The Life of an Amorous Woman*。

11 坂本龍馬——維新推手

關於坂本的人生與時代，參見Marius B. Jansen, *Sakamoto Ryōma and the Meiji Restoration* (Princeton University Press, 1961); William E. Deal, *Handbook to Life in Medieval and Early Modern Japan* (Oxford University Press, 2007); James McClain, *Japan:A Modern History* (W. W.Norton & Company, 2002); Marius B. Jansen, 'Japan in the Early Nineteenth Century', in Marius B. Jansen (ed.), *The Cambridge History of Japan, Volume 5:The Nineteenth Century* (Cambridge, 1989); Helen Hardacre, *Shintō:A History* (Oxford University Press, 2017); Romulus Hillsborough, *Samurai Tales* (Tuttle Publishing, 2011); Jesse C. Newman, *History of Kyudo and Iaido in Early Japan* (AuthorHouse, 2015); Marius Jansen, *The Making of Modern Japan* (Harvard University Press, paperback edition 2002); Eiko Maruko Siniawer, *Ruffians, Yakuza, Nationalists:The Violent Politics of Modern Japan, 1860– 1960* (Cornell University Press, 2008); D. Colin Jaundrill, *Samurai to Soldier:Remaking Military Service in Nineteenth-Century Japan* (Cornell University Press, 2016); Donald Keene, *Emperor of Japan:Meiji and His World, 1852 – 1912* (Columbia University Press, 2005).

「I must say（說到底）」、「spending your time（像傻瓜般）」、「I think there will be a war（我認為戰爭即將爆

發）」、「It is my firm desire（整頓日本是我堅定不移的願望）」、「Loyalty to what is called（他們似乎對所謂的神國毫無忠誠）」及「I don't expect（我不期待）」出自Jansen, *Sakamoto Ryōma*的英文譯文中。「Only silver（唯有白銀）」出自Ihara Saikaku and Ivan Morris (trans.), *The Life of an Amorous Woman and Other Writings* (New Directions, 1969)的翻印內容。

12 楠本稻——打造一國之體

關於楠本稻，參見Yi Soo-kyung, 'Kusumoto Ine:Nihon hatsu no josei sanka senmoni', in Ueki Takeshi (ed.), *Kokusai shakai de katsuyaku shita nihonjin Meiji-Showa 13 nin no kosumoporitan* (Kōbundō, 2009) [in Japanese]; Ugami Yukio, *Bakumatsu no jyoi Kusumoto Ine:Shiiboruto no musume to kazoku no shōzō* (Gendai Shokan, 2018) [in Japanese]; Herbert Plutschow, *Philipp Franz von Siebold and the Opening of Japan* (Global Oriental 2007); Grant K. Goodman, *Japan and the Dutch, 1600– 1853* (Psychology Press, 2000); Ellen Nakamura, 'Working the Siebold Network:Kusumoto Ine and Western Learning in Nineteenth-Century Japan', *Japanese Studies* 28/2 (2008).關於荷蘭人在日本，參見Donald Keene, *The Japanese Discovery of Europe, 1720–1830* (Stanford University Press, 1969); Arnulf Thiede et al., 'The Life and Times of Philipp Franz von Siebold', *Surgery Today* 39/4 (2009); Grant K. Goodman, *Japan and the Dutch,* and *Japan: the Dutch Experience* (Bloomsbury, 2013); Marius B. Jansen, 'Rangaku and Westernization', *Modern Asian Studies* 18/4 (1984); Marcia Yonemoto, *The Problem of Women in Early Modern Japan* (University of California Press, 2016); Gary P. Leupp, *Interracial Intimacy in Japan:Western Men and Japanese Women, 1543 – 1900* (Continuum, 2002); Edwin Palmer Hoyt, *America's Wars and Military Encounters* (Da Capo Press, 1988).關於醫學，參見Jansen, 'Rangaku and Westernization'; Margaret Lock, *East Asian Medicine in Urban Japan* (University of California Press, 1984); Yuki Terazawa, *Knowledge, Power, and Women's Reproductive Health in Japan, 1690–1945* (Palgrave Macmillan, 2018); Donald Keene, 'Hirata Atsutane and Western Learning', *T'oung Pao*, Second Series, 42/5 (1954); Aya Homei, 'Birth Attendants in Meiji Japan:The Rise of the Biomedical Birth Model and a New Division of Labour', *Social History of Medicine* 19/3 (2006). 關於明治時代早期，參見Ian Inkster, *Japanese Industrialisation:Historical and Cultural Perspectives* (Psychology Press, 2001); E. Patricia Tsurumi, 'The State, Education, and Two Generations of Women in Meiji Japan, 1868– 1912', *U.S.– Japan Women's*

Journal:English Supplement 18 (2000); Ayako Hotta-Lister, *The Japan– British Exhibition of 1910:Gateway to the Island Empire of the East* (Psychology Press, 1999); James McClain, *Japan: A Modern History* (W. W. Norton & Company, 2002); Marius Jansen, *The Making of Modern Japan* (Harvard University Press, paperback edition 2002); A. L.*In Search of a Nation, 1850 to the Present* (Allen Lane, 2018); Andrew Gordon, *A Modern History of Japan* (Oxford University Press, 2013).

「[Do not] scorn〔（不可）藐視〕」及兩姊妹的故事出自Yonemoto, *The Problem of Women in Early Modern Japan*的英文譯文。楠本給父親的信可見於Ugami, *Bakumatsu no jyoi Kusumoto Ine* (author translation)的翻印內容中。亦可見Plutschow, *Philipp Franz von Siebold and the Opening of Japan*。

13 澀澤榮一——企業家

關於澀澤榮一，參見Shibusawa Eiichi and Teruko Craig (trans.), *The Autobiography of Shibusawa Eiichi* (University of Tokyo Press, 1994), and Shibusawa Eiichi and Teruko Craig (trans.), 'A Journal of a Voyage to the West', included in Shibusawa and Craig, *Autobiography of Shibusawa Eiichi;* John H. Sagers, *Confucian Capitalism:Shibusawa Eiichi, Business Ethics, and Economic Development in Meiji Japan* (Palgrave Macmillan, 2018); Donald Keene (ed.) and trans.), *Modern Japanese Diaries* (Columbia University Press, 1999); Patrick Fridenson and Kikkawa Takeo, *Ethical Capitalism:Shibusawa Eiichi and Business Leadership in Global Perspective* (University of Toronto Press, 2017); Shimada Masakazu and Paul Narum (trans.), *The Entrepreneur Who Built Modern Japan:Shibusawa Eiichi* (Japan Publishing Industry Foundation for Culture, 2017); Kuo-Hui Tai, 'Confucianism and Japanese Modernization:A Study of Shibusawa Eiichi', in Subhash Durlabhji, Norton E. Marks and Scott Roach (eds), *Japanese Business:Cultural Perspectives* (SUNY Press, 1993).關於澀澤的時代，參見André Sorenson, *The Making of Urban Japan* (Routledge, 2004); Edward Seidensticker, *A History of Tokyo, 1867– 1989* (Tuttle Publishing, 2019); Paul Waley, 'Japan', in Peter Clark (ed.), *The Oxford Handbook of Cities in World History* (Oxford University Press, 2013); Ayako Hotta-Lister, *The Japan–British Exhibition of 1910:Gateway to the Island Empire of the East* (Psychology Press, 1999); David G. Wittner, *Technology and the Culture of Progress in Meiji Japan* (Routledge, 2007); Mikiso Hane, *Peasants, Rebels, Women and Outcastes:The Underside of Modern Japan* (Rowman & Littlefield, 2003); James McClain, *Japan:A Modern History* (W. W. Norton & Company, 2002); Marius

Jansen, *The Making of Modern Japan* (Harvard University Press, paperback edition 2002); A. L.*In Search of a Nation, 1850 to the Present* (Allen Lane, 2018); Andrew Gordon, *A Modern History of Japan* (Oxford University Press, 2013).*Historical and Cultural Perspectives* (Psychology Press, 2001); E. Sydney Crawcour, 'Economic Change in the Nineteenth Century', and 'Industrialization and Technological Change, 1885– 1920', in Kozo Yamamura (ed.), *The Economic Emergence of Modern Japan* (Cambridge University Press, 1997); David Flath, *The Japanese Economy*, third edition (Oxford University Press, 2014); Louise Young, *Japan's Total Empire:Manchuria and the Culture of Wartime Imperialism* (University of California Press, 1999).

「Tonight, in keeping with my promise（為了信守承諾，今晚）」出自Shibusawa and Craig (trans.), *The Autobiography of Shibusawa Eiichi.*（《雨夜譚》）「If one learns the Way at dawn（朝聞道）」、「Besides relations with women（除了和女人的關係以外）」及「Lucky he was a Confucian（還好他信奉的是儒家思想）」出自Sagers, *Confucian Capitalism*的翻印內容。「Still clinging to their old system（他們仰賴著古老的體制）」出自Keene, *Modern Japanese Diaries*的翻印內容。「A single wealthy individual（單單一個有錢人）」出自Fridenson and Kikkawa, *Ethical Capitalism*的翻印內容。

14 津田梅子——文化衝擊

關於津田梅子的人生，參見Barbara Rose, *Tsuda Umeko and Women's Education in Japan* (Yale University Press, 1992); Yoshiko Furuki, *The White Plum:A Biography of Ume Tsuda, Pioneer in the Higher Education of Japanese Women* (Shambhala Publications, 1991); Yoshiko Furuki et al. (eds), *The Attic Letters:Ume Tsuda's Correspondence to Her American Mother* (Shambhala Publications, 1991); Linda L. Johnson, 'Tsuda Umeko and a Transnational Network Supporting Women's Higher Education in Japan during the Victorian Era', *American Educational History Journal* 37/2 (2010).關於「文化衝擊」，對於明治維新以及該年代女性生活的不滿，參見Sharon L. Sievers, *Flowers in Salt:The Beginnings of Feminist Consciousness in Modern Japan* (Stanford University Press, 1983); Hiroko Tomida, *Hiratsuka Raichō and Early Japanese Feminism* (Brill, 2004); Mikiso Hane (trans. and ed.), *Reflections on the Way to the Gallows:Rebel Women in Prewar Japan* (University of California Press, 1993); Stephen Vlastos, 'Opposition Movements in Early Meiji, 1868 – 1885', in Marius B. Jansen (ed.), *The Cambridge History of Japan, Volume 5:The Nineteenth Century* (Cambridge University Press,1989).關於西鄉隆盛及西南戰爭，參見C. L.Yates, 'Saigō Takamori in

the Emergence of Meiji Japan', *Modern Asian Studies* 28/3 (1994); Jordan Sand, *House and Home in Modern Japan:Architecture, Domestic Space, and Bourgeois Culture, 1880– 1930* (Harvard University Press, 2005); Christopher Harding, *Japan Story:In Search of a Nation, 1850 to the Present* (Allen Lane, 2018); James McClain, *Japan:A Modern History* (W. W.Norton & Company, 2002); E. Sydney Crawcour, 'Industrialization and Technological Change, 1885– 1920', in Kozo Yamamura (ed.), *The Economic Emergence of Modern Japan* (Cambridge University Press, 1997); Andrew Gordon, *A Modern History of Japan* (Oxford University Press, 2013).關於基督教，參見James M. Hommes, 'Baptized Bushidō:Christian Converts and the Use of Bushidō in Meiji Japan', *Journal of the Southwest Conference on Asian Studies* 7 (2011); Emily Anderson, *Christianity and Imperialism in Modern Japan:Empire for God* (Bloomsbury, 2014); Harding, *Japan Story*.

津田從日本寄給蘭曼夫人的信出自Yoshiko Furuki et al. (eds), *The Attic Letters*.「I am very happy（我非常開心）」出自Rose, *Tsuda Umeko and Women's Education in Japan*的翻印內容。「In the beginning（天地之初）」為作者翻譯自Hiratsuka Raichō, 'Genshi, josei wa taiyo de atta' 'In the Beginning, Woman was the Sun', *Seitō* (September 1911)。亦可見Hiratsuka Raichō and Teruko Craig (trans. and notes), *In the Beginning, Woman Was the Sun:The Autobiography of a Japanese Feminist* (Columbia University Press, 2006).「Although I feel sorry for him personally（雖然我為他個人感到抱歉）」出自Hane (trans. and ed.), *Reflections on the Way to the Gallows*.

15 池田菊苗——新味覺的開創者

關於池田的人生，參見Ikeda Kikunae, 'New Seasonings' (1909), English translation published by Yoko Ogiwara and Yuzo Ninomiya in *Chemical Senses* 27 (2002); Eiichi Nakamura, 'One Hundred Years Since the Discovery of the "Umami" Taste from Seaweed Broth by Ikeda Kikunae, Who Transcended His Time', *Chemistry:An Asian Journal* 6 (2011); Bruce P. Halpern, 'What's in a Name?Are MSG and Umami the Same?', *Chemical Senses* 27 (2002); Chiaki Sano, 'History of Glutamate Production', in *American Journal of Clinical Nutrition* 90 (2009); Bernd Lindemann, Yoko Ogiwara and Yuzo Ninomiya, 'The Discovery of Umami', *Chemical Senses* 27 (2002); Shinichi Hashimoto, 'Discovery and History of Amino Acid Fermentation', *Advances in Biochemical Engineering/Biotechnology* 159 (2017); Jordan Sand, 'A Short History of MSG:Good Science, Bad Science, and

Taste Cultures', *Gastronomica:The Journal of Critical Food Studies* 5/4 (2005); Louisa Daria Rubinfien, 'Commodity to National Brand:Manufacturers, Merchants and the Development of the Consumer Market in Interwar Japan', PhD dissertation, Harvard University, 1995.關於池田的時代之工業、科學及文化，參見E. Sydney Crawcour, 'Industrialization and Technological Change, 1885– 1920', in Kozo Yamamura (ed.), *The Economic Emergence of Modern Japan* (Cambridge University Press, 1997); John H. Sagers, *Confucian Capitalism:Shibusawa Eiichi, Business Ethics, and Economic Development in Meiji Japan* (Palgrave Macmillan, 2018); James McClain, *Japan:A Modern History* (W. W.Norton & Company, 2002); Morris Low (ed.), *Building a Modern Japan:Science, Technology, and Medicine in the Meiji Era and Beyond* (Palgrave Macmillan, 2005); James R. Bartholomew, 'Modern Science in Japan:Comparative Perspectives', *Journal of World History* 4/1 (1993); Naomichi Ishige, 'Food Culture', in Yoshio Sugimoto (ed.), *The Cambridge Companion to Modern Japanese Culture* (Cambridge University Press, 2009); Katarzyna Joanna Cwiertka, *Modern Japanese Cuisine:Food, Power and National Identity* (Reaktion Books, 2006); Christine Yano, 'Defining the Modern Nation in Popular Song, 1914 – 32', in Sharon Minichiello (ed.), *Japan's Competing Modernities:Issues in Culture and Democracy, 1900– 1930* (University of Hawaii Press, 1998); E. Taylor Atkins, *A History of Popular Culture in Japan:From the Seventeenth Century to the Present* (Bloomsbury, 2017), and *Blue Nippon:Authenticating Jazz in Japan* (Duke University Press, 2011); Christopher Harding, *Japan Story:In Search of a Nation, 1850 to the Present* (Allen Lane, 2018); Marie Højlund Roesgaard, *Moral Education in Japan:Values in a Global Context* (Taylor & Francis, 2016); Susan Eyrich Lederer, 'Hideyo Noguchi's Luetin Experiment and the Antivivisectionists', *Isis* 76/1 (1985); Paul Franklin Clark, 'Hideyo Noguchi, 1876–1928', *Bulletin of the History of Medicine* 33/1 (1959).關於一九二三年大地震後，針對韓國人的暴力行為，參見Sonia Ryang, 'The Great Kanto Earthquake and the Massacre of Koreans in 1923:Notes on Japan's Modern National Sovereignty', *Anthropological Quarterly* 76/4 (2003).關於美國對日本潛在戰爭的早期計畫，參見Louis Morton, 'War Plan Orange:Evolution of a Strategy', *World Politics* 11/2 (1959).關於尤斯圖斯馮李比希，參見William H. Brock, *Justus von Liebig:The Chemical Gatekeeper* (Cambridge University Press, 2002); Kathy Martin, *Famous Brand Names and Their Origins* (Pen and Sword, 2017).

「Be it known（特此聲明）」出自United States Patent Office, Specification of Letters Patent, No. 1,035,591 (13 August 1912).「If you only even learn（如果你只透過吸收）」出自Marie Højlund Roesgaard, *Moral Education in Japan:Values in a Global Context* (Taylor and Francis, 2016).「The national taste essence!（國民口味的精華ー・）」出自Sand, 'A Short History

of MSG'的英文譯文。

16 與謝野晶子——頌揚和平的反戰詩人

關於與謝野的人生，參見'Introduction' in Akiko Yosano, Sanford Goldstein (trans.) and Seishi Shinoda (trans.), *Tangled Hair:Selected Tanka from Midaregami* (Tuttle Publishing, 1987); Yosano Akiko, *Man-mō yūki* [*Travelogue of Manchuria and Mongolia*], available in English translation in Yosano Akiko and Joshua A. Fogel (trans.), *Travels in Manchuria and Mongolia:A Feminist Poet from Japan Encounters Prewar China* (Columbia University Press, 2001); Janine Beichman, *Embracing the Firebird:Yosano Akiko and the Rebirth of the Female Voice in Modern Japanese Poetry* (University of Hawaii Press, 2001); Steve Rabson, 'Yosano Akiko on War:To Give One's Life or Not:A Question of Which War', *The Journal of the Association of Teachers of Japanese* 25/1 (1991), and *Righteous Cause or Tragic Folly:Changing Views of War in Modern Japanese Poetry* (University of Michigan Press, 1997); Laurel Rasplica Rodd, 'Yosano Akiko and the Taisho Debate Over the "New Woman"', in Gail Lee Bernstein (ed.), *Recreating Japanese Women, 1600– 1945* (University of California Press, 1991); Laurel Rasplica Rodd, 'Yosano Akiko and the Bunkagakuin:"Educating Free Individuals"', *The Journal of the Association of Teachers of Japanese* 25/1 (1991).關於日本藝術家及知識分子在中國，參見Joshua A. Fogel, *The Literature of Travel in the Japanese Rediscovery of China, 1862–1945* (Stanford University Press, 1996); E. Taylor Atkins, *Blue Nippon:Authenticating Jazz in Japan* (Duke University Press, 2011); Paul D. Scott, 'Introduction', *Chinese Studies in History* 30/4 (1997); Akutagawa Ryūnosuke, Joshua A. Fogel (trans.) and Kiyoko Morita (trans.), 'Travels in China', *Chinese Studies in History* 30/4 (1997); Christopher Harding, *Japan Story:In Search of a Nation, 1850 to the Present* (Allen Lane, 2018); James McClain, *Japan:A Modern History* (W. W.Norton & Company, 2002).關於1930年代的日本及日本帝國，參見Louise Young, *Japan's Total Empire:Manchuria and the Culture of Wartime Imperialism* (University of California Press, 1999); Mark Peattie, *Ishiwara Kanji and Japan's Confrontation with the West* (Princeton University Press, 1975); Harding, *Japan Story;* Joshua A. Fogel, ' "Shanghai-Japan":The Japanese Residents' Association of Shanghai', *Journal of Asian Studies* 59/4 (2000); Peter Harmsen, *Shanghai 1937:Stalingrad on the Yangtze* (Casemate Publishers, 2013); Yang Tianshi, 'Chiang Kai-Shek and the Battles of Shanghai and Nanjing', in Mark Peattie et al. (eds), *The Battle for China:Essays on the Military*

History of the Sino-Japanese War of 1937– 1945 (Stanford University Press, 2010).

珍珠港空襲的數據資料出自the factsheet 'Remembering Pearl Harbor', 由the National WWII Museum in New Orleans (www.nationalww2museum.org)出版。「Murasaki has been my teacher（紫式部一直就像我的老師）」、「From one room over（你的呼吸）」、「Casually I left（我漫不經心）」、「Aren't you nice, Genji and Narihira（聽起來真美好哇・光源氏和業平）」、「From the mouth of a whore（妓女的用詞）」及「Precocious prattle（一個早熟年輕女孩的嘮叨）」出自Beichman, *Embracing the Firebird*的英文譯文。《亂髮》中的詩出自Yosano, Goldstein and Shinoda (trans.), *Tangled Hair.*「Oh, my brother（啊・吾弟）」、「To the west of the river（河之西岸）」、「Ah, the augustness（啊・陛下）」及「It is a time for falling tears（此乃催人落淚之時）」出自Rabson, 'Yosano Akiko on War'的英文譯文。「Making students useful（學生對國家貢獻）」及「Breathing the air of the *Genji*（帶學生穿越時空到源氏時期）」出自Rodd, 'Yosano Akiko and the Bunkagakuin'的翻印內容。「Sick old man（病弱的老叟）」出自Fogel, *The Literature of Travel in the Japanese Rediscovery of China*的翻印內容。「What a horror（多麼可怕的現象）」出自'*Watakushi no Kojinshugi*' ['My Individualism'] (1914), reproduced in Jay Rubin and Natsume Sōseki, 'Sōseki on Individualism:"Watakushi no Kojinshugi"', *Monumenta Nipponica* 34/1 (1979).「Decrepit tea-house（破舊的茶館）」出自Akutagawa, Fogel (trans.) and Morita (trans.), 'Travels in China'的翻印內容。與謝野的滿洲旅遊日記摘錄自Yosano and Fogel (trans.), *Travels in Manchuria and Mongolia*。「Political parties are blind（政黨盲目）」出自*Mainichi Daily News:Fifty Years of Light and Dark:The Hirohito Era* (Mainichi Newspapers, 1975)的英文譯文。

17 美空雲雀——戰敗之國，戰後之聲

關於戰爭，參見Paul H. Kratoska (ed.), *The Thailand-Burma Railway, 1942– 1946:Voluntary Accounts* (Taylor & Francis, 2006); Arthur Cotterell, *A History of South East Asia* (Marshall Cavendish International (Asia), 2014); Thomas Havens, *Valley of Darkness:The Japanese People and World War Two* (University Press of America, 1986); Thomas R. Searle, '"It Made a Lot of Sense to Kill Skilled Workers":The Firebombing of Tokyo in March 1945', *Journal of Military History*, 66/1 (2002); Edwin P. Hoyt, *Inferno:The Fire Bombing of Japan* (Madison Books, 2000); James McClain, *Japan:A Modern History* (W. W.Norton &

Company, 2002); David Flath, *The Japanese Economy*, third edition (Oxford University Press, 2014); Mark Peattie, *Ishiwara Kanji and the Japanese Army* (Princeton University Press, 1972).關於盟總時期，參見John Dower, *Embracing Defeat:Japan in the Aftermath of World War II*, new edition (Penguin, 2000); Ian Inkster, *Japanese Industrialisation:Historical and Cultural Perspectives* (Psychology Press, 2001); McClain, *Japan;* Christopher Harding, *Japan Story:In Search of a Nation, 1850 to the Present* (Allen Lane, 2018); Alisa Gaunder (ed.), *The Routledge Handbook of Japanese Politics* (Routledge, 2011); Vera Mackie, *Feminism in Modern Japan:Citizenship, Embodiment and Sexuality* (Cambridge University Press, 2003).關於美空雲雀的人生以及日本早期戰後音樂文化，參見Takeshima Shigaku, '*Misora Hibari Gaku' nyūmon kōza: karizumasei no miryoku to wa nani ka* (Nisshin-Hōdō, 1997) [in Japanese]; Saitō Mitsuru, *Eiga de shiru Misora Hibari to sono jidai: ginmaku no joō ga tsutaeru Showa no ongaku bunka* (Stylenote, 2013) [in Japanese]; Deborah Shamoon, 'Misora Hibari and the Girl Star in Postwar Japanese Cinema', *Signs* 35/1 (2009) and 'Recreating Traditional Music in Postwar Japan:A Prehistory of Enka', *Japan Forum* 26/1 (2014); Christine R. Yano, 'From Child Star to Diva:Misora Hibari as Postwar Japan', in Laura Miller and Rebecca Copeland (eds), *Diva Nation:Female Icons from Japanese Cultural History* (University of California Press, 2018); E. Taylor Atkins, *A History of Popular Culture in Japan:From the Seventeenth Century to the Present* (Bloomsbury, 2017), and *Blue Nippon:Authenticating Jazz in Japan* (Duke University Press, 2011); Christopher Harding, *Japan Story:Nostalgia and the Nation in Japanese Popular Song* (Harvard University Press, 2002); Joanne Izbicki, 'Singing the Orphan Blues:Misora Hibari and the Rehabilitation of Post-Surrender Japan', *Intersections:Gender & Sexuality in Asia and the Pacific* 16 (2008); Michael K. Bourdaghs, *Sayonara Amerika, Sayonara Nippon:A Geopolitical Pre-History of J-Pop* (Columbia University Press, 2012).關於電影，參見Donald Richie, *A Hundred Years of Japanese Film*, revised and updated edition (Kodansha America, 2012).一篇關於與謝野晶子的反戰詩詞的戰後研究引用於Steve Rabson, 'Yosano Akiko on War:To Give One's Life or Not:A Question of Which War', *The Journal of the Association of Teachers of Japanese* 25/1 (1991).關於葛拉罕・葛林對於雪莉・譚寶的評論，參見Gaylyn Studlar, *Precocious Charms:Stars Performing Girlhood in Classical Hollywood Cinema* (University of California Press, 2013), and David Finkelstein, 'The Dangerous Third Martini:Graham Greene, Libel and Literary Journalism in 1930s Britain', in Richard Keeble and Sharon Wheeler (eds), *The Journalistic Imagination:Literary Journalists from Defoe to Capote and Carter* (Routledge, 2007).

「If the British sucked our blood（如果說英國人吸我們的血）」出自Cotterell, *A History of South East Asia*的翻印內容。

「In the flow of the stars（我隨著星星的流動行進）」為作者根據Takeshima, *'Misora Hibari Gaku' nyūmon kōza*的翻印內容翻譯的歌詞。「More than the sake（勝過晚上一杯杯的清酒）」及「Over the mountain peak（山巔之上）」為作者根據日文原文所翻譯。「soaking the populace in hopeless sentimentality and decadence（讓大眾沉浸在無望的感傷與頹喪中）」出自Saitō, *Eiga de shiru Misora Hibari to sono jidai*的翻印內容。

18 手塚治虫——織夢者

關於手塚以及他與日本視覺藝術傳統的連結，參見Frederik L. Schodt, *The Astro Boy Essays* (Stone Bridge Press, 2007), and *Dreamland Japan:Writings on Modern Manga* (Stone Bridge Press, 2014); Helen McCarthy, *The Art of Osamu Tezuka* (Harry N. Abrams, 2009); Brigitte Koyama-Richard, *One Thousand Years of Manga* (Flammarion-Pere Castor, 2014); G. Clinton Godart, 'Tezuka Osamu's Circle of Life:Vitalism, Evolution and Buddhism', *Mechademia* 8 (2013); Natsu Onoda Power, *God of Comics:Osamu Tezuka and the Creation of Post World War II Manga* (University of Mississippi Press, 2009); Martin Repp, 'Socio-Economic Impacts of Hōnen's Pure Land Doctrines:An Inquiry into the Interplay Between Buddhist Teachings and Institutions', in Ugo Dessi (ed.), *The Social Dimension of Shin Buddhism* (Brill, 2010); E. Taylor Atkins, *A History of Popular Culture in Japan:From the Seventeenth Century to the Present* (Bloomsbury, 2017), and *Blue Nippon:A Concise History* (Oxford University Press, 2019); Thomas Lamarre, 'The Biopolitics of Companion Species:Wartime Animation and Multi-Ethnic Nationalism', in Richard Calichman and John Namjun Kim (eds), *The Politics of Culture:Around the Work of Naoki Sakai* (Routledge, 2010); Kawamura Minato, Kota Inoue (trans.) and Helen J. S.Lee (trans.), 'Popular Orientalism and Japanese Views of Asia', in Michele M. Mason and Helen J. S.Lee (eds), *Reading Colonial Japan:Text, Context and Critique* (Stanford University Press, 2012); Kenneth L. Bartolotta, *Anime:Japanese Animation Comes to America* (Greenhaven Publishing, 2017); John E. Ingulsrud and Kate Allen, *Reading Japan Cool:Patterns of Manga Literacy and Discourse* (Lexington Books, 2010); Craig Norris, 'Manga, Anime and Visual Art Culture', in Yoshio Sugimoto (ed.), *The Cambridge Companion to Modern Japanese Culture* (Cambridge University Press, 2009); Fred Ladd with Harvey Deneroff, *Astro Boy and Anime Come to the Americas* (McFarland, 2014); Rachael Hutchinson, 'Sabotaging the Rising Sun:Representing History in Tezuka Osamu's *Phoenix*', in Roman Rosenbaum (ed.), *Manga and the*

Representation of Japanese History (Routledge, 2012); Laura Miller, 'Rebranding Himiko, the Shaman Queen of Ancient History', in *Mechademia* 9 (2014); Yasue Kuwahara, 'Japanese Culture and Popular Consciousness:Disney's *The Lion King* vs.Tezuka's *Jungle Emperor*', *Journal of Popular Culture* 31/1 (1997); Gina O'Melia, *Japanese Influence on American Children's Television* (Springer, 2019).關於一九五〇年代與一九六〇年代的日本，參見Andrew Gordon, *A Modern History of Japan* (Oxford University Press, 2013); Christopher Harding, *Japan Story:In Search of a Nation, 1850 to the Present* (Allen Lane, 2018); Ian Inkster, *Japanese Industrialisation:Historical and Cultural Perspectives* (Psychology Press, 2001).關於索尼，參見Morita Akio with Edwin M. Reingold and Mitsuko Shimomura, *Made in Japan* (E. P. Dutton, 1986); John Nathan, *Sony: the Private Life* (HarperCollins, 1999).關於1964年奧運的女子排球隊，參見Helen Macnaughtan, 'The Oriental Witches:Women, Volleyball and the 1964 Tokyo Olympics', *Sport in History* 34/1 (2014).關於奧運的政治，參見Christian Tagsold, 'The Tokyo Olympics as a Token of Renationalization', in Andreas Niehaus and Max Seinsch (eds), *Olympic Japan:Ideals and Realities of (Inter)Nationalism* (Ergon Verlag, 2007).艾爾吉對手塚可能造成的影響在Adam L. Kern, 'East Asian Comix:Intermingling Japanese', in Frank Bramlett et al. (eds), *The Routledge Companion to Comics* (Routledge, 2016)中被提出討論。

「The audience for the film（這部電影的觀眾）」、「switch people's concept of reality（改變人民對現實的概念）」、「Americans were sensitive（美國人對於幻想世界裡的暴力場面很敏感）」及「anyone who is thoroughly steeped（任何沉浸在）」出自Schodt, *The Astro Boy Essays*的翻印內容。「All you see is a car running（整整兩頁，你只看得到一輛車在馳騁）」改編自Power, *God of Comics:Osamu Tezuka and the Creation of Post World War II Manga*.「The most brilliantly organized spectac（國際體育界有史以來組織得最出色的一場表演）」出於 Christopher Brasher之筆，參見Christopher Brasher, *Tokyo 1964:A Diary of the XVIIIth Olympiad* (Stanley Paul, 1964).

19 田中角榮——影子將軍

關於田中角榮，參見其一九七二年的宣言之英文譯文，以Tanaka Kakuei, *Building a New Japan:A Plan for Remodeling the Japanese Archipelago (Simul Press, 1973)*之名出版於美國。Jacob M. Schlesinger, *Shadow Shoguns:The Rise and Fall of Japan's Postwar Political Machine* (Stanford University Press, 1999); Janis Mimura, *Planning for Empire:Reform Bureaucrats and*

the Japanese Wartime State (Cornell University Press, 2011); Kent E. Calder, *Crisis and Compensation:Public Policy and Political Stability in Japan, 1949–1986* (Princeton University Press, 1988).關於一九六〇年代、七〇年代及八〇年代，日本在國內與國外的狀況，參見Ian Neary, *The State and Politics in Japan*, revised edition (Polity Press, 2019); Steven R. Reed, 'The Liberal Democratic Party:An Explanation of Its Successes and Failures', in Alisa Gaunder (ed.), *The Routledge Handbook of Japanese Politics* (Routledge, 2011); André Sorenson, *The Making of Urban Japan* (Routledge, 2004); Ezra F. Vogel, *China and Japan:Facing History* (Harvard University Press, 2019); Glen Hook et al., *Japan's International Relations:Politics, Economics and Security* (Routledge, 2011); Terence Lee, *Defect or Defend:Military Responses to Popular Protests in Authoritarian Asia* (Johns Hopkins University Press, 2015); Elizabeth Fuller Collins, *Indonesia Betrayed:How Development Fails* (University of Hawaii Press, 2007); Harold Crouch, *The Army and Politics in Indonesia* (Equinox Publishing, 2007); David E. Kaplan and Alec Dubro, *Yakuza:Japan's Criminal Underworld* (University of California Press, 2003); Simon Andrew Avenell, *Making Japanese Citizens:Civil Society and the Mythology of the Shimin in Postwar Japan* (University of California Press, 2010); Mong Cheung, *Political Survival and Yasukuni in Japan's Relations with China* (Routledge, 2016); Ito Peng, 'Welfare Policy Reforms in Japan and Korea:Cultural and Institutional Factors', in Wim van Oorschot et al. (eds), *Culture and Welfare State:Values and Social Policy in Comparative Perspective* (Edward Elgar Publishing, 2008); James McClain, *Japan:A Modern History* (W. W. Norton & Company, 2002); Andrew Gordon, *A Modern History of Japan* (Oxford University Press, 2013); Christopher Harding, *Japan Story:In Search of a Nation, 1850 to the Present* (Allen Lane, 2018); 關於水俁病及環境，參見Timothy S. George, *Minamata:Pollution and the Struggle for Democracy in Postwar Japan*, paperback edition (Harvard University Press, 2002); Jeffrey Broadbent, *Environmental Politics in Japan: Networks of Power and Protest* (Cambridge University Press, 1998).「When we drink water（喝水不忘掘井人）」出自Vogel, *China and Japan*的翻印內容。

20 小和田雅子——動盪時代的象徵

關於小和田雅子，參見Tomonō Naoko, *Kōgō Masako-sama monogatari* (Bungeishunjū, 2019) [in Japanese]; Jan Bardsley, 'Japanese Feminism, Nationalism and the Royal Wedding of Summer'93', *Journal of Popular Culture* 31/2 (1997); Ben Hills,

Princess Masako:Prisoner of the Chrysanthemum Throne (Jeremy P. Tarcher, 2007); Richard Lloyd Parry, 'A Royal Crisis, Japanese Style', *The Independent*, 6 March 1996, and 'The Depression of a Princess', *The Times*, 21 May 2004; 'Princess Masako's "High Life" Shocks Japan', *The Telegraph*, 5 February 2008.雅子皇后（以及德仁天皇與其他皇室成員）的詩作以及記者會評論之譯文可見於宮內廳官方網站：www.kunaicho.go.jp/e-about。關於田園調布，參見K. T.Oshima, 'Denenchōfu:Building the Garden City in Japan', *Journal of the Society of Architectural Historians* 55/ 2 (1996).關於雅子於牛津大學求學時期成為媒體焦點，參見Hirai Fumio and Nippon.com (trans.), 'A Change of Heart:The Courtship of Princess Masako', Nippon.com, 8 March 2019; Hills, *Princess Masako;* Tomonō, *Kōgō Masako-sama monogatari*.關於雅子與德仁婚禮的英文報導，參見數篇出於*The Japan Times* on 9 and 10 June 1993, and the Imperial Wedding Supplement; David E. Sanger, 'Royal Wedding in Japan Merges the Old and New', *New York Times*, 9 June 1993; 'The Reluctant Princess', *Newsweek*, 23 May 1993; Edward Klein, 'Masako's Sacrifice', *Vanity Fair* (June 1993); Bardsley, 'Japanese Feminism, Nationalism and the Royal Wedding of Summer'93'; Brian J. McVeigh, *Interpreting Japan* (Routledge, 2014)的報導。關於與英國皇室的比較，參見Jeff Kingston, *Contemporary Japan:History, Politics, and Social Change Since the 1980s* (John Wiley, 2012).關於一九九〇年代至今的日本政治與社會，參見Peter J. Katzenstein, *Cultural Norms and National Security:Police and Military in Postwar Japan* (Cornell University Press, 1998); Arthur Stockwin, 'Japanese Politics:Mainstream or Exotic?', and Akihiro Ogawa, 'Civil Society:Past, Present, and Future', in Jeff Kingston (ed.), *Critical Issues in Contemporary Japan* (Routledge, 2014); Ian Neary, *The State and Politics in Japan*, revised edition (Polity Press, 2019); Kingston, *Contemporary Japan:History, Politics, and Social Change Since the 1980s;* Ian Reader, *Religious Violence in Contemporary Japan:The Case of Aum Shinrikyō* (Curzon Press, 2000); David Pilling, *Bending Adversity:In Search of a Nation, 1850 to the Present* (Allen Lane, 2018); Andrew Gordon, *A Modern History of Japan* (Oxford University Press, 2013).*A Modern History* (W. W.Norton & Company, 2002); Christopher Harding, *Japan Story:In Search of a Nation, 1850 to the Present* (Allen Lane, 2018);關於流行文化在日本外交中的角色，參見Koichi Iwabuchi, 'Pop-Culture Diplomacy in Japan:Soft Power, Nation Branding and the Question of "International Cultural Exchange"', *International Journal of Cultural Policy* 21/4 (2015).關於大江健三郎收到的死亡威脅，參見Robert Jay Lifton, *Witness to an Extreme Century:A Memoir* (Simon and Schuster, 2011).關於日本國內的憂鬱症，參見Junko Kitanaka, *Depression in Japan:Psychiatric Cures for a Society in Distress* (Princeton University Press, 2011); Hiroshi Ihara, 'A Cold of the Soul:A Japanese Case of Disease Mongering in Psychiatry',

International Journal of Risk and Safety in Medicine 24 (2012); Ethan Watters, *Crazy Like Us:The Globalization of the Western Mind* (Hachette, 2011).關於「援助交際」，參見Sharon Kinsella, 'From Compensating Comfort Women to Compensated Dating', *US– Japan Women's Journal* 41 (2011).關於二〇一一年三月十一日及其後續影響，參見Richard J. Samuels, 'Japan's Rhetoric of Crisis:Prospects for Change After 3.11', *The Journal of Japanese Studies* 39/1 (2013); Susan Carpenter, *Japan's Nuclear Crisis:The Routes to Responsibility*, new edition (Palgrave Macmillan, 2012); Gordon, *A Modern History of Japan;* Harding, *Japan Story*.關於民族主義及日本的弱勢族群，參見Kevin Doak, 'Japan Chair Platform:Shinzo Abe's Civic Nationalism', *Center for Strategic and International Studies Newsletter*, 15 May 2013; John Lie, *Multiethnic Japan* (Harvard University Press, 2004); Sonia Ryang and John Lie (eds), *Diaspora Without Homeland:Being Korean in Japan* (Global, Area, and International Archive, University of California Press, 2009); Christopher Bondy, *Voice, Silence, and Self:Negotiations of Buraku Identity in Contemporary Japan* (Harvard University Press, 2015); Ian Neary, 'Burakumin in Contemporary Japan', Richard M. Siddle, 'The Ainu:Indigenous People of Japan', and in Michael Weiner (ed.), *Japan's Minorities:The Illusion of Homogeneity* (Routledge, 1997); Brett L. Walker, *The Conquest of Ainu Lands:Ecology and Culture in Japanese Expansion, 1590– 1800* (University of California Press, 2001); Katarina Sjöberg, *The Return of the Ainu:Cultural Mobilization and the Practice of Ethnicity in Japan* (Psychology Press, 1993); Glenn D. Hook and Richard Siddle (eds), *Japan and Okinawa:Structure and Subjectivity* (Routledge, 2002); Davinder L. Bhowmik and Steve Rabson (eds), *Islands of Protest:Japanese Literature from Okinawa* (University of Hawaii Press, 2016).關於卑彌呼在日本的來生，參見Laura Miller, 'Searching for Charisma Queen Himiko', in Laura Miller and Rebecca Copeland (eds), *Diva Nation:Female Icons from Japanese Cultural History* (University of California Press, 2018).

「Time to think（考慮的時間）」、「After much thought（經過深思熟慮後）」、「It is a shame（簡直是一種恥辱）」及「I am [neither] extremely modern, nor conservative（我既不是極端現代的人，也不是保守的人）」為作者根據 Tomonō, *Kōgō Masako-sama monogatari*的翻譯。「I gaze with delight（我欣喜若狂地注視著）」及「The power of youth（年輕的力量）」出自宮內廳官方網站的翻攝內容。「One of those silly little purses（英國女王最愛的呆板小皮包）」出自Anna Quindlen, 'Public & Private; Happily Ever', *New York Times*, 23 May 1993。「Japan has one ethnicity日本只有一個民族」出自Lie, *Multiethnic Japan*的翻印內容。

謝辭

這本《大和神威》和我的上一本書《日本物語：國家探尋之旅》（*Japan Story: In Search of a Nation*，*Allen Lane*，二〇一八年）相互呼應，因此我對許多相同的人和機構的感激之情也加倍了。賽門．溫德（Simon Winder）和他在企鵝出版的同事再次完美出手，將我電腦裡幾千位元的檔案變身成我期望中大家可以拿在手裡欣賞的漂亮成品。馬丁．雷德弗恩（Martin Redfern）和他在北岸人才經紀公司（Northbank Talent Management）的團隊也盡全力將這些檔案變現。里歐．霍華德（Leo Howard）在我無法親身到達東京時，為我搜集資料。還有我在愛丁堡大學的學生允許我在測試想法時，對他們喋喋不休，感謝你們每個人。我也十分感謝珍．羅伯遜（Jane Robertson）細心審稿，瑞秋．索恩（Rachel Thorne）確保出現在書裡那些美好的詩詞散文得到授權，以及西西莉亞．馬凱（Cecilia Mackay）的圖片編排。

我希望這本書與《日本物語》能夠充分彰顯出其參考資料中這些幾十年來的超凡、迷人的學術研究。我的妻子Kae以及我們的孩子Shoji、Yocchan及Hana能夠證明我對這些研究的迷戀，至少可以證明我多容易把長時間的缺席與無聊的藉口合在一起。謝謝你們容忍我，我真的不知道你們是怎麼做到的。

最後，謝謝我的父母。有一對身為小學教師的父母的確有時候會讓人覺得沒有放學的一天，但是所有珍貴的共讀時間都賦予文字與故事永不褪色的安撫力量。感謝你們。

授權許可

我們對以下機構表示感激，感謝他們允許我們複製版權材料：

出自'Pushing Beyond the Pale:The Yamato Conquest of the Emishi and Northern Japan' by Shoku Nihongi, translated by Karl F. Friday in *The Journal of Japanese Studies*, Vol. 23, No.1, 1997, pp. 1–24的節錄。The Society for Japanese Studies and Karl F. Friday授權翻印出自*The World of the Shining Prince:Court Life in Ancient Japan* by Ivan I. Morris, Oxford University Press, 1964的兩篇詩作。The Licensor through PLSclear授權翻印出自*The Diary of Lady Murasaki* by Murasaki Shikibu, translated by Professor Richard Bowring, Penguin, 1996的節錄。Richard Bowring授權翻印出自Tomoe: the Woman Warrior' by Gempei jōsui ki, translated by Royall Tyler in *Heroic With Grace:Legendary Women of Japan*, Routledge, copyright © 1991的節錄。Taylor and Francis Group, LLC, a division of Informa plc授權翻印，節錄自*The Tale of the Heike* by Helen Craig McCullough, Stanford University Press, copyright © 1988 by the Board of Trustees of the Leland Stanford Jr.University.版權所有Stanford University Press，www.sup.org授權使用出自*Japanese No Dramas*的四篇詩作，由Royall Tyler, Penguin Books 1992, 2004, copyright © Royall Tyler, 1992.編輯、介紹、翻譯Penguin Books Ltd

與Royall Tyler授權翻印，節錄自*Zeami's Style: the Noh Plays of Zeami Motokiyo* by Thomas Blenman Hare, Stanford University Press, copyright © 1986 by the Board of Trustees of the Leland Stanford Jr.University.版權所有Stanford University Press，www.sup.org授權使用出自*Hasekura Tsunenaga* by Takashi Gonoi, Yoshikawa Kōbunkan, 2003的節錄。作者與Yoshikawa Kobunkan Co. Ltd授權，由Chris Harding翻譯，節錄自*The Life of An Amorous Man* by Saikaku Ihara, translated by Kenji Hamada, Tuttle, copyright © 1963 Charles E. Tuttle.Tuttle Publishing授權翻印，出自*The Life of an Amorous Woman* by Ihara Saikaku, translated by Ivan Morris, copyright © 1963 by New Directions Publishing Corp的一首俳諧。New Directions Publishing Corp授權複印，節錄自*Sakamoto Ryōma and the Meiji Restoration*, translated by Marius B. Jansen, Columbia University Press, 1995, pp. 118, 166, copyright © 1994 Columbia University.出版社授權複印，節錄自*The Attic Letters:Ume Tsuda's Correspondence to Her American Mother* by Yoshiko Furuki et al., Weatherhill, 1991, p. 14.Tankosha Publishing Co.授權複印，出自*Embracing the Firebird:Yosano Akiko and the Rebirth of the Female Voice in Modern Japanese Poetry*, translated by Janine Beichman, University of Hawaii Press, pp. 141,143, 170, copyright © 2002 University of Hawaii的三首詩。授權翻印出自'Yosano Akiko on War:To Give One's Life or Not:A Question of Which War', by Steve Rabson in *The Journal of the Association of Teachers of Japanese*, 25/1, 1991, pp. 45–74的四首詩。AATJ, American Association of Teachers of Japanese授權翻印，兩首宮內廳官方網站https://www.kunaicho.go.jp/e-culture/ utakai-h05.html及

www.kunaicho.go.jp/e-about中皇妃與皇后的詩作。授權翻印，節錄自*Kōgō Masako-sama monogatari* by Tomonō Naoko, 由Chris Harding翻譯, Bungeishunjū, 2019. 出版商授權翻印。

在某些情況下，我們未能追蹤到版權材料的擁有者，如果您能提供有助於我們追蹤的資訊，我們將不勝感激。

歷史大講堂

大和神威：武士、王妃、巫女、企業家、文化人、航海家……20位教科書級日本歷史人物，如何粹鍊出當世大和之魂

2025年5月初版　定價：新臺幣680元
有著作權・翻印必究
Printed in Taiwan.

著　者　Christopher Harding
譯　者　江威儀
　　　　高嘉俊
　　　　蔡筱慈
叢書編輯　陳胤慧
特約編輯　林星時
副總編輯　蕭遠芬
內文排版　林婕瀅
封面插畫　GGDOG
封面設計　劉耘桑

出版者　聯經出版事業股份有限公司
地址　新北市汐止區大同路一段369號1樓
叢書主編電話　(02)86925588轉5317
台北聯經書房　台北市新生南路三段94號
電話　(02)23620308
郵政劃撥帳戶第0100559-3號
郵撥電話　(02)23620308
印刷者　文聯彩色製版印刷有限公司
總經銷　聯合發行股份有限公司
發行所　新北市新店區寶橋路235巷6弄6號2樓
電話　(02)29178022

編務總監　陳逸華
副總經理　王聰威
總經理　陳芝宇
社長　羅國俊
發行人　林載爵

行政院新聞局出版事業登記證局版臺業字第0130號

本書如有缺頁，破損，倒裝請寄回台北聯經書房更換。　ISBN 978-957-08-7694-9 (平裝)
聯經網址：www.linkingbooks.com.tw
電子信箱：linking@udngroup.com

This edition is published by arrangement with Christopher Harding Creative Ltd.
through Andrew Nurnberg Associates International Limited.
Complex Chinese edition © Linking Publishing Co., Ltd. 2025
All rights reserved.

國家圖書館出版品預行編目資料

大和神威：武士、王妃、巫女、企業家、文化人、航海家……20位教科書級日本歷史人物，如何粹鍊出當世大和之魂/Christopher Harding著．江威儀、高嘉俊、蔡筱慈譯．初版．新北市．聯經．2020年5月．480面．15.5×22公分（歷史大講堂）
譯自：The Japanese: a history in twenty lives.
ISBN　978-957-08-7694-9（平裝）

1.CST：傳記　2.CST：日本

783.11　　114006065